爱上历史丛书

兴的两衰 汉

泱泱汉风

葛剑雄

著

SPM 南方出版传媒 广东人民出版社

·广州·

> 图书在版编目（CIP）数据
>
> 泱泱汉风：两汉的兴衰 / 葛剑雄著. — 广州：广东人民出版社，2021.7
> ISBN 978-7-218-14670-6
>
> Ⅰ.①泱… Ⅱ.①葛… Ⅲ.①中国历史－汉代－通俗读物 Ⅳ.①K234.09
>
> 中国版本图书馆CIP数据核字（2020）第243239号

YANGYANGHANFENG:LIANGHAN DE XINGSHUAI

泱泱汉风：两汉的兴衰

葛剑雄 著

版权所有　翻印必究

出 版 人：	肖风华
责任编辑：	李力夫
责任技编：	吴彦斌　周星奎
装帧设计：	安　宁
出版发行：	广东人民出版社
地　　址：	广州市海珠区新港西路204号2号楼（邮政编码：510300）
电　　话：	（020）85716809（总编室）
传　　真：	（020）85716872
网　　址：	http://www.gdpph.com
印　　刷：	北京彩虹伟业印刷有限公司
开　　本：	880mm×1230mm　1/32
印　　张：	8.5　字　数：220千
版　　次：	2021年7月第1版
印　　次：	2021年7月第1次印刷
定　　价：	58.00元

如发现印装质量问题，影响阅读，请与出版社（020-85716849）联系调换。
售书热线：（020）85716826

再版前言

本书初版于1997年。这次再版，完全按原版排印，仅根据作者的要求，作了个别文字上的修改。一则不能让钟爱我们的读者误以为是一本新书，一则作者都认为没有重写或全面修改的必要。

为什么写在23年前的旧作不需要改写，就能直接供给读者呢？一方面这是作者的自信，二十余年来自己和读者都没有发现什么讹误不妥之处，自然保持原貌为好。另一方面，这也是历史类书籍的优势——以历史事实为基础，只要这部分正确，就有其长久的价值。所以我在本书的《总序》中说，完成于九百多年前的《资治通鉴》的价值"并没有随着北宋的覆灭而丧失，相反，随着时间的推移，越来越受到历代统治者的重视"。到了今天，你可以不赞成《资治通鉴》所传达的价值观念和它所总结的经验教训，但改变不了它们曾经受到历代统治者的高度重视，也为中国当代政治家所重视的事实。你可以不看书中"臣光曰"的大段议论，但如果要了解历史事实、特别是唐后期和五代期间的史实，就必须读《资治通鉴》。

多年前，师兄周振鹤教授提出"历史是介于科学与人文之间"的观点，我深以为然，并且经常运用演化。一切过去曾经存在的人和事都是客观存在，是事实，研究并复原它们属于科学的范畴，应该只有唯一正确的答案。如果客观条件具备，这一过程完全可以重复，而且可以得到验证。但现存的历史都是后人有意识、有选择的记录，而人的意识和选择属于人文，不必也不可能用科学的标准来衡量。至于人们的历史观念和对历史的评价纯属人文，更不必也不可能找到唯一的标准答案。

我在《总序》中说明，作为普及性的历史书，本书的目的是向尽可能多的读者提供一点历史事实、历史经验和历史智慧。对于历史事实，我们可以根据自己的研究成果，或是吸收他人已有的可靠的研究成果，作如实的叙述。如果不得不涉及至今尚未被揭示的，或存在争议的事实，一般都会加以说明，或者作出自己的判断。对这一部分，如果出现错误，即使是次要的、细节的，也要及时纠正。就在交稿前，有网友在我的微博上指出，我在《汉魏故事》一文中称曹丕为"建安七子"之一是错的。看到后，我颇感意外，曹丕是"三曹"之一，当然不属"建安七子"，但翻到那一页，我当初就是这样写着，二十多年来居然没有发现。要不是那位读者发现并指出，这次再版还会错下去。

但如果是对本书提供的"历史经验""历史智慧"部分，那基本都属于人文，并没有标准答案，作者与读者之间完全可以有不同的见解和观点，见仁见智，何妨求同或求异！所以这部分就不必修改了。

本书初版时，我和全体作者都属中青年，最年长的我也还不满六十。如今，最年轻的两位作者都已接近我当时的年龄，而作者之一、复旦大学法学院的姚荣涛教授不幸已于2020年6月因病逝世。本书的再版也是对姚教授的纪念和安慰。

葛剑雄于庚子岁末

葛剑雄

总　序

北宋元丰七年（1084年）十一月，经过近19年的努力，司马光和他的助手们终于在西京洛阳完成了294卷历史巨著——《资治通鉴》。在呈报给皇帝的表文中，司马光希望这部书能使皇帝"鉴前世之兴衰，考当今之得失，嘉善矜恶，取是舍非，足以懋稽古之盛德，跻无前之至治，俾四海群生，咸蒙其福"。可是不久，继位的哲宗和之后的徽宗辜负了司马光的一片苦心，并没有吸取这部书中所提供的历史经验和教训，更没有赢得"稽古之盛德"和"无前之至治"。就在《资治通鉴》问世后的42年，金朝的大军兵临开封，宋朝失去了半壁江山，连徽宗和他的儿子钦宗都当了俘虏，"四海群生"遭遇的不是福，而是无穷的祸。

但《资治通鉴》的价值并没有随着北宋的覆灭而丧失，相反，随着时间的推移，越来越受到历代统治者的重视。今天，包括《资治通鉴》在内的古代优秀历史著作，依然是值得我们珍视的宝贵遗产。

我们之所以重视《资治通鉴》一类历史著作，一个重要的原因，是它们不仅给人们提供了历史事实，而且明确地表达了作者对历史的看法和他所总结的历史经验。尽管由于时代不同了，我们不会完全同意他们的见解，或者只能将他们的看法作为批判的对象。但有一点是可以肯定的，他们所总结的一些具体的历史经验，具有永恒的价值。

历史发展有其基本的规律，这是不以人们的意志为转移的，是必然的。但任何一个社会发展阶段、任何一个朝代、任何一位君主、任何一个事件，都有其偶然性，不可能都按照某一种具体的规定出现或消失，兴盛或衰亡。在很大程度上，直接影响到这些人或事的，是人事，而不是天命；是偶然因素，而不是必然性；其结局往往千变万化，而不是只有一种可能性。

就拿中国的历史来说，封建社会占了目前我们所知道的历史时期的大部分。如果只研究封建社会的一般规律，只看到这个社会从产生、发展到消亡的大过程，就无法解释各个朝代的兴衰。在封建社会处在上升的阶段，在地主阶级被称为新兴的时期，照样有王朝衰落以至灭亡，而另一个勃兴的新朝并没有摆脱封建社会的特性，另一批成功的君主也不可能不代表地主阶级的利益。为什么同样是封建王朝，有的能持续三四百年，有的却只存在了一二十年，甚至胎死腹中？为什么同样是地主阶级代表，有的君主能开疆拓土，有的却只会割地赔款？有的可以清心寡欲，有的却一定要穷奢极侈呢？为什么在同一个阶级中也有忠奸贤愚，而同样是忠臣，结果却截然不同呢？

我们当然应该特别重视对历史发展总体性和规律性的研究，只有这样，才能把握住历史的大方向，才能对我们的事业有必胜的信心和执著的追求。但这并不意味着可以忽视具体的、一般性的历史经验，因为如果我们不重视这一类经验，我们的追求就未必能取得预期的结果。而且，对个人和一个部门来说，这类经验更具实用性和启发性，更易形成自己的智慧，更易转化为自己的财富。

这套书共8卷，每卷选择一个在中国历史上影响较大的朝代或时期，在该时段中选择一二十个题目，可以是人物、事件、制度、观点、阶段等等，通过具体的史实，提出作者的看法和见解。有时，通过史实的叙述道理已不言自明，作者自然就不必多说了。

我们不是写中国通史，所以只能写每本书涉及的阶段，但也不限于一朝一代，可以兼及前后左右。我们也不是作一朝一代的通史，只是从这一朝代或阶段中选取我们认为意义较大、便于表达而作者又有较好研究基础的题目。见仁见智，在所不免，读者或许会对自己认为重要的题目没有选入感到遗憾，那就只能请大家谅解了。

因为希望我们的书有更多的读者，在每一卷的开始都有一篇概述。这主要是为对该阶段的通史不太熟悉的读者准备的，也是为了使读者能对下面这些题目的相互关系和背景有一定的了解，具有这方面基础的读者完全可以不看。由于每篇都有相对的独立性，尽可以挑自己感兴趣的先看，不必照编排的顺序。我自己看书时常常如此，看了有味道的文章往往会不止看一遍，而不感兴趣或看了开头就乏味的文章从此不再看。当然，作为这套书的主编和作者之一，我还是希望书里的每一篇都能吸引尽可能多的读者。

1999年10月

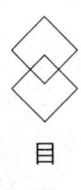

目 录

001 | 泱泱大汉
400 年的兴衰

016 | 鹿死谁手
楚汉之争的胜者

034 | 不在马上治天下
刘邦和儒生

051 | 从分封到"推恩"
西汉初的诸侯王国

080 | 不教胡马度阴山
汉匈之间：从争斗到融合

103 | 空前的帝国
两汉的疆域

| 126 | 张骞凿空
汉帝国与世界 |
|---|---|
| 139 | "轮台罪己"
汉武帝的晚年 |
| 163 | 篡夺者还是改革家
王莽的悲剧 |
| 189 | 货殖何罪
商人和商业的地位 |
| 205 | 天下神器,不可力争!
汉光武帝刘秀的统一 |
| 221 | 理想与现实之间
知识分子的两难抉择 |
| 238 | 汉魏故事
禅让的真相 |

泱泱大汉
400年的兴衰

汉族是中华民族的主体，也是世界上人口最多的民族。但要是没有汉朝，"汉"就只是一条河流的名称，至多只会产生一些得名于这条河流的地名。

汉元年（前206年）夏四月，被西楚霸王项羽封为汉王的刘邦率领3万军队和自愿随从的数万官吏百姓离开关中，翻越秦岭，前往他的王都——汉中郡治南郑，去统治自己的封地——汉中、巴、蜀3郡（约相当于今秦岭以南的陕西省、长江沿岸以北的四川省和相邻的湖北、甘肃一小部分）。"汉"的国名显然来自汉中，而汉中又得名于长江的支流汉水（又名沔水）。但当时谁也没有料到，"汉"即将成为一个延续400年的朝代。

刘邦（前256—前195年），字季，沛县丰邑人，出身农家，成年后当了泗水亭长，负责乡一级治安、文件传送和刑徒的押送。一次他押送县里的刑徒去骊山为秦始皇建陵墓，才到丰邑西面刑徒就逃跑了不少。刘邦自知到达后也无法交差，干脆把刑徒们都放了，然后挑选愿意跟随他的十余名壮士，隐蔽在芒县和砀县之间的山野中。

秦二世元年（前209年）秋七月，陈胜、吴广在大泽乡起义，附近农民纷纷斩木揭竿响应，起义军声势日盛。六国贵族旧臣、"群盗"、儒生游士或投奔陈胜，或乘机自立。陈胜在陈自立为张楚王，出兵三路攻秦：以吴广为"假王"（代理王）西攻荥阳；武臣北进赵地，周市夺取魏地，又进军齐地；南路以召平攻广陵，邓宗攻九江。吴广军不利，又加派周文西进。周文军进抵咸阳附近的戏时，已有车千乘、卒10万。秦二世派章邯率在骊山修陵墓的刑徒为兵应战，击败周文。武臣占领邯郸后，自立为赵王，又派韩广略取燕地，韩广也自立为燕王。齐国旧族田儋在齐地自立为齐王，击退周市。周市在魏地立魏国旧族魏咎为魏王，自任魏丞相。

九月，沛县令眼看周围一些县的百姓杀了县官响应义军，迫于形势，也想响应陈胜，召属吏萧何、曹参商议。萧、曹是刘邦密友，就对县令说："你是秦朝的官吏，现在率领百姓造反，恐怕没有人会听从。不如召回逃亡在外的人员，可以组成一支数百人的队伍，百姓就不敢不服从了。"随后，县令派樊哙去召刘邦。

当时刘邦已集合了数百人，但就在他们接近沛县时，萧何、曹参从城内逃来报告：县令恐刘邦到后无法控制，突然改变主意，下令关闭城门，并企图杀掉萧、曹。于是刘邦写了一篇给城内百姓的告示，用箭射进沛城。告示上写着："天下人受够了秦朝的苦,巴不得它快点灭亡。你们替县令守城,起义军一来,必定把城里人杀个干净。你们如一起把县令杀了,再拥立合适的人率领你们响应起义军,生命财产就能保全。何必为县令送死呢!"不久,城中父老带领子弟杀了县令,开门迎接刘邦,请他担任县令。刘邦谦让一番后,同意担任首领,按楚国制度称"沛公",服从已称楚王的陈胜。他还宣布,他曾斩了一条白蛇,是赤帝子杀白帝子的象征,白帝子代表秦朝,所以旗帜都用赤(红)色。在萧何、曹参、樊哙等人的协助下,刘邦在沛县组织起一支3000人的队伍。

同月,楚将项燕之子项梁与项梁的侄子项羽(项籍)起兵于吴,不久率8000江东子弟渡江北上。

称王后的陈胜却自我陶醉,疏远故旧,丧失了时机。秦二世二年十月(秦以十月为新年正月,仍为公元前209年),章邯率秦军连败周文,周文自杀;秦军又逼近荥阳,吴广被部将所杀。十二月(前208年),章邯进抵陈,陈胜败退,被替他驾车的庄贾杀害。陈胜部将吕臣率"苍头军"收复陈,杀了庄贾。

六月,项梁与刘邦在薛会合,拥立楚怀王的孙子为楚怀王,都盱眙。项梁、刘邦两军联合击败章邯,又杀了秦三川郡守、李斯之子李由。但获胜后的项梁骄傲轻敌,被章邯夜袭所杀。项羽收拾余部,与刘邦暂时退却,将楚怀王迁至彭城。尽管章邯不断取胜,但反秦势力此起彼伏,日益高涨。楚怀王与诸将约定:"谁先攻入关中,谁就为关中之王。"

李斯等大臣劝秦二世采取缓和局势的措施,二世不听,反将李斯下狱。赵高诬李斯谋反,将他处死灭族;又指鹿为马,完全控制了二世。项羽在巨鹿大破秦军，成为诸侯的统帅。章邯战败投降，被项羽立为雍王，率降兵西进。赵高迫使二世自杀，立其侄子婴为秦王，子婴设计杀赵高。刘邦在攻占宛后，乘虚而入，越过武关，进驻咸阳附近的霸上。公元前207年（秦二世三年）子婴出降，刘邦入咸阳，秦朝亡。项羽闻讯，率军连夜西进。

刘邦自知不是项羽对手，听从谋士建议，在封存了秦朝的宫室府库后，退回霸上。又宣布废除秦朝的苛法，约法三章，赢得了人心。不久项羽在新安坑秦降卒20万，率军入关，驻于鸿门。刘邦至鸿门与项羽相会，虽脱险而归，但不得不承认项羽的盟主地位。项羽在咸阳烧杀掠夺后东归。随后，项羽自立为西楚霸王，都彭城。立刘邦为汉王，封秦朝降将章邯为雍王，司马欣为塞王，董翳为翟王，统治秦国故地，阻挡刘邦东进。又调整诸侯王的辖地，将自己的亲信封于各王国的中心地区或富庶地方，而将原来的王改封于各国的边远地区。这样，除了项羽自己的统治区外，还有18个王国并存。项羽表面上尊楚怀王为"义帝"，迁都于郴，在途中即将他杀死。

刘邦及其部属对项羽违背对楚怀王的诺言，依仗武力称霸的行径十分不满，但他们深知自己的实力还远不能与项羽抗衡，所以听从萧何的劝告，接受封号，去汉中就位，以便积蓄力量，等待时机。到达汉中后，刘邦采用张良的计策，将来时所经过的栈道放火烧断，表示不想再返回关中，进一步麻痹项羽。

实际上刘邦一直在进行夺取天下的准备，经萧何推荐，他拜韩信为大将。韩信为刘邦谋划，部署回师关中，围章邯于废丘，司马欣、董翳降汉。刘邦还都栎阳，巩固了关中，又多方出击，扩大势力范围。

六国旧贵族起兵的目的是复国和占据更多的土地，项羽的分封自然引起诸侯的不满，不久战火复燃，项羽废杀韩王信，田荣逐走齐王田都，杀胶东王田市，自立为齐王，又攻杀济北王田安。燕王臧荼杀辽东王韩广，吞并了他的封地。项羽忙于镇压齐地的反抗，兵力受到牵制。

刘邦为义帝发丧，联合诸侯讨伐项羽。汉军一度攻占彭城，但随后遭到楚军反击，大败而归，连刘邦的父亲、妻子都被楚军俘虏。由于刘邦注意巩固后方，任用贤能，利用敌方内部矛盾，因此尽管有过多次失败，但还是逐渐占据了优势。汉四年（前203年）九月，汉、楚间停战议和，划鸿沟为界。但在项羽撤兵后，刘邦立即发动进攻。汉五年十二月，楚军被围垓下，项羽突围南逃，至乌江被汉军围困，自刎身亡。

汉高祖五年（前202年）二月，刘邦在汜水之阳即皇帝位，定都雒阳，同年迁都关中。因秦都咸阳已完全毁坏，新建长安为首都。

当初为了击败项羽，刘邦不得不利用实力强大的部将和项羽降将，满足他们拥兵封王的要求。消灭项羽后，刘邦开始集中兵权，但还是保留了7个异姓诸侯国。为了与这些异姓诸侯国抗衡，刘邦又分封子弟，建立了9个同姓诸侯国。这样，诸侯国的封地占了国土的大部分。经过镇压和调整，到公元前195年刘邦去世时，异姓诸侯中的韩信、彭越、黥布、卢绾等都已被杀或被废，只剩下一个安分守己、地僻国穷的吴氏长沙国。从此，同姓诸侯国与中央政权的较量成为主要矛盾。

刘邦临终前,对后事做了安排,规定由萧何、曹参、王陵、陈平相继为丞相。刘邦死后,其子惠帝(刘盈,公元前195—前188年在位)软弱无能,其妻吕后(吕雉)专政,成为实际统治者。惠帝死后,吕后临朝称制,直接执政。吕后对刘邦其他姬妾和她们的儿子是相当残忍的,她毒死赵王如意,杀害了其母戚夫人,又害死赵王友。惠帝无子,吕后便将宫中美人之子冒充惠帝皇后所生,立为太子,又将其生母杀死。惠帝死后,太子名义上已经即位,实际被吕后幽禁后杀害。吕后又玩弄权术,大封吕氏王侯,并让吕禄、吕产、吕台等掌握兵权,控制了皇宫内外的警卫。但吕后"政不出户",并没有改变刘邦的政策,加上萧何、曹参等相继担任丞相,国内社会安定,经济逐步恢复,刑罚有所减轻,农业生产受到重视,粮食产量不断增加。

公元前180年吕后病死,在此之前太尉周勃、右丞相陈平已做了应变准备。齐王刘襄得知诸吕阴谋,起兵西进,与拥重兵屯驻荥阳的颍阴侯灌婴相约,一旦吕氏有变就合兵讨伐,这起了很大的威慑作用。陈平、周勃与朱虚侯刘章(刘邦之孙、齐王襄之弟)等设计夺取吕禄的兵权,由周勃指挥北军,清除吕氏势力。经众位大臣商议,拥立刘邦庶子、代王刘恒(文帝,前180—前157年在位)为帝。

文帝和其后的景帝(前157—前141年在位)在位的41年间,实行轻徭薄赋,奖励生产的政策,注意"与民休息",百姓的赋税徭役负担相对较轻,刑罚也比较宽大,经济有所发展,国力逐渐加强,史称"文景之治"。

同姓诸侯的势力开始恶性膨胀,终于在景帝三年(前154

年)爆发了以吴王濞、楚王戊为首的吴楚七国之乱。景帝以周亚夫为太尉出兵镇压,在3个月内击败叛军。此后,朝廷不断采取削弱诸侯国的措施,彻底消除了分裂割据势力的威胁。

到汉武帝(前141—前87年在位)初年,汉朝的统治已相当稳固,经济得到恢复和发展,物资储备充足。汉武帝改变了对匈奴的和亲政策,不断发动反击,不仅收复了秦末汉初的失地,还夺取了河西走廊、湟水流域等地,打通了与西域的交通。在西南夷地区,汉朝扩大了行政区域,将众多少数民族纳入自己的统治之下。自秦末以来保持着割据的东瓯、闽越、南越政权先后被灭,置为郡县。灭朝鲜后,朝鲜半岛北部成为汉朝的行政区。至宣帝(前74—前49年在位)时,匈奴分裂,呼韩邪单于降汉,汉匈间恢复和平,汉朝在西域设置都护府。西汉的疆域达到极盛。

汉武帝时连年的战争、大规模的工程、巡游求仙和挥霍浪费,耗尽了历年的积蓄,加重了人民的赋税负担。官僚豪强的兼并和剥削导致大批农民破产,沦为奴婢、佃客、佣工或流民,阶级矛盾和社会矛盾日益激化。为了弥补空虚的国库,武帝实行统一货币、盐铁专卖和平准、均输制度;还发动算缗和告缗,直接剥夺商人和手工业者的财富;并任用酷吏,实行严刑峻法。武帝晚年对政策有所调整,采取了一些促进农业生产的措施,使尖锐的社会矛盾稍有缓和。

昭帝(刘弗陵,公元前87—前74年在位)即位时只有8岁,由霍光等接受武帝遗诏辅政。在其执政的13年间,霍光对外不轻易发动军事行动,对内多次减免赋税,节约开支,取消武帝时的一些弊政和苛法,使社会趋于稳定。

昭帝死时尚无子嗣，霍光与大臣商议，立武帝孙昌邑王刘贺为帝。但据说刘贺即位之初就昏乱无道，霍光与丞相杨敞、大司农田延年等决定废昌邑王，迎立武帝曾孙刘询为帝（宣帝）。宣帝初年，大权仍由霍光执掌，公元前68年霍光去世，宣帝亲政。

宣帝多次下诏征召贤能，安置流民，减免田赋，赈济灾民，还一再派人到各地考察吏治，查处不法官员，并亲自审核疑案大案。由于他来自民间，"知民事之艰难"，了解"闾里奸邪，吏治得失"，所以注重对地方官的任命和考核，对成绩突出的官员及时进行奖励和提拔。魏相、丙吉、王成、黄霸、朱邑、龚遂、召信臣等都是当时的名相良吏，赵广汉、韩延寿、尹翁归、严延年、张敞等也都算称职，"汉世良吏，以是（宣帝时）为盛"。宣帝对匈奴采取了正确的政策，没有乘人之危，而是以隆重的礼节和丰厚的资助接纳呼韩邪单于的归附，并帮助匈奴内部恢复秩序，保持匈奴基本独立的地位，使汉匈边界维持了60年的和平安宁。宣帝时期实现了西汉的中兴，成为与"文景之治"相似的又一个恢复和发展阶段。但宣帝对外戚的过度封赏，对宦官的任用，都为此后外戚和宦官势力的膨胀留下了伏笔。

继位的元帝（刘奭，公元前48—前33年在位）改变了宣帝"王霸道杂用"的策略，重用名儒学者，虽有宽政减刑、治国安邦的愿望，却缺乏切实可行的政策，更没有打击地主豪强的能力，土地兼并更加严重，政治日益腐败。成帝（刘骜，公元前33—前7年在位）时外戚王氏开始控制朝政，政治黑暗，吏治腐败，成帝软弱无能，只能听任外戚专政。哀帝（刘欣，公元前7—前1年）继位后，傅、丁二家外戚取代王氏，外戚专政的情况依然如故。哀帝重用嬖臣董贤，赏赐无度，诛杀规劝的大臣。哀帝死后，王氏外戚重新执政，9岁的平帝即位，政权实际已由王莽执掌。公元5年平帝死，据说是喝了王莽献上的椒酒。次年，王莽立2岁的"孺子"婴为皇太子，自己摄政（称居摄）。至公元8年，王莽即皇帝位，国号新，西汉亡。

新朝的建立没有给社会带来生机，王莽的改制接连失败，对边疆少数民族的军事行动和严重的自然灾害更加速了新朝的覆灭。

首先对王莽政权发动反抗的，是受害深重的北方边民。不久，各地相继出现农民暴动。天凤四年（17年），荆州饥荒，新市人王匡、王凤聚集数百人于绿林山中，各地流民纷纷投奔，数月间达到七八千人，被称为绿林军。地皇二年（21年），荆州牧率军镇压，绿林军出山迎击获胜，部众扩大到5万余人。次年绿林山瘟疫流行，绿林军分路出山，一支西入南郡，称下江兵；一支北上南阳，称新市兵。平林人陈牧等率众响应，称平林军，其中有西汉宗室刘玄。宗室刘縯、刘秀兄弟也组成舂陵军，与下江兵联合。绿林军为扩大影响，拥立刘玄为皇帝，恢复汉朝，称更始元年（23年）。王莽派数十万大军阻击，前锋十多万人围绿林军于昆阳。刘秀说服众将坚守，自己突围求援，后以3000援兵击毙敌军主帅，与城中合兵，取得大胜。昆阳大捷后，绿林军兵分两路，一路北上攻克洛阳，一路西入武关，直取长安。王莽见形势危急，率群臣至南郊，告天大哭，有数千儒生、百姓因哭得悲哀而被封官。九月，更始军入长安，王莽逃至宫内的渐台，被暴动的民众杀死。公元24年初，更始帝由洛阳迁都长安。

另一支起义军赤眉军由琅琊人樊崇率领，最初在莒县起义，在泰山、北海一带活动。地皇三年（22年），王莽派廉丹等率十多万军队镇压，为在战斗中与敌军相区别，他们将眉毛涂红，因而被称为赤眉军。赤眉军在成昌击败王莽军，杀廉丹，士气大振。更始帝在洛阳时，樊崇等曾接受了他的封号，但因受到排斥，又脱离了更始。当时赤眉军部众想返回故乡，军心不稳，为防止瓦解，樊崇等决定西攻长安。公元25年，赤眉军在华阴立汉宗室刘盆子为帝。而更始内部一片混乱，演变为兵变火拼。九月，赤眉军攻入长安，刘玄等先后投降。

更始帝在洛阳时，派刘秀镇慰河北。刘秀收编地主武装，消灭农民起义军和敌对力量，在河北建立基地，脱离了更始帝。在赤眉与更始厮杀之际，刘秀乘机遣部将攻城略地。同年六月，刘秀在鄗南即皇帝位，改元建武，恢复汉朝，史称东汉或后汉，刘秀死后被称为世祖光武帝。十月，刘秀定都洛阳。

建武三年（27年），赤眉军的主力在离开长安东归途中向刘秀投降。同年，割据中原的梁王刘永从被刘秀包围的睢阳城出走，被部下所杀。建武四年，汉军围李宪于舒，至建武六年初攻克，李宪被俘。建武五年，刘秀的部将吴汉杀刘永之子刘纡于郯，张步杀苏茂后投降。建武六年，吴汉克朐，俘董宪、庞萌。至此，刘永势力全部肃清。同时，割据黎丘的秦丰被俘，占有武当的延岑和田戎等逃亡，投公孙述。割据渔阳的彭宠被其苍头（家奴）所杀。北方大部分地区已为东汉所有。

建武五年，据有河西的窦融归附东汉，使割据陇西的隗嚣处于孤立境地，致使其向据有巴蜀的公孙述称臣，合力抗汉。

建武八年，刘秀与窦融两路夹击，消灭了隗嚣的主力。建武九年正月隗嚣死，十年十月，其子隗纯降，陇西平定。建武十一年，汉军两路大军攻蜀，十二年十一月公孙述战败受伤身亡，成都降，巴蜀平，最后一个割据政权被消灭。至此，除了一些边疆地区外，全国重新统一。

光武帝（25—57年在位）实行"务用安静"（务必保证社会的稳定和秩序）的政策，"以柔道行之"（实行富有弹性而灵活的政策）。他注意减轻赋税徭役，提倡节俭，放宽刑法，释放奴婢，并省郡县，精简官吏，任用良吏，打击豪强，使社会趋于安定，经济得到恢复。明帝（刘庄，公元57—75年在位）、章帝（刘炟，公元75—88年在位）、和帝（刘肇，公元88—105年在位）时，基本继承了光武帝的政策，同时对诸侯王加强控制，防范外戚专政，所以政治尚称清明，社会秩序比较稳定。在此期间，南匈奴降汉南迁，东汉初的失地收复。北匈奴被击败，西域都护府重建。

但即使是在东汉的全盛时期，也没有能再造西汉的辉煌。和帝以后，东汉初就预伏着的危机很快暴露出来，而且日益严重。

光武帝是依靠地主豪强的支持才登上帝位的，特别是他的故乡南阳一带的宗室、豪族，是他依靠的主要力量。东汉初，官僚豪强拥有大量土地，为了逃避赋税和徭役，他们大多凭借权势隐匿不报。户口隐漏的现象也相当普遍，其中一部分就隐匿在官僚豪强名下。建武十五年（39年），光武帝下诏各州郡认真清查核实垦田数和户口登记，就是为了将被隐漏的土地和户口清查出来。但从朝廷到地方的官员和豪强地主勾结起来，以"度田"为名，对农民实行苛刻的清丈，连屋前屋后的零星土地也要计算，而对豪强却百般优待庇护，百姓怨声载道。光武帝得知后，将有舞弊行为的十余名高官处死，但各地都出现了"大姓"、兵痞和"群盗"（一部分为起义农民，一部分为盗匪）的武装反抗，袭击掠夺行政机构，杀死官吏。地方政府加以追剿，军队一到就不见踪影，军队撤退后又重新集结。光武帝只能采取变通办法，"度田"不了了之。

连开国皇帝也无法触动豪强地主的根本利益，以后的皇帝就更无能为力了。正因为如此，东汉时期豪强地主的势力越来越大，被他们隐匿的田地和户口也越来越多，转嫁到在籍的农民头上的负担必然越来越重，而东汉的国力却越来越弱。

章帝死后，就接连出现少主继位，母后临朝，外戚秉政的局面。而少主一旦成年，就依靠宦官夺回权力，清除外戚。外戚、宦官交替擅权一次次重演，成为东汉无法摆脱的轮回，直到覆灭。这种恶性循环不仅制造了一次次权力斗争，使大批文武官员和无辜平民成为牺牲品，而且导致吏治腐败，国势衰落。

东汉后期，官僚士大夫中出现了"清议"之风，即评议鉴品人物。善于清议的名士往往成为士大夫的领袖，他们的贬褒左右着舆论，影响着士大夫的进退。清议起了扬清激浊、发扬正气、揭露黑暗的作用，但往往失之偏激，矫枉过正，甚至故作姿态，哗众取宠，名士中混杂了不少沽名钓誉的伪君子。聚集着来自全国各地士人的太学，很自然地成为清议的中心，而当权的宦官集团是清议的主要目标。这种斗争又与朝廷的权力斗争、外戚与宦官之争交织在一起，最终演变为桓帝（刘志，公元146—167年在位）、灵帝（刘宏，公元167—189年在位）时发生的"党锢"事件。

使东汉衰落的另一个因素是民族矛盾。地方官吏对羌人的残暴统治，引起他们一次次的反抗，朝廷屡次出兵镇压，并将一部分羌人迁至陇西、陇东和关中。羌人的反抗波及黄河流域大部分地区，迫使朝廷将西北和关中的行政机构内迁，还强迫百姓随同迁移，造成生命财产的损失。对羌人和其他少数民族的长期镇压耗费了巨大的人力物力，加重了人民的负担，也加剧了民族矛盾。

灵帝时，钜鹿人张角传播太平道，宣称"苍天已死，黄天当立，岁在甲子，天下大吉"，其徒众迅速增加到几十万，遍布八州。中平元年（184年）二月，以黄巾为标志的起义在七州二十八郡同时爆发，并迅速得到各地响应。尽管黄巾军的主力在9个月后就被镇压下去，但余部仍在各地坚持，张鲁以"五斗米道"为基础建立的政教合一政权在汉中存在了二十多年。

在镇压起义的过程中，一些将领和地方官乘机掌握了军政权力，形成与朝廷抗衡和分裂割据的基础。

中平六年（189年）灵帝死，外戚何进联合官僚、名士，与宦官集团做了最后一场较量，结果两败俱伤，地方军阀董卓率军进入洛阳，废少帝，立陈留王协（献帝），控制朝政。关东州郡联兵讨伐，董卓挟献帝西迁长安，但董卓实际控制的范围有限，统一的东汉政权已不复存在。

初平三年（192年），董卓被王允所杀，但其旧部又杀了王允，仍控制着朝廷。不久，董卓旧将自相冲突，献帝逃出关中，依附曹操，迁都于许。曹操先后消灭了各地的割据势力，统一了北方。刘备占有巴蜀、汉中和西南，孙权控制了长江中下游大部分地区和南方。建安十三年（208年），孙权与刘备联合，在赤壁（一般认为在今湖北蒲圻西北）击败曹操，从此形成三国鼎立的局面。公元220年，曹丕迫使献帝禅位，名义上的汉朝至此也结束了。

一般史书上将西汉的起讫时间定为公元前206年至公元8年，东汉则自公元25年至公元220年。严格地说，公元前206年刘邦只称汉王，统治区范围有限，至公元前202年才称帝，至此汉朝才建立。这样算来，西汉有210年，东汉有195年，合起来共405年。从秦始皇建立统一的中央集权政权至清朝被推翻，在这2132年间，比较长的宋朝（北宋、南宋合计，算至1276年宋廷降元）是316年，唐朝是289年，明朝是276年，清朝是267年，没有一个能超过汉朝。

如果我们翻一下《中国历史地图集》就会发现：西汉所拥有的稳定疆域基本保持到了清朝前期，尽管在边疆的局部地区有所盈缩，但主体部分并没有变化。

"汉承秦制"，但秦朝存在的时间太短，它的制度还来不及经受时间的考验，秦朝的短命更给它的制度蒙上了一层不祥的色彩。真正使秦朝的制度得到保持、发展和完善的还是汉朝，而只有经过了汉朝400年的检验，这些制度的适用性才得到了确认，这就是当时很多制度一直延续到近代的原因。

传世的文献资料使我们了解到，汉朝曾经是一个疆域辽阔、人口众多、强大而富足的国度，拥有在当时世界上堪称发达的科学技术和灿烂丰富的文化。考古的新发现，如长沙马王堆汉墓出土的文书、地图、帛画和大量实物，长安和其他古城遗址，居延和河西其他地方的汉简、连云港尹湾出土的汉简、中山王墓中的金缕玉衣、南越王墓、徐州楚王墓等等，更证实了文献记载。汉朝是中国历史上光辉的一页，也是中华民族的骄傲。"汉"一度成为中国的代名词，成为中国主体民族的名称，绝不是偶然的。

汉朝为什么会建立？为什么会延续400年？为什么会具有如此大的影响？又为什么会走向覆灭？读了本书后，你必定会找到一些答案。

鹿死谁手
楚汉之争的胜者

秦失其鹿，天下共逐之，高材者先得。（秦朝失掉了它的帝位，天下人一齐争夺，本领强的人先抢到。）

公元前202年初，西楚霸王项羽的军队被汉王刘邦和各路诸侯的联军牢牢地包围在垓下。入夜，四周传来一片楚歌，使项羽大吃一惊："莫非汉军已经占了楚国？怎么汉军中会有那么多楚人？"他知道大势已去，再也睡不着觉，在营帐中喝着闷酒。喝着喝着，项羽按捺不住内心的冲动，唱起一曲悲歌：

　　力拔山兮气盖世（我有盖世的勇气，有撼山的伟力），
　　时不利兮骓不逝（可惜时机不利，连宝马也跑不快），
　　骓不逝兮可奈何（宝马也跑不快，我奈何它不得），
　　虞兮虞兮奈若何（虞姬啊虞姬，我应该怎样办）！

在左右的哭声中，项羽泣别爱姬，趁黑夜率领800骑兵突

围南奔。黎明时分，汉军发觉，立即派灌婴率5000骑兵紧追不舍。渡过淮河后，项羽的随从已逃得只剩下百余人。到阴陵时，项羽迷了路，向一位农夫问路，他指点往左走，使项羽一行陷于一片沼泽，让汉军追上了。项羽且战且奔，到东城时只剩下28骑。在数千汉军骑兵的追击下，项羽自知不免，感到老天爷实在不保佑他，对部下说："我起兵到现在八年了，亲自打了七十多仗，所向无敌，从来没有败过，所以才称霸天下。可是今天却被困在这里，这是天要亡我，不是我作战的过失。现在我要决一死战，快速打3次胜仗给你们看看，每次都要突围，杀掉对方的将领，砍断汉军的军旗。让你们明白这是天要亡我，不是我仗打得不好。"果然，项羽所向披靡，三次在汉军中夺旗斩将，但却无法摆脱汉军的追击。

项羽逃至乌江，亭长请他上船过江，劝道："江东（江南）还有地方千里，数十万民众，也足以称王。现在只有我有船，大王快上来过江，汉军无法渡江。"项羽笑道："天要亡我，我还渡江干什么？况且我当初与八千江东子弟一起渡江而西，如今没有一个人能回去，就是江东父老可怜我，还尊我为王，我有什么脸再见他们？纵然他们不骂我，我心里难道不感到惭愧吗？"

项羽将坐骑送给亭长，用短刀与汉军搏斗，又杀了数百汉军，自己也受伤数十处。这时，他见到了熟人吕马童，问："这不是老朋友吗？听说汉王用一千斤金子和一万户封邑买我的头，就成全了你吧！"说着举刀自刎。王翳抢上去砍了他的头，将士们一哄而上争夺他的尸体，自相残杀，死了数十人。最后，吕马童等4人各抢到一块，于是将万户封邑分给他们5

人为侯。

项羽死后,楚地全部降汉,只有他的封地鲁城还在坚守。汉军扬言要屠城也不起作用,直到将项羽的头拿来,城内的人确信项羽已死,才开门投降。至此,楚汉之争以汉王刘邦的胜利而告终。

自从公元前206年秦王子婴出咸阳城投降,交出皇帝玺绶,经过3年4个月,秦朝失去的"鹿"终于被刘邦夺得。

实际上,在秦末参与逐鹿的群雄中,刘邦一开始并不具有"高材"的资格。

在刘邦成为汉朝的"太祖高皇帝"后,尽管史臣给他编造了一系列神话,却无法掩盖他出身"细微"的事实。刘邦出生在一个普通农家,父母连名字都没有,史书上只能称为"太公"和"刘媪"(刘大娘);本人只担任过亭长,是最低级的吏。而项羽家世代楚将,是名将项燕的孙子、项梁的侄子。参与角逐的其他诸侯中,章邯是秦朝大将,曾经统率数十万大军;司马欣是章邯的长史(相当于秘书长兼参谋长);董翳是都尉;魏咎、魏豹是原魏国王族;韩王成是原韩国公子;赵王歇是原赵国王族;田儋、田市、田都、田安、田假都是原齐国王族;张耳、陈余是原魏国的名士;论出身和家庭背景,他们都比刘邦有更大的号召力。

起兵前的刘邦没有什么能耐,好吃懒做,不治家业。有一次他拉了朋友来家吃饭,大嫂很讨厌他,故意将锅底刮得很响,使他们以为锅里已经没有什么羹了。他爱喝酒,却没有钱,经常向王媪、武负家赊帐。据说王、武二人见他醉卧时上面有龙,常常将他的帐一笔勾销。这是他当了皇帝后的记载,实际上可能是他经常赖帐。他好色,大儿子刘肥就是他和一位"外妇"(姘妇)曹氏生的。刘邦当亭长后,与同事经常吃吃喝喝,关系处得不错,但押送刑徒去咸阳时,还没有出县境就让不少人逃跑了。单父人吕公是沛县令的朋友,来到沛县后贺客盈门,负责收贺仪的萧何只能规定:"礼钱不满一千的人,请在堂下就座。"刘邦登门后声称"贺钱万",吕公闻讯大惊,连忙起身迎候,招呼他就座。其实刘邦身上一文不名,萧何知道他的底细,怕自己为难,就说:"刘邦一向好说大话,办不成正经事。"刘邦却装作无所谓的样子,大模大样坐了上座。这居然引起吕公的好感,将女儿(吕雉,后来的吕后)许配给了他。正因为如此,刘邦的父亲称他为"亡(无)赖",其行为可见一斑。

相比之下,项羽年轻时虽不愿读书学剑,却希望能学"万人敌"(能对付万人的本领),并能粗通兵法。他身长8尺余,力能扛鼎,才气过人,武功不可谓不强;见到秦始皇巡游的排场后,竟说"他可以被取而代之",比刘邦在咸阳说的"大丈夫当如此也"更有气派,志向不可谓不高。从他的作战纪录,特别是最后的垓下之战看,他称得上是当时最勇猛的将领,当然远在刘邦之上。他自杀时31岁,没有后人,仅与虞姬的泣别见于记载,大概不像刘邦那样寻花问柳。笃信儒家礼仪的鲁城父老居然愿意为他死守,作为一位失败者而没有留下个人丑闻,项羽的人品看来比刘邦要好得多。

刘邦起兵时,只在沛县征集到二三千人,而项梁、项羽渡江时已有子弟兵8000。刘邦连故乡丰邑也攻不下,得到项梁资助的5000士卒和10名"五大夫将"后才取胜。项梁在世时，刘邦听从他的调遣。项梁死后，对付秦军主力章邯的是项羽，刘邦打的硬仗不多。入关后，刘邦的军队只有10万，而项羽拥有40万大军。刘邦去汉中时，项羽只拨给他3万士卒，沿途还有不少人逃亡。就是在楚汉之争中，刘邦也屡次失败，父母妻子被俘，胸口中箭，几次死里逃生。

但是历史恰恰让刘邦成为最后的胜利者，给项羽安排了一个悲剧的结局。

我们当然可以说，推翻秦朝的统治，重新建立统一政权，是符合历史潮流的。但推翻秦朝的起义是由陈胜、吴广发动的，在刘邦之前已有很多人参加，项梁、项羽是与刘邦同时起兵的。实际上，消灭或牵制秦军主力的并不是刘邦，要是没有刘邦参与，秦朝也不可能再延续。刘邦入关后废除了秦朝的暴政，但在其他诸侯控制的地区似乎也没有再继续实行秦朝的政策。如果由包括项羽在内的其他人来重新统一中国，并不一定比刘邦建立的汉朝差。所以，秦朝的覆灭和新朝代的建立可以说是历史的必然，但并没有注定非得由刘邦来完成。

还有人说，项羽的失败是因为他分封诸侯，从秦始皇的郡县制和中央集权制倒退了。可是刘邦在与项羽抗争时也是大封诸侯，汉朝建立之初又加封了不少同姓诸侯，如果说这是权宜之计，那么项羽为什么不能也权宜一下呢？

以前还有人说，项羽出身楚国贵族，而刘邦出身劳动人民，所以刘邦能继承农民起义的事业，那就更可笑了。且不说刘邦的最终目标也是当皇帝，他所建立的汉朝与秦朝并没有本质上的区别；即使真是如此，陈胜、吴广，还有诸侯中的黥布、韩信、彭越、卢绾等的出身都属于劳动人民，也未必会轮到刘邦。

所以说，历史提供了一种机遇，但并非只给刘邦一人，却让刘邦争取到了。从这一角度看，刘邦的成功自然不是偶然的。

刘邦初登帝位时，曾经让列侯诸将说出他所以得天下、项羽所以失天下的原因，要求他们直言无隐。高起和王陵说："陛下为人傲慢，对人没有礼貌。项羽讲仁义，又爱护别人。但您派人去攻城略地后，战利品和俘虏都赏给了他们，有利益与大家共享。项羽妒贤嫉能，陷害有功劳的人，怀疑有本领的人，打了胜仗的人不给记功，得了土地的人不给予好处，这就是他失天下的原因。"刘邦说："你们只知其一，不知其二。要说运筹决策于帷幄之中，决胜于千里之外，我不如张子房（张良）；主持行政机构，管理百姓，保证供应，使粮食的运输线不断绝，我不如萧何；率领百万大军，每战必胜，每攻必克，我不如韩信。这三位都是杰出人物，我能使用他们，这才是我得到天下的原因。而项羽连一个范增都不能用，所以会败在我手里。"

刘邦与韩信也有过两次对话，一次是他刚拜韩信为大将之时，韩信问他："大王自料勇悍仁强比项羽怎样？"刘邦沉默了好久，只得承认"弗如"。另一次，刘邦与已被剥夺了兵权和王位的韩信讨论诸将带兵的本领，问道："像我这样的人，能带多少兵？"韩信说："陛下不过能带十万。"刘邦问："那你呢？"答："像臣这样，多多益办（善），带得越多越好。"刘邦笑道："多多益办！那怎么会被我抓住呢？"韩信说："陛下不能带兵，而能带将，所以我会被您抓住。况且您的本领是上天赋予的，非人力可比。"

看来，刘邦还是有自知之明的，他知道自己的本领有限，远不如项羽，所以如要战胜项羽，只能重用杰出人物，发挥他们的作用，才能弥补自己的不足，克敌制胜。韩信的评价虽有溢美之处，但也说明刘邦的用将本领比他自己带兵要强，所以尽管他本人的武功和指挥能力远不如项羽，却能利用韩信等将领去战胜项羽。

或许正因为刘邦明白自己没有多大能耐，所以善于听取别人的意见。他开始的决定往往很成问题，但得到正确的意见后就不再坚持己见，楚汉之争中几次关键性的决策都是他采纳别人意见的结果。

郦食其去见刘邦时，他正让两个侍女替他洗脚，郦食其数落他道："要是你真想消灭无道的秦朝，就不应该对长者如此无礼。"刘邦立即起身，整理好衣服致歉，请他上坐，并采纳他的建议袭击陈留，获得了秦朝的储备粮。

刘邦的军队攻至南阳郡时，秦朝的郡守死守宛城，他准备绕过宛城继续西进。张良劝道："你虽然急于入关，但秦兵尚多，又占据了险要。现在如不攻下宛城，它在后面袭击，强大的秦军又在前面，是很危险的。"于是刘邦连夜引兵返回，到黎明就完成了对宛城的包围。当南阳郡守派舍人来讲了一番道理后，刘邦及时接受他的投降，赢得了首先进入关中的宝贵时机。

进入咸阳后，刘邦原来打算住在宫中，听了樊哙、张良的劝阻后，就将秦朝的重宝财物府库全部封存，回到城外霸上驻扎。他误听了别人的意见，派军队封锁武关，以便阻挡诸侯入关，试图独霸关中。被激怒了的项羽不仅攻破武关，还准备发动袭击，消灭刘邦。刘邦闻讯后，完全听从张良的安排，结交项羽的叔父项伯，通过他向项羽疏通，又亲赴鸿门宴，在张良、项伯的协助下消解了这场灾难，死里逃生。

项羽背约封刘邦为汉王，刘邦气得想与项羽拼命，周勃、灌婴、樊哙等也劝刘邦动手，萧何却加以劝阻："现在兵力不如人家，百战百败，岂不是白白送死？"他劝刘邦接受汉王的封地，以汉中、巴蜀为基地，还定关中，进而统一天下。

萧何多次推荐韩信，都没有受到刘邦重视。萧何亲自追回韩信后，再次向刘邦推荐："您如果打算长期统治汉中，韩信没有什么用；如果一定要争天下，不用韩信就没有人可以商量，您自己拿主意吧！"刘邦立即同意拜韩信为大将。萧何说："您一向傲慢无礼，现在拜大将就像找个小孩来玩玩，怪不得韩信要走。如果您真想拜他为大将，必须选个好日子，沐浴斋戒，专门建拜将坛，举行隆重的仪式。"刘邦一一照办，这才获得了韩信这员大将，赢得了还定三秦的胜利。

后来，刘邦一度听信郦食其立六国的后人为诸侯的建议，连印都刻好了，听了张良的 8 点反对理由，刘邦又气又急，大骂："这臭小子，差点坏了老子的大事。"立即将印销毁。在荥阳被围时，采用了陈平的离间计，使项羽失去了范增。刘邦准备再次东进时，听从袁生的计谋，改为出武关，进军南阳盆地，调动项军南下。韩信灭齐后不听调遣，刘邦想以武力镇压，经张良劝阻后改为封韩信为齐王，赢得韩信在关键时刻的支持。项羽同意以鸿沟划定双方界线，释放了刘邦的父母妻子，刘邦心满意足准备退兵回关中，又是张良、陈平进策，刘邦才转而追击项羽。在最后决战时，兵力最强的诸侯韩信、彭越按兵不动，汉军被楚军击败，只能深沟高垒固守，刘邦接受张良建议，调整扩大韩彭的封地，换来他们的出兵，形成对项羽的合围。要是刘邦像项羽那样自以为是，刚愎自用，以上每一步都可能失误，都会导致无可挽救的失败。

不过，仅仅能用人，能从善如流是得不了天下的，作为一个开国皇帝，刘邦还有他独特的本领。或许他不愿当众表白，以往的史家似乎也没有充分注意，那就是他在"争天下"的坚定目标下，实行了相当灵活的策略，甘冒风险，又能曲能伸，甚至不择手段，从来不讲究光明正大、说话算数，不愧为"亡赖"。但我们不得不承认，对于刘邦这样一个出身"细微"的人来说，这是取得成功的唯一办法，别无选择。

就拿他见吕公的事来说，按他的家境是拿不出1000钱作贺仪的，要是按规矩办事，只能老老实实坐在堂下看热闹；就是咬咬牙，凑上1000钱，也不过在堂上当陪客。而他一句"贺钱万"使他轻而易举坐了首席，成为吕公嘉宾，还娶到了有身份的妻子。这个险是值得冒的，也无伤大雅。就是被揭穿了真相，问题也不大，萧何定的办法毕竟不是法律，算不上犯法。刘邦本来就是无赖，也不怕在同事面前丢脸。

楚怀王派军队入关伐秦时，秦军还很强大，诸将都不敢做这个先锋，刘邦却敢于接受"西略地入关"的命令，说明他有胆略，不怕死。但项羽想与刘邦一起入关，却始终没有被准许，原因是怀王身边的"诸老"反对。诸老认为项羽"为人僄悍猾贼"，经过的地方都被他烧杀破坏，而刘邦一向是"宽大长者"。其实，诸老对刘邦的了解并不全面，也不深入，只是刘邦的表面文章做得更好，又重视公关。

诸老对项羽的坏印象之一是他曾将襄城的人全部杀光，但刘邦初起兵时就曾威胁沛县百姓，要不响应他，就会"父子俱屠"；西进时攻下颖阳后也"屠之"，杀了个一干二净，也有过很残暴的表现。

就是刘邦最受人称道的入关后的表现，更多的也是宣传手段。他不是不想住豪华的宫殿，只是张良等加以劝阻。他封了秦朝的珍宝府库，但在进咸阳之初，"诸将争走金帛财物之府分之"，萧何已接管了秦朝丞相和御史收藏的"律令图书"（均见《汉书·萧何传》），鸿门宴时刘邦送给项羽的璧和送给范增的玉斗，当然也是秦宫中的珍宝，只是刘邦没有像项羽那样明火执仗抢掠破坏，也没有将府库搬空，留下一部分应付项羽和其他诸侯。"约法三章"的主要意义是废除秦朝的苛法，但这一点谁入关后都会实行，而"杀人者死，伤人及盗抵罪"这3条法令实际是无法执行的。因为，一方面要确定杀人、伤人、盗窃罪并不容易，伤人与盗窃程度相差很大，如何抵罪？不同的罪执行什么刑罚？另一方面，社会上的犯罪行为很多，远非上述3种，百姓犯其他罪怎么办？现在能看到的秦律还很多，难道当时都废了？况且从刘邦入关到项羽入关不足两个月，"约法三章"不会有实际效果。至于刘邦谢绝百姓的牛羊酒食慰劳，正如他自己所说："仓粟多，非乏，不欲费人。"（仓库中粮食充足，不缺，不想麻烦别人。）

算不上是什么德政,却换来了百姓的喜悦,唯恐他不能当关中的王。

刘邦这些措施的真正目的当然是要当关中王,所以才派兵守关,想阻挡项羽和诸侯入关,只是兵力不济,被项羽一冲就垮。到了项羽大兵压境,刘邦把守关的责任都推给了出主意的"鲰生",又向项羽表白守关只是为了防止盗贼和治安需要,"我日夜在盼望将军来关中,怎么敢背叛他呢?"以后又忍着一肚子怨气,听任项羽背约,接受边远地区的封地。

等到刘邦回师攻占关中时,深恐项羽趁他立足未稳,发动反击,特意让张良带信:"汉王只是想取得关中作为自己的封地,只要恢复原来的协定就会停止军事行动,不敢向东扩展。"又将齐国、韩国的"反书"送给项羽,上面写着"齐国准备与赵国一起灭楚国"。项羽果然上当,没有入关对付刘邦,却集中兵力进攻齐国,使刘邦占有整个关中,并巩固了后方。

刘邦不能再打关中牌,就利用项羽杀了义帝的借口,打出"伐无道"的旗号。刘邦为义帝发丧,连续3天去义帝灵前号啕大哭,派使者通告各路诸侯:"义帝是天下共同所立,大家一致臣服,现在被项羽放逐到江南杀害,真是大逆不道!寡人亲自为义帝发丧,全军戴孝,出动全部兵力,愿随着各位一起讨伐楚国杀害义帝的凶手。"就这样,为自己争夺天下变成了替义帝伸张正义。

在荥阳被围,无法逃脱时,他让纪信乘上汉王的车,装成汉王出东门投降,自己趁机从西门逃走了。要是项羽遇到这样的情况,肯定会宁死不走的。项羽作战不利,将刘邦的父亲放在一个高木墩子上,警告刘邦:"再不退兵,就将你老子下油锅。"刘邦答复："我与你曾经在楚怀王面前结为兄弟，我的父亲就是你的父亲，你一定要烹你父亲，希望能分碗肉羹尝尝。"这样的话，自然只有刘邦才说得出。项羽最终没有杀刘太公，固然是有项伯的劝阻，但正如项伯所说"为天下者不顾家"，刘邦做到了这一步，杀了他父亲又会有什么作用？

韩信攻灭齐国后，借口形势复杂，没有一个"假王"（代理国王）就难以统治，要求立他为"假王"。当时刘邦正被楚军围困在荥阳，见到使者送来的信后气得破口大骂："我被围在这里，日夜在盼你来帮我，你倒想自立为王！"张良、陈平赶忙在背后暗示，在他耳边说："现在我们处境不利，哪能阻止韩信自立为王？不如主动立了他，与他搞好关系。要不，会出乱子。"刘邦也醒悟了，索性骂下去："大丈夫平定了一个诸侯国，就该当真王，还当什么假王！"派张良封韩信为齐王，征调他的军队进攻楚军。要是刘邦不要点花招，直截了当地拒绝韩信的非分之想，韩信肯定不会出兵相助，至多只会自立为齐王后隔岸观火，听任项羽灭掉刘邦，甚至会投入项羽一边。

要是刘邦恪守儒家的仁义道德、礼义廉耻，他绝不会成为以上这些较量的胜利者，也就当不成汉朝的太祖高皇帝了。有人说，开国皇帝十之八九是流氓无赖，只有流氓无赖才能成功，并非没有道理。因为刘邦如此，其他出身低微的开国皇帝莫不如此。

道理很简单，在任何一个专制社会中，一个出身低微的人按照正常的途径是绝对不可能进入权力中心的；而在家天下的世袭制下，更不可能合法地当上皇帝。非正常的途径无非是两条：一是武力，一是阴谋。武力是不可少的，但光有武力还不够，得武力和阴谋结合。问题是出身低微的人在开始时不可能有很强大的武力，像刘邦起兵时只有二三千人，这还得益于他当过亭长，在草莽中啸聚了数百人，还有萧何、曹参等现职县吏的帮助。凭这二三千人几乎不能与其他任何一支反秦武装匹敌，更不用说最终将它们一一收编或消灭。

当然还可以用实行"仁义"的办法，至少可以达到争取人心的目的。但讲仁义得有条件，即大家都讲仁义，单方面讲仁义就只能当东郭先生，下场往往比东郭先生还惨。秦始皇的大儿子扶苏是比较讲仁义的，但对手胡亥（秦二世）和赵高却不讲仁义。面对伪造的秦始皇的诏书，扶苏只能选择自杀。在与刘邦的争斗中，项羽不止一次有过消灭刘邦的机会。项羽入关之初，已经部署了对刘邦的袭击计划，以当时的力量对比，刘邦毫无活路。

而且刘邦守关阻拦诸侯，已经给了项羽很合适的借口，可以取得其他诸侯的支持。但项羽听了刘邦的辩解后放弃了袭击，在鸿门宴上又迟迟不实行与范增商定的行动，刘邦秘密回营后也就不了了之，固然是由于他有优柔寡断的缺点，但主要还是范增所批评的"不忍"，即没有完全不顾"仁义"；而刘邦对付他时就没有那么多"仁义"了。再说，即使是为了争取人心而实行的"仁义"，也得有实行的条件，施行者得掌握了一定的权力，拥有一定的地位。像刘邦宣布约法三章，前提就是他进了咸阳，成了关中的实际统治者，否则不是被当作空头支票，就会被人视为痴人说梦。比较而言，"仁义"只对已经拥有权势者、当道者有利，出身低微的人要靠行仁义得天下是绝对不可能的。

唯一可以找到的理论根据是"天命"。有了天命就不怕出身低微，也不怕别人指责你手段不光明正大，因为天命在身的人其任何行为都是替天行道，代表天意。可是天命并不是什么具体的东西，不是一只真正的鹿。古往今来，声称自己得天命的人不知有多少，但最终被承认的只是少数成功者。所以那些人的得天命，实际上并不是什么预言，而是对既成事实的承认，是出于事后的追认和伪造。相反，失败者即使原来拥有过一些得天命的迹象，也会随着失败的到来而使之荡然无存，因为失败本身就证明是"天之所厌"，是天命的丧失。

就拿刘邦来说，汉朝的史官记载了他很多得天命的征兆和事迹，实际都经不起深究。《史记·高祖本纪》说他母亲刘媪在湖边睡觉，梦中与神仙发生性关系。当时天色昏暗，电闪雷鸣，刘太公去找她时，见到有蛟龙在上面盘旋，刘媪就此怀孕，生下了刘邦。这样的故事本来是母系社会"知母不知父"的残余，后来成了真命天子出世的公式。但这种事要编造也再简单不过，因为除了刘太公夫妇外，没有谁能够证明。据说刘邦的相貌是"隆准而龙颜，美须髯，左股有七十二黑子"，也就是高鼻子，高额骨，长脖子，大胡子，相貌或许有点异常，但在没有摄影技术的情况下，真正见过刘邦的人毕竟有限，到了他死后，就随便史官自由描绘了。至于说他左大腿上有72颗黑痣，就更玄了，因为当时不兴在公共场所穿三角裤或裸体，除了他的父母妻妾，谁能看到这些痣并数一下究竟有几颗？

其他三个故事，一是老人看相：刘邦当亭长时，请假回家种田。一天,妻子吕雉带着两个孩子在地里干农活,一位老人路过,向她要些吃的,吕雉给了他。他看了吕雉的面相说:"夫人是天下的贵人。"吕雉又让他看两个孩子,他看了儿子后说:"夫人之所以能当贵人,就在于这个孩子。"看了女儿后也说是贵人。老人走后,刘邦恰好从邻居家过来,吕雉详细告诉了他,刘邦听说老人走得不远,赶忙追上去,让老人给自己看看。老人说:"刚才夫人与小孩都与你相似,你的相贵不可言。"刘邦连声道谢:"要真像你说的,我一定不忘你的恩德。"刘邦发迹,却再也没有找到这位老人。

二是斩白蛇。刘邦将刑徒放走后,喝足了酒,走在野地小路上,让一位随行在前面探路,那人来报告:"前面有一条大蛇挡着道,退回去吧!"酒醉了的刘邦说:"壮士行路,有什么好怕的?"于是走上前去,拔出佩剑向蛇砍去,蛇被斩为两段,路通了。又走了几里,刘邦醉得就地睡着了。后面有人走过那里,见一位老太在黑夜里哭,问她为了什么事,老太说:"有人杀了我儿子,所以哭。"问她:"你儿子为什么被人杀了?"老太说:"我儿子是白帝子,化成蛇横在路上,现在被赤帝子斩了,所以哭。"那人以为这老太在胡说,想给她点厉害看看,老太忽然不见了。那人遇到刘邦,告诉了他这件事。刘邦心中暗暗高兴,以赤帝子自居,随行的人对他越来越畏惧服从。

另一个故事,是秦始皇曾说:"东南有天子气。"所以亲自东游,想凭着自己皇帝的身份将这股天子气镇压下去。刘邦听说后,就怀疑"天子气"是指自己,于是就隐匿在芒、砀二县相交的山野间。但他的妻子吕雉经常能找到他,刘邦很奇怪,问吕雉是怎么回事。吕说:"你所在的地方上面一直有云气,所以只要往有云气的地方就能找到你。"刘邦心中大喜。有的沛县子弟听说后,都想投奔刘邦。

这些故事显然是事后编造的。像看相的事,只有刘邦一家知道,反正随便他们怎么说都行。醉后砍死一条白蛇并不是什么了不得的事,也不能说必无其事,但将此事说成是赤帝子斩白帝子就只有一个人为证,偏偏此人像那位老人一样,连姓名也没有留下,在刘邦当皇帝后再也没有露面。第三件事唯一的证人是刘邦的妻子吕雉,荒野地方有云雾很普通,天晓得吕雉是不是碰巧找到了丈夫。但秦始皇东游并不是为了什么"天子气",刘邦藏匿是因为放跑刑徒又弃职潜逃,是够得上死罪的逃犯,就是秦始皇不东游他也不敢露面。总之,这些故事没有一个能自圆其说,但在刘邦当了皇帝以后,不由臣民们不信。就是心里不信,又有谁敢冒着犯"大不敬"罪的风险说三道四呢?

不过,指出刘邦的无赖行径,并不是要否定他的历史贡献。一个人在历史上起了什么作用,应该得到肯定还是被否定,主要不在于他的个人品德,而取决于他是否推动了历史的进步;不在于他用什么手段达到了目的,而取决于这一目的是否与历史进程一致;不在于他这样做的动机,而取决于他所做所为的客观效果。

秦失其鹿,天下共逐,最终能得到鹿的只有一人。但在鹿死谁手还没有决定之前,统一政权不复存在,战乱不断,生命财产的损失不计其数,所以重要的是尽快结束争夺,至于谁是胜利者倒是其次的。而要真正结束战争，占有优势的一方就得不惜一切手段地将另一方彻底消灭。

如果项羽听从了范增的建议，在鸿门宴上杀了刘邦，尽管他会受到道义的谴责，却消灭了一个劲敌。如果他亲自统治关中，或者他在刘邦毛羽未丰时就回师关中，刘邦就不可能建立巩固的基地。在他拥有绝对优势的情况下，张良、韩信以至萧何、曹参未必不能为他所用。一旦他取得最后胜利，今天我们看到的历史绝不会像《史记》一样。可惜项羽一次次错过了机会，他的失败只能说是咎由自取。项羽的下场或许能博得人们道义上的同情，却是历史发展的必然结果。

如果刘邦只满足于统治关中，不主动出关进攻项羽，或许能赢得道义上的胜利，但对他个人和历史都不会有任何好处。因为他将面临项羽或其他关东诸侯的进攻，不是出现旷日持久的战争，就是他被项羽等消灭。即使项羽等承认刘邦对关中的统治，也不过是回到了战国时代，当另一位秦始皇出现时，又得付出多少代价？

在楚河汉界划定后，项羽老老实实解甲东归，刘邦却出其不意发动袭击。但正是刘邦的毁约，使战争在短短数月间结束，统一重新恢复。如果刘邦讲究信用，恪守协议，等到项羽喘过气来，少不了又是几年战争。无论谁获胜，大量生命财产的损失都是无法避免的。

在楚汉之间最艰难的相持阶段，项羽曾经对刘邦说过："天下匈匈数岁者，徒以吾两人耳，愿与汉王挑战，决雌雄，毋徒苦天下之民父子为也。"（全国已经有几年不得安宁了，都是为了我们二人，我愿意向汉王挑战，与你决一雌雄，不要再让天下百姓为我们受苦了。）但他既没有置刘邦于死地，也不愿意为了天下百姓的利益而退出历史舞台，而志在得天下的刘邦却不计一时的荣辱，百折不挠地夺取了最后的胜利。

  当然，夺取了秦朝失去的"鹿"，还有如何保持的问题。但在西汉王朝持续了200年以后，历史学家对刘邦的成功早已毫无疑问了。

不在马上治天下
刘邦和儒生

陆贾是位儒生,经常在汉高祖刘邦面前引用《诗经》《书经》中的话,刘邦十分讨厌他,有一次竟破口大骂:"乃公居马上而得之,安事《诗》《书》?"(你老子是骑在马上夺取的天下,要靠《诗经》《书经》干吗?)陆贾反问道:"居马上得之,宁可以马上治之乎?"(在马上得到的天下,难道可以在马上治理吗?)

生在乱世的知识分子是不幸的,他们不可能有良好的治学条件,不可能安心地从事学术活动。但也是幸运的,因为在改朝换代、革故鼎新之际,知识分子获得了施展才能、实现抱负的机会,比在太平盛世碌碌无为,终老于书斋中要强得多。

秦始皇焚书坑儒,虽然并没有杀掉所有的儒生,也没有能烧掉所有的书籍,但对儒生和儒家经典无疑是一场空前浩劫。幸存的儒生或逆来顺受,甘当顺民;或避居山野,远走他乡;有的人守护着藏匿的书籍,有的人背熟了经典从事口头传播,也有的人投身反秦活动。

陈胜、吴广起义爆发后,群雄并起,儒生们也纷纷响应,连孔子的后代孔鲋也背着祖传的礼器投奔陈胜,被封为博士,不久随陈胜而死。但当时各路反秦首领和诸侯最关心的是如何打败秦军和扩大自己的势力,对纯粹的儒生并无多大兴趣。孔鲋即使不死,也起不了什么作用,更不用说其他毫无知名度的儒生。

当时最需要的人才是武将,骁勇善战、能指挥军队的将才如鱼得水,平步青云。如韩信由小军官提拔为统帅,3年内就成为大国诸侯。英(黥)布出身群盗,以军功被项羽封为九江王,是楚汉之争中举足轻重的人物,降汉后被封为淮南王。刘邦部下得到重用,以后被封为王、侯、大臣的人中不少是群盗、小贩、农夫出身,他们的发迹靠的就是冲锋陷阵、攻城略地的军功。好在当时的知识分子还没有像后世那样,依然有"六艺"本色,文武兼资,这类人完全可以优先发挥武的功能,或者以武为主,也不愁没有出路。

知识分子中最受欢迎的是谋士,他们了解形势,谙熟韬略,能为主子出谋划策,有的还能调度和指挥军队。像张良能"运筹帷幄之中,决胜于千里之外",是他们中的杰出代表。又如陈平,原来是个"好读书"的知识分子,但投奔刘邦后主要是起参谋作用,曾经"六出奇计"。项羽的谋士范增,"年七十,素居家,好奇计",也是这类人物。

另一类是辩士。他们继承春秋战国以来辩士说客纵横睥睨、翻云覆雨的传统,或充当使者,或担任说客,在刘、项和各诸侯间大显身手。

再一类是行政管理人才。刘邦、项羽与各诸侯国都需要这类知识分子，在秦朝覆灭，各诸侯国处于草创，又互相对抗的情况下，这类人物不可或缺。他们能维持日常行政机构正常运转，安定后方，征调戍卒，筹集、输送粮食和物资。刘邦手下要是没有萧何这样的角色，他是不可能取得最后胜利的。但这类人中的绝大部分是默默无闻的，他们既不上前线，又没有轰轰烈烈的事迹，史籍上连名字也没有留下。

在当时的条件下，纯粹的儒生的确派不上什么用场，如果不想改行，就得老老实实守住自己的学术传统，为保存文化尽力。这样的知识分子也能实现自身的价值，如鲁的诸生，他们即使在刘邦军队的包围之下，照样"讲诵习礼，弦歌之音不绝"，所以鲁地的儒家文化传统始终没有丧失。又如济南人伏生，曾经担任秦朝的博士，《书经》被禁毁后，他将书藏在墙壁中，战乱中外逃，回家后发现藏书缺少了几十篇，但还剩下29篇，他就在齐、鲁一带传授。汉文帝时征召懂《尚书》的人，伏生已九十多岁了，无法再进京，就让晁错去他家学习。儒家文化和《尚书》能够流传下来，离不开鲁地诸生和伏生的努力。尽管他们在楚汉之争中没有为哪一方面建功立业，但对中国文化的贡献是永存的。像孔鲋那样，明知自己既无勇力，又无奇计，既当不了说客，又管不了行政，却要背上礼器投奔陈胜，实在是走错了门路。

汉高祖刘邦从小没有读过《诗经》《书经》一类儒家经典，只是上过识字班。家庭出身和当小亭长的经历使他没有机会结识大知识分子，他的密友萧何是沛县"主吏"，大约相当于现在县政府的秘书长；曹参是县狱掾，相当于县警察局长；樊哙则是卖狗肉的小贩。萧何、曹参在县里虽然称得上"豪吏"，有不小的权势，但他们熟悉的是吏治法规，应对上司，而不是诗书礼仪。所以刘邦养成了轻视儒生的习惯，在他起兵以后更加讨厌投奔他的儒生，认为他们只会添麻烦，一概不予理睬。对那些死皮赖脸求见的儒生，刘邦干脆当众摘下他的儒生帽子，当成尿壶解小便。谁向他介绍儒生，就会招来一顿臭骂。正因为如此，投奔他的儒生不得不做一番包装，将自己的信仰、主张以至服装掩盖起来，以避免刘邦的恶感。

就是这样一位主子，还是有知识分子去投奔他，并且也取得了成功。下面就举郦食其、叔孙通、陆贾3人为例。

陈留高阳人郦食其是个"好读书"的儒生，虽然"家贫落魄，无衣食业"，却志向远大，瞧不起路过高阳的数以十计的反秦将领，因为他们都缺乏"听大度之言"的气魄，相反他对那位傲慢无礼但"有大略"的刘邦却情有独钟，决心追随。起初他不知道刘邦的好恶，让一位在刘邦部下当骑兵的同乡通报："我有位同乡郦生六十多岁了，身长八尺，别人都称他为狂生，自己却说不狂。"同乡告诉他刘邦不喜欢儒生，他就让同乡将见刘邦时应该注意的事项一件件详细告诉他。

郦食其求见时，刘邦正靠在床边让两个女人给他洗脚。门房通报后，刘邦问："来的是什么人？"门房说："样子看起来像个大儒，穿儒服，戴着一顶高山冠。"刘邦马上说："给我回绝他，就说我正忙着打天下，没有闲工夫见儒生。"郦食其一听，瞪圆了眼睛，手按着剑柄，怒喝道："滚进去告诉沛公，我是高阳酒徒，不是什么儒生。"门房被吓得没有报告就进了刘邦的房间，把郦食其的话重复了一遍，刘邦这才说："请客人进来。"郦食其见刘邦后没有下拜，只是作揖施礼，问道："足下是想帮助秦朝攻诸侯，还是率领诸侯灭秦朝呢？"刘邦骂道："混帐儒生！天下受秦朝的害那么久了，所以诸侯联合起来攻秦，怎么说我帮助秦朝？"郦食其说："你真要结聚民众组成义军，去消灭无道的秦朝，就不应该在见长者时如此无礼。"刘邦赶忙停止洗脚，穿好衣服，请郦食其上坐，并向他道歉。郦食其说了一番六国合纵连横的情况，刘邦大喜，请他吃饭，并虚心求教。郦食其说："足下不过集合了一些乌合之众，收罗了一些散兵游勇，不满万人，用这些力量直接去进攻强大的秦军，真是所谓探老虎口。陈留地处冲要，四通八达，城里又有许多储备粮，我与县令关系很好，请派我去与他联络，让他听命于你。如果他不听，你就发兵攻打，我做内应。"攻下陈留后，刘邦封郦食其为广野君，经常派他出使诸侯，充当说客。要是郦食其不知深浅，开口就谈儒生的一套，早就被刘邦骂走了，就是有天大的本领也施展不了。

另一位叔孙通也是饱学的儒生，秦二世时受到征召，充当待诏博士。陈胜起义的消息传到咸阳后，二世召见博士和儒生，问道："楚地的戍卒在蕲起兵，攻占了陈，诸位有何高见？"30位博士和儒生都说："臣子违背命令就是造反，是不可饶恕的死罪，请陛下赶快发兵消灭他们。"二世听了怒形于色。叔孙通站出来说："他们所说都不对。如今天下合为一家，郡县城墙已经拆除，武器已经销毁，明确告诉天下百姓不再用兵。何况上面有英明的陛下，下面有完整的法令，使得人人尽自己的职责，四面八方都同心同德，哪里还有人敢造反！这不过是些盗贼和小偷小摸的家伙,哪里值得在这里讨论?让郡里的官吏抓起来法办就行了,何足忧虑!"二世大喜称是,又一一问了儒生,有的说是造反,有的说是一批盗贼。于是二世命令御史将认为是造反的儒生押入监狱审讯,因为他们发表了错误言论;将认为是盗贼的儒生都释放了。二世赐给叔孙通20匹帛、一套衣服,封为博士。出宫回到住处,儒生们指责他:"先生怎么这样当面拍马屁?"叔孙通说:"你们不懂,我差一点脱不了虎口。"他立即逃出咸阳,回到故乡薛,投奔了项梁,以后又在项羽部下。刘邦攻占彭城,叔孙通降汉。但不久刘邦兵败西撤,叔孙通认定刘邦必胜,率领弟子们继续追随。

叔孙通穿的是儒服,刘邦见了就生气。他知道刘邦是楚人,就换上了按照楚地式样裁剪的短衣,刘邦大喜。叔孙通了解刘邦的需要,向刘邦推荐的都是一些当过盗贼的壮士,刘邦非常满意,封他为博士,称为稷嗣君。随他降汉的百余名弟子恨得在私下骂他:"跟了你几年,好不容易降了汉王,可是从来不举荐我们,倒专门介绍那些江洋大盗,不知道安的什么心?"叔孙通知道后,对他们说:"汉王正冒着腥风血雨争夺天下,你们能打仗吗?所以我要先推荐能斩将夺旗的勇士。你们好好等着,我忘不了你们。"

郦食其和叔孙通其实都没有抛弃儒生本色,只是为了适应刘邦的现实需要,暂时改变了自己的角色。所不同的是,郦食其没有等到刘邦最终夺取天下,就被齐王田广扔进油锅"烹"了,所以只留下了说客辩士的形象;而叔孙通却在刘邦巩固汉朝的过程中发挥了重要作用。

公元前202年刘邦统一天下,诸侯共同尊他为皇帝。即位大典在定陶举行后，叔孙通奉命制定朝廷的礼仪制度。但刘邦嫌秦朝留下的礼仪太繁琐，全部废除，只求简易，结果一帮大臣在朝堂上边喝酒边争功，喝醉后有的人大喊大叫，有的竟拔出宝剑在柱子上乱砍，刘邦见实在不成体统，担心没法收拾。机会终于来了，叔孙通知道刘邦心里已经非常讨厌这种现象，就提出建议："读书人在打天下时起不了什么作用，但可以和他们一起守成。我可以招来鲁地的儒生，与我的弟子一起为陛下制定上朝的仪式。"刘邦问："会不会太难办呢？"叔孙通说："五帝所用的音乐都有差异，三王不采用同样的礼制。礼制应该根据时代和人情的需要来制定，所以夏、殷（商）、周的礼制都有所增减，并不相同。我可以广泛采纳古礼与秦仪，结合起来制定出一套新的。"刘邦同意试一试，并要求"一定要容易学，按照我能做到的程度来定"。

叔孙通从鲁征召了三十多位儒生，加上自己的弟子和刘邦派来学习的人，一百多人在野外布置的场地上排练了一个多月。叔孙通见练得差不多了，就请刘邦来看。刘邦让他们演习了一遍，觉得自己能掌握，就下令群臣学习排练，到十月一日（当时的元旦）举行大朝会时正式采用。

汉高祖七年（前200年），长乐宫落成。十月一日，诸侯和文武百官齐集新宫，完全按照新的朝仪举行朝会。天刚亮，守卫宫殿的兵车、骑兵、步兵就在庭院中排列整齐，举着武器和旗帜。负责指挥调度的官员——谒者，在检查合格后，将诸侯百官依次序领进殿门。大殿的台阶两旁排列着数百名郎中，"趋"（快步轻声上前）一声令下，百官鱼贯而入，功臣、列侯、诸将和其他武官排列在西面，东向站定；丞相以下的文官排列在东面，面向西站立。一切准备妥当后，在殿上的典礼官接受百官的逐级报告，又接力传声，请皇帝起驾。皇帝坐着轿子离开住所，由仪仗队开道，沿途警戒。皇帝在大殿坐定后，典礼官引导诸侯王至六百石（年俸）以上的官员依次拜贺，诸侯王和百官吓得大气都不敢喘，没有一个不毕恭毕敬。朝见后，皇帝赐酒，有资格坐在殿上的大臣都低着头，俯着身子，依照地位尊卑、官职高低，分9次向皇帝祝酒，然后谒者下令"罢酒"。在饮酒过程中，始终有御史在监督，发现有不遵守仪式的人就立即将他带出，整个朝堂中没有人敢喧哗失礼。

刘邦好不得意，说："我今天才体会到做皇帝的尊贵。"他龙颜大悦，封叔孙通为太常，赏给他500斤金子。叔孙通说："我这些儒生弟子跟随我很久了，与我一起排练了朝仪，希望陛下封他们为官。"刘邦全部封为郎。叔孙通将刘邦赏他的金子都分给了弟子们，这批儒生又当了官又有了钱，皆大欢喜："叔孙先生真是圣人，懂得什么是当今最重要的事务。"

汉高祖死后，继位的惠帝调叔孙通担任"奉常"（主管祭祀的官员），让他制定宗庙的礼仪，并继续制定各种礼仪制度。

如果说叔孙通所制定的还只是表面的礼仪，可以立竿见影地让刘邦见到成效的话，那么陆贾所坚持的就是他作为一名知识分子的信念，通过他的努力，刘邦也接受了他的观点。

陆贾早年投奔刘邦，以宾客的身份随同出征，但他是以一名口才出众的辩士而闻名的，不仅一直在刘邦身边，还经常出使诸侯。西汉初年，陆贾奉命出使南越，成功地说服赵佗接受汉朝南越王的封号，向汉朝称臣，回朝后被刘邦封为太中大夫。

陆贾认为，要使新建的汉朝能够长治久安，必须使刘邦了解治国安邦的道理，所以经常在汉高祖刘邦面前引用《诗经》《书经》中的话，刘邦十分讨厌他，有一次竟破口大骂："你老子是骑在马上夺取的天下，要靠《诗经》《书经》干吗？"陆贾反问道："在马上得到的天下，难道可以在马上治理吗？况且商汤和周武王都是以臣子的身份夺取王位的，但也都是以君主的身份维持政权的，文武并用，才是他们长治久安的根本措施。以往吴王夫差、智伯一味讲求武力，结果以失败告终；但秦王一贯使用严刑峻法，却灭了赵氏。要是秦国统一天下后，实行仁义，效法前代圣人，陛下怎么可能夺取秦朝的政权呢？"刘邦被陆贾说得哑口无言，心里虽不高兴，却也感到内疚，就对陆贾说："请先生试着为我写一点秦朝之所以失天下，我之所以得天下的原因，以及古代各国成败的经验教训。"于是陆贾就概括地论述了兴衰的规律，写成 12 篇。每奏上一篇，刘邦没有不说好的，左右见皇帝高兴，一齐高呼万岁。陆贾奏上的书被称为《新语》。

在吕后当政时，吕氏家族大权在握，挟持了年幼的傀儡皇帝。右丞相陈平既为国事担忧，感到无能为力，又恐怕将来连累自己，经常深居简出，苦苦思索对策。当时陆贾已托病辞职，但还是主动求见陈平，为他出谋划策。陆贾直截了当地指出："足下身为首相，享受着三万户的一个侯国，富贵已到了极点，没有什么再需要追求了。之所以整天忧虑，无非是为了吕氏诸人和幼小的皇帝罢了。"陈平便问他有什么办法，陆贾说："天下太平时，主要靠相；天下危难时，主要靠将。将和相能团结协调，就能得到士人的支持和拥护，就是出现什么变乱，政权也不会动摇。国家的安危，就在你们两位的掌握之中了。我与太尉绛侯（周勃）很熟悉，经常与他交谈，他也听我的话。你何不结交太尉，建立密切的关系呢？"陈平采纳了他的建议，赠送500斤金子给周勃，为他举行丰盛的宴会；周勃也设宴赠礼答谢。陈平和周勃公开结盟的姿态使吕氏不能不有所顾忌，他们的阴谋遭遇挫折。陈平又拨给陆贾奴婢百人、50辆车和马、500万钱，作为他的活动经费，陆贾广泛结交公卿大臣，做了大量工作。有了这些准备，吕后死后，陈平与周勃便立即清除诸吕，拥立文帝，恢复了刘氏政权。

文帝元年（前179年），陆贾被封为太中大夫，奉命再次出使南越。由于在吕后当政时，有关部门做出了禁止向南越出口铁器的决定，导致彼此关系恶化，双方在边境兵戎相见。南越王赵佗软硬兼施，使在今福建的闽越和在今广西的瓯骆服从他的统治，自称南武帝，采用与汉朝皇帝相似的仪仗和制度，表示自己已与汉朝平起平坐，不再承认臣服关系。汉文帝以登位为契机，在陆贾出使前就派人整修了赵佗在真定的祖坟，专门安排了守陵户，每年定期祭祀；还将赵佗的堂兄弟招来，给予高官厚禄。文帝让陆贾带给赵佗一封信，词意恳切，但很有分寸，表示了恢复友好关系的诚意，也劝赵佗放弃称帝。虽然史书中没有记载，但我们有理由相信，文帝这些措施很可能是出自曾经出使过南越的陆贾的建议。

陆贾的使命圆满完成，赵佗宣布取消帝号，停止使用"黄屋左纛"的仪仗，恢复南越王的地位，臣服于汉朝。

这3人中，叔孙通最有代表性。他选择刘邦以前，已经当过秦朝的博士，为项梁、项羽效过力，但在投降刘邦以后，即使刘邦兵败逃跑，他也没有重新回到项羽一边。这说明他已经作过比较，下定了决心，所以才能在最困难的时候继续追随刘邦。他知道刘邦不喜欢儒生，可以暂不戴儒生帽子，不穿儒生服装，甚至穿上楚式短衣来迎合刘邦，但他并没有放弃自己的信念和学识。他知道自己的学问和学生暂时没有用处，就尽量向刘邦推荐合适的军人，但并没有遣散学生或让他们改行。一旦发现刘邦对礼仪有了需要，他就及时提出建议，终于奠定了汉朝的礼仪制度。

或许有人认为叔孙通确定的无非是一些繁琐的跪拜仪式，有什么了不起？那就不妨看看另一个例子：

陈胜称王以后，原来和他一起当长工种田的伙伴来看他，见到宫里一进进的殿堂，一层层的帷帐，不禁高叫："好大的气派！陈胜这王做得真是惬意啊！"他们在宫中进进出出，越来越没有规矩，还大谈陈胜以前的事。有人向陈胜建议："这批客人愚昧无知，老是胡说八道，影响您的威望。"陈胜下令将这几个人全部斩了，吓得投奔他的故人都逃走了，更没有人再去投奔他。

刘邦做皇帝以后面临的局面比这更严重，文武大臣中既有亲戚朋友，也有患难与共的同事邻居，还有居功自傲的功臣猛将，他们中的很多人出身低微，或者本来就是盗匪，根本不知道朝廷礼仪为何物。刘邦之所以会感到不安，并不仅仅是因为他们在朝见时毫无规矩，在朝堂上酗酒斗殴，更担心皇帝的权威无法树立，长此以往必定削弱自己的统治力。但他又苦于没有办法，因为大臣中没有几个像样的，连他自己也不懂以往的朝仪。如果有人向他建议应该杀掉几个人树威,刘邦多半是会采纳的。后果如何虽不能假设,但肯定不会是积极的。

叔孙通的努力不仅解决了刘邦的难题,而且为整个汉朝的长治久安打下了基础。历史已经证明,任何一个政权都需要自己的礼仪制度,与秦朝同样实行中央集权制的汉朝自然不能例外。但叔孙通并没有照搬秦朝的一套,而是根据刘邦的需要与可能,"损益之"(作了删减或增加)。从西汉初的君臣关系看,叔孙通制定的朝仪肯定比秦始皇那一套简易;而从汉初定的朝仪基本不变地延续了400年来看,这套朝仪足以满足维持皇帝权威的需要,是相当成功的。

更重要的是,叔孙通通过朝仪的制定,使刘邦认识到了君权的至高无上,逐渐成为一个自觉的君权维护者。如果说此前的刘邦还只是以武力夺取天下为己任的话,此后的刘邦就真正进入了皇帝的角色。西汉初采取的一系列加强君权的措施,对于防止国家再次出现分裂割据,促进社会的稳定和经济的恢复无疑是有益的。

朝仪制定和实行的成功,使刘邦对儒生的作用有了新的认识,而儒生们也更加主动地争取刘邦的支持。在刘邦声称自己是"马上得天下"后,陆贾就敢于进行争辩,说明文治的重要性,使自己所写的《新语》有了推销的机会,为刘邦所接受。

要是郦食其、叔孙通、陆贾等因为刘邦不喜欢儒生,就放弃自己的知识和信仰;要是他们见到刘邦将儒生帽子当尿壶后立即欢呼为革命行动,并把自己的帽子改为尿壶以示拥护;要是他们在刘邦声称"马上得天下"后就唯唯诺诺,不敢针锋相对地提出反对意见,那么汉朝的文治至少要推迟很多年。

但要是他们在见刘邦时坚持自称儒生，戴儒冠，穿儒服，那么不是被刘邦赶走，就是会被闲置一边。要是在楚汉之争胜负未卜时向刘邦建议实行文治，要是刘邦召集诸侯联合进攻项羽时就提出要制定礼仪，那肯定会碰上一鼻子的灰，或许从此不再会受到重用。

这些看似简单的道理，在知识分子中并不是人人都明白的。叔孙通为了排练朝仪，到鲁征召三十多位儒生时，就有两位拒绝接受，他们说："你效忠的主子差不多有十位了，都是靠当面说好话来获得亲近和地位。现在天下刚刚安定，死者的尸体尚未埋葬，受伤的人还没有恢复健康，又要搞什么礼乐。礼乐所赖以存在的基础，需要积下百年的功德才能具备。我不愿意像你那样行事，你的所作所为不符合古法，我坚决不干。你走吧，别糟蹋我。"叔孙通一笑了之："你们真是鄙儒，不懂得适应时代的变化。"

这两位儒生表面上看来很有骨气，其实是毫无道理的，真是"鄙儒"之见。叔孙通的确先后有过秦二世、项梁、楚怀王、项羽和刘邦这些主子，或许还可以加上秦始皇，但他真正效忠的大概只有刘邦。因为秦二世显然是不值得效忠的，而项梁、楚怀王存在的时间很短，留在项羽那里又是逼不得已，等见到刘邦后叔孙通就再也没有背叛，说明他并不是没有自己的原则。至于当面说秦二世的好话，显然是为了寻求脱身之计。他获得二世的奖赏，拜为博士后，并没有贪恋荣华富贵，而是立即逃归故乡，投奔反秦的项梁。难道非要像其他儒生那样，坚决要求秦二世出兵镇压陈胜，不惜被投入监狱，才符合儒家的信条吗？把"礼乐"看得那么神圣，非要积百年的功德才能讲礼乐，死守着"古法"一成不变，实际上是使儒家的理论变成僵化了的教条，对社会起不了任何作用。要是依了这两位儒生的意见，汉朝最早也得到武帝时代才能制定朝仪，说不定等不到那么久，就会因为正常的君权无法确立而不复存在。退一步说，即使两位儒生坚持的主张是正确的，但大家都优游林下，不愿意出来说服统治者实行，对历史、对社会又有什么作用？

不过，这些知识分子能够获得事业的成功，刘邦的态度是起决定性作用的因素。从个人的好恶出发，刘邦不喜欢儒生，他好骂人的习惯至死也没有改变。但作为一位志在得天下的领袖人物，只要对自己得天下有利，就会毫不犹豫地重用并不喜欢的儒生，听从他们的意见。对国家的大政方针的建议，即使与他原来的想法不一致，只要言之有理，他就会改变初衷。一旦他认识到自己没有道理，虽然不会认错，却能在实际上改正。刘邦对待郦食其、叔孙通和陆贾都是如此，随何和娄敬的例子也能说明问题。

随何本是刘邦的"谒者"（侍从），汉三年（前204年）刘邦在彭城打了败仗，退驻虞县。刘邦对左右说："像你们这些人，没有人能够商量天下大事。"随何问："不知大王是什么意思？"刘邦说："能不能替我出使淮南，让英布起兵背叛项羽，只要能将项羽拖在齐国几个月，我就有百分之百的把握得天下。"随何请求出使，带了20名随员去淮南。项羽所封的九江王英布一直在隔岸观火，随何一番话将他说服，答应背楚归汉，但还没有公开。这时楚王的使者又来催英布出兵，随何闯入宾馆，当着英布的面对楚使说："九江王已经归顺汉王，楚王凭什么命令他出兵?"他又向英布建议:"事情已到这一地步,不能再让楚使回去,把他杀了,马上起兵与汉王会合。"随后,英布起兵攻楚,使楚汉的力量对比发生重大转折。

直到战胜项羽,天下平定,刘邦大宴群臣。刘邦喝多了酒,就贬低随何的功劳,称他为"腐儒",还说天下哪里用得到你这种腐儒。随何从座席上挺起身子说:"当陛下带兵攻打彭城,楚王(项羽)还没有离开齐地时,如果陛下出动五万步兵、五千骑兵,能不能夺取淮南?"刘邦说不可能。随何说:"陛下让我带二十人出使淮南,达到了你的目的,说明我的功劳比五万步兵、五千骑兵还大。可是你称我为腐儒,还说天下哪里用得到腐儒,请问这是什么意思?"刘邦无言可答,就说:"我正要报答你的功劳呢!"于是封随何为护军中尉。

娄敬是齐人,从他的言行看,原来也是位知识分子,但作为一介平民,按法律规定得去边疆服役。汉高祖五年(前202年),他前往陇西服役,路过洛阳,刚登帝位的刘邦就住在那里。娄敬通过同乡虞将军求见刘邦,表示要提出重要建议。虞将军让他换上新衣,他说我平时穿什么衣服,见皇帝时也该穿什么衣服,披一件毛皮袄就进了宫。娄敬详细说明了刘邦得天下的过程与周朝完全不同,不能像周公那样,通过在"天下之中"的洛阳建都达到长治久安的目的。接着他建议:

> 秦地依托山脉,有黄河相通,地形四面封闭,相当稳固。一旦发生紧急情况,可以征召百万之众。利用秦地的现有条件,依靠那里肥沃的土地,真是所谓天府(天然的库房,比喻物资丰富)。陛下要能入关,在那里建立首都,即使山东出现叛乱,秦国的旧地也可以得到保全。好比与

别人格斗，要是不扼住他的喉咙，不按住他的背，就没有获胜的把握。现在陛下入关去建都，直接统治秦国旧地，好比就是扼住了天下的喉咙，按住了天下的背了。"

刘邦征求群臣的意见，他们都是山东人，争着说定都洛阳的好处："周朝定都洛阳，延续几百年；秦朝定都关中，二世而亡；不如学周朝。"刘邦犹豫不决，但张良肯定了入关的优越性，刘邦当天就起驾西迁。他不忘娄敬的功绩，封其为郎中，赐姓刘。

高祖七年，刘邦亲率大军北征，派去侦察的人回来都说匈奴虚弱，可以进攻，娄敬却认为这是匈奴故意制造的假象，千万打不得。刘邦气得大骂："齐虏（该死的齐国奴才）！靠花言巧语当了官，竟敢胡说八道动摇军心。"随后下令将娄敬带上枷锁关起来。但后来刘邦大败而还，事实证明娄敬的意见完全正确，刘邦立即将他释放，并向他表示："我不听你的话，以至被困在平城。当时在你前面报告可以进攻的十几个人都给我斩了。"随后，娄敬被封为关内侯。

此后，娄敬又建议对匈奴实行和亲，将关东六国的世家大族十余万人迁到关中，都得到刘邦的采纳。和亲政策延续到武帝初年，而"实关中"更成为西汉一代的根本国策。

娄敬虽然没有参加刘邦夺取天下的战争，但为刘邦安天下所做的贡献，没有哪一位功臣可以与他相比。要是刘邦没有虚心听取这位"齐虏"的意见，没有及时向他认错的雅量，娄敬固然无法名垂青史，汉家的江山也未必能坐稳。

刘邦一开始并不认同知识分子的作用，甚至仇视知识分子，但一旦他认识到了知识分子的重要性，他就会改变态度，至少会抑制个人情绪,先考虑"得天下"的目标,这是他的可贵之处,也是他能得天下、保天下的一个重要原因。在这种条件下,能够恰当做出自我估价,适应现实形势,坚持自己的正确立场,同时又采取灵活手段的知识分子,实现了自己的理想,也为汉朝的巩固做出了贡献。

"飞将军"李广年轻时,以勇猛善战受到汉文帝的赞扬,但文帝也感慨他生不逢辰:"要是生在高帝时,封个万户侯又有什么了不起!"武将如此,文人也是如此,可惜汉高祖那样的皇帝太少了,可惜汉高祖的时代太短了。

从分封到"推恩"
西汉初的诸侯王国

公元前195年,汉高祖刘邦封自己的侄子刘濞为吴王,让他统治3个郡共53个县。封王仪式结束后,刘邦召见刘濞,端详了他的相貌后,不禁微微吃惊:"你的样子有反相。"刘邦心中后悔,但不便收回成命,只是摸着刘濞的背说:"汉朝开国五十年后东南要是发生叛乱,难道会是你吗?但天下的同姓诸侯都是一家人,千万不要造反呀!"刘濞叩头说:"我不敢。"

半年后,刘邦就离开了人间,但他的预感不幸成为事实。汉景帝三年(前154年),以吴王刘濞为首发动了七国之乱。

汉高祖六年(前201年),刚登上帝位的刘邦剖符分封7位异姓功臣为诸侯王。所谓剖符,就是将一片刻着红字的铁片(丹书铁券)"符"一分为二,由皇帝和功臣各执一半,作为凭据。皇帝收执的一半郑重地保管在宗庙中的金匮石室。铁券上的誓词是:"使黄河如带,泰山如厉,国以永存,爰及苗裔。"

（国家像黄河、泰山一样永存，你们的爵位传给子子孙孙。）

与其说是分封，倒不如说是承认现状，因为在没有分封时，这些诸侯早已拥兵割据，或者就是刘邦所封。

最先被封的是韩信（与另一韩信同名，故史书上称为韩王信）。他是战国韩襄王的孙子，跟着刘邦进关中，入汉中，又劝刘邦率兵东归。刘邦返回关中后，就许诺他当韩王。汉二年（前205年），韩信夺取了韩地，被刘邦封为韩王。韩王信一直率军随刘邦征战，立下汗马功劳。

另一位韩信是刘邦回师关中的主将，立下赫赫战功。汉四年他攻灭齐国，就以齐国反复无常，又紧靠着楚国，需要有一位王来统治为由，要求立他为"假王"。当时刘邦正被项羽围困在荥阳，日夜在盼望韩信出兵解围，只得封他为真齐王。汉五年，刘邦与韩信、彭越约定在固陵会师，结果他们都没有到达，刘邦被项羽打得大败，退回固守。刘邦只得采用张良的计策，答应韩信，破楚后，从陈以东直到海滨的土地都归齐王所有，才换来韩信出兵。但刘邦在垓下之战后，出其不意夺了他的兵权，并以他是楚人，熟悉楚地风俗为由，改封为楚王。

淮南王英布本是项羽封的九江王，是项羽的主要依靠力量。刘邦派随何说服他叛楚归汉，汉四年封他为淮南王，让他收复原来的封地，率领当地军队参加对项羽的最后一仗。

张耳是项羽所封常山王，被陈余驱逐后投奔刘邦。他与韩信一起攻下赵地，于汉四年被立为赵王。张耳之子敖娶刘邦长女。第二年张耳死，刘邦的女婿张敖继位。

群盗出身的彭越是一员勇将，早在入关前就帮助过刘邦。

汉三年，彭越率3万人归汉，率兵略定梁地。在刘邦与项羽最艰苦的相持阶段，彭越两次攻占梁地，还将缴获的十余万斛谷供应汉军。为了换取他出兵会师，刘邦答应灭楚后将睢阳以北至谷城间的土地作为酬劳。五年正月，彭越被封为梁王。

燕王臧荼本是项羽所封，因原来占有燕的韩广不愿改当辽东王，臧荼杀了韩广，兼并了他的封地。他归汉后，刘邦鞭长莫及，继续封为燕王。

长沙王吴芮本是秦朝的番阳令，后率越人起兵反秦，随项羽入关，被封为衡山王。刘邦灭项羽后，他与其他诸侯一起拥戴刘邦登基，被改封为长沙王。

这7个异姓诸侯王的封地占当时汉朝疆域的一大半，太行山以东原六国旧地只有齐国（约相当于今山东）的土地还属朝廷，其他最富庶的地方都在诸侯统治之下，汉朝的直辖区只有15个郡。加上有的诸侯重兵在握，不受朝廷约束，这些诸侯国的存在构成了对中央政权的严重威胁。分封异姓本来就非刘邦所愿，所以从分封之日起，刘邦就在策划如何一一消灭。

第一个被开刀的是燕王臧荼。当年七月，臧荼反，刘邦亲自出师征讨，九月就俘虏了臧荼。考虑到北方边疆面临匈奴的侵扰，需要有大将驻守，刘邦破例封卢绾为燕王。卢绾与刘邦的关系非同寻常，他们俩的父亲就是好友，两人同日出生，从小亲密无间，卢绾从一开始就参加了刘邦的反秦活动，在刘项之争中已被封为太尉，与刘邦的亲密程度远在萧何、曹参之上。功臣受封时，刘邦就想封卢绾为王，只是怕引起群臣心态失衡才封他为长安侯。一般侯的封地都在关东，至少不能在关中，卢绾的封地却在秦朝首都咸阳的郊外，不久建为新的首都。所以等臧荼被废，刘邦就迫不及待地将燕国封给卢绾。

史料中有关臧荼的记载非常简略，他的"反"是很令人怀疑的。在刘邦忙于与项羽争夺、胜负未卜时他没有采取什么行动，到了天下已定却匆匆造反，反了后又不堪一击，两三个月就让刘邦活捉，对比刘邦给其他异姓王一一套上的"谋反"证据，我们不难想象臧荼事件的真相。

汉高祖六年，有人告发楚王韩信谋反。实际原因是韩信藏匿了遭到通缉的项羽旧将、自己的老朋友钟离眛。钟离眛是刘邦的仇人，听说他逃亡在楚国，刘邦下诏追捕，大概是为了保护钟离眛，韩信出行时都出动军队警卫，这成了"谋反"的口实。刘邦得报后，根据陈平的计策，通报各国诸侯，声称自己要南游云梦，命令他们到陈县会合。眼看刘邦快入楚境，韩信还是拿不定主意，要发兵造反吧，自己根本没有这样的打算，又没有犯什么罪；要去见刘邦吧，又怕当场被扣押。有人向他建议："拿了钟离眛的头去见皇上，他一定欢喜，你也就没事了。"韩信便与钟离眛商量，钟知道韩信的打算，便立即自杀了。韩信到陈县向刘邦献上钟离眛的头，还是被当场逮捕。回到洛阳后，刘邦赦免了韩信的罪，降为淮阴侯，楚国被取消。

韩王信的王都在颍川，封地处于中原要地，刘邦很不放心，将他改封到太原，让他防御匈奴。六年，韩信在马邑被匈奴包围，投降匈奴，反而率军攻打太原。七年十月，刘邦亲征，韩信逃亡匈奴，而令部将曼丘臣、王黄立赵利为王，与匈奴军队联合抵抗汉军。刘邦进至平城，被匈奴大军包围，好不容易才脱险，大败而归。

刘邦归途中路过赵国，赵王张敖对皇帝丈人毕恭毕敬，亲自日夜侍候，刘邦却动不动骂人，一点不给他面子。赵国的相贯高、赵午是张耳的旧属，六十多岁了，气得忍耐不住，向张敖建议杀了刘邦。张敖又惊又急，咬破手指，表达对刘邦的忠诚，要他们千万不能再讲这样的话。贯高和赵午等决定背着张敖行动，以便在失败时不连累他。八年冬，刘邦路过赵国的柏人县，贯高等事先在宾馆的夹墙中埋伏了刺客。刘邦警觉，没有留宿就离开了。第二年，贯高的仇家向朝廷揭发，赵王、贯高等全部被捕。贯高等人不顾将被族诛的警告，以家奴的身份跟随张敖至长安。贯高被严刑拷打，体无完肤，始终坚持张敖没有参与他们的阴谋，并在得知张敖被无罪释放后自杀身亡。张敖因是刘邦女婿，释放后被封为宣平侯。

刘邦自平城归长安后，任命陈豨为代国的相，负责指挥代、赵二国的边防军。有人揭发，陈豨临行前曾与韩信密谋，陈豨在边境谋反，韩信为内应。赵国相周昌也求见刘邦，说陈豨拥兵在外，宾客众多，应谨防有变。十年秋，刘邦以"太上皇崩（刘邦父亲死）"为由召陈豨回京。陈豨知道回来决无善终，就称病不至，并与曼丘臣、王黄等公开反叛，自立为代王。刘邦至邯郸部署讨伐，用"羽檄"（特急军令）征调彭越、英布等，彭越称病，只派部将，英布也没有应召。当时陈豨部将四出攻击，形势十分危急。刘邦只得用重金收买陈豨部将，引诱他们投降。汉军又分两路出击，太尉周勃从太原入代，叛乱才被平定，陈豨被周勃斩于灵丘。

在刘邦出兵期间，韩信一位舍人的弟弟向吕后上告，韩信将假造诏书放出官奴刑徒，袭击吕后与太子。吕后与萧何策划，声称得到刘邦的消息，陈豨已死，于是列侯和群臣都进宫祝贺。萧何还带信给韩信："你虽然有病，这样的大喜事也应该尽量到场。"韩信进宫后，就被预伏的武士逮捕，在长乐宫的钟室杀死。韩信的尸体被剁成肉酱，遍赐群臣，三族全部被杀。

刘邦因彭越不应召去邯郸，派人去责问，彭越很恐慌，准备亲自去向刘邦谢罪。部将扈辄劝他："你开始时没有去，受到责问后再去，到那里后一定会被捕，不如先发兵反了。"彭越不愿意，继续称病。一位得罪了彭越的太仆逃出梁国，上告彭越与扈辄谋反，刘邦派人秘密到达梁国都城定陶，出其不意地逮捕了彭越，囚禁在洛阳。经过审讯，认定彭越已构成谋反罪，要求依法惩处。刘邦赦免了彭越的罪，降为庶人，迁往蜀郡青衣县。途中到达郑县，正遇上由长安去洛阳的吕后，彭越向吕后哭诉自己无罪，希望能回故乡昌邑。吕后答应了，带他回到洛阳，却对刘邦说："彭越是壮士，现在将他迁到蜀地去，是给自己留了后患，不如把他杀了。"于是吕后指使彭越的舍人揭发他继续谋反，刘邦批准廷尉（主管刑事的长官）的意见，将彭越和他的宗族全部处死。

淮南王英布见韩信被杀，害怕哪一天会轮到自己。彭越被杀后，刘邦也将他剁为肉酱，遍赐诸侯。那天英布正在打猎，见到送来的肉酱，更加惊恐，暗中调集军队，并加强了对邻郡的警戒。英布一位宠姬得病就医，医生家与中大夫贲赫家对门。贲赫以为是讨好英布的机会，向她赠送厚礼，又参加了医生家的宴请。宠姬在英布面前说起贲赫的好处，英布怀疑宠姬与贲赫有不正当关系，吓得贲赫称病不出。英布更加生气，要逮捕贲赫，贲赫就向地方官表示要揭发谋反大罪，立即被用官方提供的交通工具送往长安，英布追赶不及。贲赫到长安后，说英布的叛乱已经开始实施，应该趁他尚未发动就镇压。萧何认为英布还不至于谋反，恐怕是仇人诬陷，建议将贲赫监禁，派人暗中去淮南调查。但英布得知贲赫揭发，已经怀疑他将自己私下的举措报告了刘邦，朝廷派来调查的人又抓到了一些把柄，就杀了贲赫全家，发兵反汉。英布认为汉将中只有韩信、彭越是他的对手，现在都已被杀，而刘邦年老患病，不可能亲自出征，所以有恃无恐。刘邦也知道诸将对付不了英布，只得抱病东征。

出发前，刘邦听说有位楚国前任令尹薛公很有主见，就去听取他的意见。薛公认为英布有三种选择：上计是东取吴国，西取楚国，北取齐、鲁，争取燕、赵的支持，然后固守，那么山东就不属于汉朝了。中计是东取吴，西取楚，北取韩、魏，夺取敖仓的粮食，控制成皋的通道，胜败难以预料。下计是东取吴，西取下蔡，以越地为基础，自己去据守长沙，那陛下就可以高枕无忧，汉朝不会有危险。刘邦问应该采取什么办法，薛公说可以按下计部署。刘邦问为什么，薛公说："英布是骊山的刑徒出身，凭自己的本领当了万乘之主，都是为了自己，不会考虑到百姓和长远利益的，所以必定会用下计。"

英布果然先攻破吴、楚，然后率军西进，在蕲以西与汉军遭遇，英布的军队虽然精锐，但还是被刘邦亲自指挥的汉军击溃。退至淮南后，英布又打了几次败仗，只带了百余人逃往江南。英布是长沙王吴芮的女婿，想投奔长沙国。吴芮的儿子派人将他诱至番阳，当地人将他杀死在农民家中。

刘邦征讨陈豨时卢绾曾攻击陈豨东北加以配合。陈豨派人去匈奴求援，卢绾也派张胜去匈奴，说明陈豨已经兵败，劝匈奴不要支持他。但张胜在匈奴见到臧荼的儿子臧衍，臧衍对他说："你在燕王身边受到重用，是因为你熟悉匈奴的情况；而燕王之所以能存在，是因为诸侯相继反叛，战事不断。如今你要为燕国加紧消灭陈豨等人，等到他们被灭了，就该轮到燕国了，你们这些人就快当俘虏了。你何不让燕暂缓对陈豨的进攻，而与匈奴讲和呢？形势缓和了，可以长期当燕王，要是汉朝采取军事行动，也可以使燕国的安全得到保障。"张胜觉得很有道理，就私下请匈奴帮助陈豨进攻燕军。卢绾怀疑张胜勾结匈奴谋反，上书刘邦要求将他合族处死。张胜回来后，将这样做的理由详细报告，卢绾醒悟过来，就找了一个人冒充张胜杀了，又释放了他的家属，让他当与匈奴的联络人，又秘密派遣范齐驻在陈豨的总部，让陈豨一直逃亡在外，使战事延续。

汉高祖十二年（前195年），陈豨的裨将降汉，交代了卢绾派范齐与陈豨秘密联络的事。刘邦派人召见卢绾，他称病不去。刘邦又派辟阳侯审食其、御史大夫赵尧去请他，并向他的左右查问，他更加害怕，躲了起来。卢绾对左右说："现在不是刘氏当王的，只剩下我与长沙王了。去年春杀韩信一家，夏天杀彭越一家，都是吕后的主意。眼下皇上病了，把权力交给吕后，她是妇道人家，一心要杀异姓王和大功臣。"卢绾始终称病不出，连左右也躲藏起来，这些话传出来，审食其回去做了详细报告，刘邦更加愤怒。匈奴的降人又说，张胜逃亡在匈奴，充当卢绾的代表，于是刘邦断定卢绾果然造反了，派樊哙出兵燕国。卢绾将家属宫人和数千骑兵转移到长城附近，一面打听情况，希望等刘邦病好后亲自去向他解释。四月，刘邦去世，卢绾就带着部众逃往匈奴，被封为东胡卢王。卢绾在匈奴处境困难，时常想回汉朝，一年多后死去。

到刘邦死时，异姓王中只剩下一个长沙国了。这一方面是由于长沙国处在边远地区，人口稀少，全国只有两万多户，又与南越交界；另一方面长沙王吴芮及其后人小心谨慎，绝不构成对朝廷的威胁。英布谋反败走时，长沙王吴臣还大义灭亲，将他诱杀。所以长沙国延续到了文帝初年，才因吴氏无人继承而取消。但长沙国是刘邦留下的唯一例外，所以他明确规定，今后不许再封异姓诸侯："非刘氏而王者，天下共击之。"（不是姓刘的人当了王，天下人应该共同消灭他。）

平心而论，被刘邦消灭的7个异姓王（臧荼加六国）中，除了韩王信以外，没有一个是真正主动谋反的。尽管我们今天能看到的都是经过汉朝史臣裁剪过的史料，这一点还是很清楚的。臧荼反得莫名其妙，韩信、彭越明显是被栽赃，卢绾只是处置不当，张敖更是冤哉枉也，英布原来只是防止被刘邦偷袭。从刘邦的用意看，韩王信即使不投降匈奴，也不会善终。

这些异姓王都曾重兵在握，有过辉煌的战绩，在楚汉之争中发挥过举足轻重的作用。出于自身的目的，他们往往利用自己的兵力或战略地位与刘邦讨价还价，索取王位或土地，或者在关键时刻不服从刘邦的调度，把个人的荣辱得失置于国事之前，但从来没有想过要背叛刘邦，或者自己夺取天下。倒不是他们毫无野心，而是由于刘邦的豁达大度和明智举措，赢得了他们的效忠；刘项之争中战事的发展趋势，使他们越来越相信他是天命所在，不敢再轻举妄动。

韩信是最典型的例子。还在韩信刚当齐王时，项羽就派武涉做说客，劝韩信在楚汉之争中保持中立，三分天下。武涉的话说得明白：

> 虽然足下自以为与汉王的交情很深，为他尽力用兵，但最终还是会败在他手里。足下之所以能存在至今，是由于项王还在。现在项王与汉王的命运就操在足下手中，你向右转就是汉王胜，你向左转就是项王胜。不过项王今天亡，下一个就轮到足下了。足下与项王是老朋友，何不反汉而与楚结盟，三分天下，自己做王。错过了这样的时机，一定要为汉王灭楚，难道是聪明人的做法吗？

韩信的答复很实在：

> 我在项王手下时，官不过郎中，干的事不过是执戟（身边的警卫），言不听，计不用，所以才叛楚归汉。汉王授予我上将军印，给我带数万兵，将自己的衣服给我穿，将自己的饭给我吃，言听计从，我才能有今天的地位。人家对我如此信任，我要背叛他是不会有好下场的，我死也不会改变。谢谢项王的好意。

齐人蒯通深知韩信的重要性，想方设法要说动他。蒯通先替韩信看相，说："相你的面，不过封侯，而且又有风险；相你的背，却贵不可言。"韩信问是怎么回事，蒯通便把他的策划和盘托出：

> 现在楚汉分争，使天下无罪之人肝胆涂地，父子的尸骨同时抛在野地的不计其数。三年下来，楚汉双方都智勇俱困，无法取胜，战斗的锐气受挫，粮食消耗殆尽，百

姓疲于奔命，怨声载道。在这样的形势下，不是天下的圣贤肯定无法消除天下的大祸。当今二主的命运就取决于足下，你为汉则汉胜，助楚则楚胜。我愿披腹心，输肝胆，效愚计，只恐怕足下不能用。如真能听我的计策，不如让楚汉并存，三分天下，鼎足而居，这样谁都不敢先发动战争。以足下的圣贤，有这么多军队，占据着强大的齐国，联合燕、赵，控制后方，根据百姓的愿望，请汉王停止战争，为百姓请命，天下都会迅速响应，汉王怎么敢不听！到时再调整诸侯国的疆界，那么天下就都会感谢齐国，服从齐国。齐国本来就有充足的土地，再善待诸侯，谦虚谨慎，天下的君王就都会来齐国朝拜。上天给予而不接受，会受到指责；时机成熟了不行动，必定会遭殃。愿足下深思熟虑。

韩信还是这几句话：

汉王待我那么好，让我乘他的车，与他穿一样的衣，与他吃同样的饭。我听说，乘了人家的车就该分担他的患难，穿了人家的衣就得与他共享忧乐，吃了人家的饭就得为他而死，我岂能为了个人的利益就违背道义！

蒯通不以为然，举了张耳、陈余从布衣时结下刎颈之交，最后相争相杀的例子，还以文种、范蠡帮助越王勾践复国称霸而不得善终为例，说明"立功成名而身死亡，野兽已尽而猎狗烹"，他说：

我听说一个人的勇略能使主子震惊，自己就危险了。功盖天下，君王就无法行赏了。足下渡黄河西进，俘虏魏王，活捉夏说；引兵下井陉口，杀成安君（陈余）；夺取赵国，威胁燕国，平定齐国，向南击败楚军二十万，东征杀了龙且，这就是所谓天下独一无二的功绩、世上不再有的伟略。现在足下拥有震主之威，立了无法行赏的大功，要归楚，楚人不会信任；要归汉，汉人感到震恐；足下该怎么办？处在臣子的位置上而拥有震主的威望，名高天下，我真为足下担心呀！

这一番话真使韩信受到了震动，他表示要考虑一下。几天后，蒯通又力劝韩信当机立断，但韩信犹豫不决，不忍心背叛汉王，又认为自己功劳大，汉王肯定不会夺走他齐王的位置，最后回绝了蒯通。

后来，刘邦果然在消灭项羽后就剥夺了韩信的兵权，登上帝位后就改变了他的封地，但韩信都服从了。以韩信的智谋，不是不知道刘邦"南游云梦"的骗局，但他还是以老朋友钟离眜的头为代价，委曲求全。被降为淮阴侯后，至多也只是称病不朝，发发牢骚而已。史书上说他与陈豨策划里应外合，显然是吕后一伙捏造的。陈豨其人来历不明，直到刘邦从平城归来才以郎中的身份被封为列侯，担任赵相国，与韩并无深交。韩信真要造反，以往不知有多少机会；要寻求同谋者，忠诚得力的部下肯定不少；何至于在落到闲居长安的地步时再与陈豨合作谋反呢？从刘邦得知韩信的死讯后"且喜且怜"的记载看，刘邦心里也是一清二楚的。

就是最终发动叛乱，并与刘邦对阵的英布，也是到最后一刻才下决心的。他被封为淮南王后，连续3年朝见，没有任何想谋反的迹象，就是在见到彭越的肉酱后，也只是采取防御措施。即使有了贲赫的揭发，连萧何也不相信英布会造反。要是刘邦稍作一些抚慰，或者不是故意激化矛盾，英布绝不会铤而走险。

毫无疑问，刘邦、吕后早就下了彻底消灭异姓王的决心，所以要千方百计制造借口，激化矛盾，必欲除之而后快。明知彭越、韩信并非蓄意谋反，却要斩草除根，满门杀尽。根据当时的法律，对彭越、韩信这样犯"谋反大逆"罪的人要用"五刑"，即先在脸上刺字，割去鼻子，砍掉两脚的脚趾，用板子活活打死，然后割下头颅，再将尸体剁成肉酱。而对他们还加上了一条：将肉酱遍赐诸侯群臣，作为警戒他们的反面教材。异姓王已如惊弓之鸟，就连刘邦最亲密的伙伴卢绾，也只能违心地投降匈奴，魂断异域。

后世人当然可以指责刘邦的残酷无情，但却无法回避一个事实：从刘邦灭英布以后，整个西汉再也没有受到异姓诸侯的威胁，新建的汉朝走向统一的道路没有出现反复，秦亡以后的分裂割据终告结束。这就提醒我们，这一段血腥的历史也有其合理的一面。

首先，大部分异姓王的存在既无必要，也非刘邦所愿。韩信之封齐王，彭越之封梁王，都是拥兵要挟的结果。韩王信是刘邦有言在先，不得不履约，但将天下之中的冲要之地给他当封地实在不合适。英布封王也是刘邦不得不做的交换。臧荼本来就没有什么功劳可封，只是鞭长莫及，暂时维持原状。既然这些王位是靠武力、靠刘邦一时之需换来的，一旦武力被解除或刘邦不再有需要，它们也就不再有存在的理由。可惜韩信等一味贪恋王位，迷信"丹书铁券"，没有人谦让，更没有人主动辞位，这就为自己留下了祸根。

其次，作为君主的刘邦不得不考虑汉朝的长远利益。刘邦死时已有五六十岁，在当时已不算寿短。他深知太子刘盈懦弱无能，但与吕后是患难夫妻，太子又没有什么过错，加上吕后通过张良等的帮助，一次次巩固了太子的地位，使刘邦一度想立戚夫人之子的打算无法实现。在继承人远不如自己的情况下，要保证他能够驾驭群臣，唯一的办法就是剪除其中的强者、不顺从者，首选的目标当然是那几位拥有大片封地和人口的异姓王了。彭越、英布不响应紧急征召既给了刘邦口实，也给刘邦敲起了警钟——要是现在不消灭他们，自己死后还有谁能对付他们？

再者，事物的发展变化不以人的意志为转移，人的欲望也会变得越来越大。尽管异姓王当时不想谋反，但不能保证他们今后不会谋反，更不能杜绝有人利用他们达到自己的目的。像蒯通、武涉、扈辄这样的说客、辩士，劝主子反叛的大有人在，荣华富贵和绝对权力的巨大诱惑随时都会驱使一些人不惜冒身败名裂的风险。即使是异姓王只考虑个人的利益，也足以构成对国家的威胁。如卢绾听了张胜的劝告后，实际上已与匈奴和叛臣陈豨结盟，尽管他本人并不想反叛，但发展下去，局势就不是他所能左右了。

可以设想，如果韩信听从了蒯通的劝告，与刘邦、项羽三分天下，鹿死谁手的确难以预料。但不管谁是胜利者，统一的过程必定会延长，人民生命财产所遭受的损失会更大。同样，如果彭越采纳了扈辄的意见，起兵反叛，虽然他不可能推翻汉朝，但一场恶战不可避免。要是彭越迁至蜀地，或许会不安分地制造事端，或许会被其他反对派所利用，吕后的手段虽然毒辣，却消除了这些风险。如果从这一角度考虑，尽管刘邦、吕后对异姓王的反应是过度的、不道德的，但却没有更好的、更可靠的选择。一些异姓王的死是无辜的，尤其是他们数以百计的家属纯粹是政治斗争的牺牲品，但避免了更多生命的牺牲和财产的损失，避免了社会的动乱和经济文化的破坏。

汉朝以后，几乎每一个朝代的开国皇帝都会杀功臣，像宋太祖赵匡胤这样不开杀戒的几乎绝无仅有，但前提是他的"杯酒释兵权"等政策没有受到抵制，其他加强中央集权的措施得以顺利执行。所以，杀功臣一类事不能完全归咎于皇帝的个人品质，而应该看作是专制集权制度的必然产物。

刘邦在消灭异姓诸侯的同时，却在"众建诸侯"，大封自己的子弟为诸侯王，同姓王国不断增加。

高祖六年，刘邦就封了第一批同姓诸侯国。韩信由齐王改封为楚王后，齐国旧地未设诸侯国，当年正月刘邦立子肥为齐王，辖7郡73县，规定凡是百姓说齐方言的地区都划归齐国。韩信的楚国被废后，刘邦将其一分为二，以淮河东南的52县立同宗兄刘贾为荆王，以淮河西北的36县立弟刘交为楚王。又以云中、雁门、代郡53县立兄刘喜（仲）为代王，但这些地方大多为匈奴所占，只是名义上拥有。九年，刘邦废了赵王张敖，立子如意为赵王。十一年，立子恒（以后的文帝）为代王。梁王彭越被杀后，立子恢为梁王，将东郡划给梁国。又立子友为淮阳王，辖陈郡和颍川郡。同年七月，淮南王英布反叛，刘邦立子长为淮南王。十二年二月，燕王卢绾反，立子建为燕王。

当年十月，因荆王刘贾被英布军杀死，无人继承，改荆国为吴国，立兄刘仲之子濞为吴王。到刘邦死时，已有9个同姓诸侯国，加上吴氏长沙国，所占面积仍超过全国疆域的一半，直属朝廷的郡仍然只有15个，甚至比刘邦初年还小。

刘邦大封同姓王主要有两方面的原因。

一方面是因为当时错误地总结了秦朝二世而亡的经验，认为是由于没有实行分封制，特别是没有封自己的子弟亲属为诸侯王，所以一旦出现反叛就没有人出来拱卫皇室，形成土崩瓦解的局面。出身"细微"的刘邦自然希望自己的政权能像黄河、泰山那样长久，传之千秋，自己的家属又人数有限，所以凡是能封王的兄弟、子侄几乎都封了，以为这样一来，国内要有什么风吹草动的话，众多的同姓王必定会竭尽全力拱卫皇室。而这也是保卫他们自己的王位，一致的利害关系会使他们尽心尽力。异姓王的离心和反叛，更使他增加了对同姓王的依赖，所以立同姓王的速度比废异姓王更快。

另一方面，郡县制实行的时间毕竟太短，它的优越性还没有能被多数政治家所认识。秦始皇利用中央集权制度所进行的残暴统治也使郡县制代其受过，不少人认为实行郡县制导致了"暴秦"的出现。还有些人并不否定郡县制的优越性，但觉得分封制也有存在的必要，两者可以并行不悖。这些看法对刘邦的决策有很大的影响，所以他废异姓国只是为了不让异姓拥有土地和权力，并不是废除分封制，他封的同姓诸侯国是一种分封制和郡县制的混合体。在这些诸侯国中，郡县制依然存在，但诸侯王可以任命郡太守（郡的行政长官）以下的官员，可以征收赋税徭役，具有相当大的独立性。属于王国的郡称为支郡，支郡名义上还是属于朝廷，实际上已置于王国的直接统治之下。

刘邦大概没有料到，自己的这些子弟竟也会像异姓王一样谋反叛乱。或许他已经想到了，但为时已晚，或者没有更好的选择。刘邦的大哥已死，二哥刘喜（仲）封了代王，奉命为刘氏镇守北边。可是这位被他父亲称赞为会治产业的老兄实在胆小，匈奴人进攻代国时非但不能坚守，而且吓得偷偷地逃到了洛阳。按法律应该杀，但看在兄弟份上，刘邦把他降为列侯。刘邦一位异母弟刘交被封为楚王，他喜欢读书，找了一帮著名学者研读《诗经》。刘邦做了一年多皇帝，大哥的儿子刘信还没有获得封赏，太上皇替孙子说话，刘邦说倒不是忘记了这位侄子，而是因为大嫂当年的行为让他耿耿于怀。刘邦始终没有忘记大嫂故意刮锅底，不让他朋友吃羹的往事，所以封刘信为羹颉侯。刘贾是刘邦的同宗，因有战功也封了荆王，可惜无后，战死后王位就无人继承了。当时刘邦自己的儿子年纪太小，子侄中找不出一位年轻力壮的人来统治吴、会稽（今江苏大部、浙江北部、安徽东南部）一带，而刘喜之子濞20岁，有勇力，参加过平定英布之战，所以才选择了他为吴王。封王仪式一结束，刘邦就预感到自己的子孙将来可能控制不了这位"壮王"，于是告诫他侄子："天下同姓为一家也，慎无反（千万不要造反）！"

以开国皇帝的绝对权威，加上年龄、辈分、能力、经验各方面的压倒性优势，刘邦对付这些子弟王绰绰有余。但到了他的儿子文帝、孙子景帝时，情况就大不一样了。最突出的是吴王刘濞，刘邦和楚元王死后，他就成了最年长的同姓王，是文帝的堂兄、景帝的堂叔。文帝时，吴国的太子进京，侍候皇太子下棋。吴太子平时骄横惯了，师傅们又没有教他规矩，对皇太子就像小兄弟一样，下棋时居然与皇太子吵了起来。皇太子一生气，抓起棋盘就往他头上砸去，不料竟把他砸死了。吴太子的棺木运回吴国后，吴王极其怨恨，说："既然天下都是一家人的，死在长安就葬在长安吧，何必还葬回来呢。"下令将棺木运回长安，并从此称病不朝。拖了几年，文帝难以对付，只得赐吴王"几杖"（茶几、手杖，对老年人尊敬和优待的象征），准许他因年老而不必朝见。

诸侯国的存在与代表中央集权的朝廷存在着不可避免的矛盾。西汉初最大的诸侯国有7个郡，小的也有三四郡。由于王国的赋税收入归国王所有，又不必负担中央政府的开支，与直属朝廷的郡相比，财政负担较轻。国民在本国就近服役，不像其他郡那样，得千里迢迢去长安或边疆服役，也得到百姓的拥护。王国还垄断了国内的资源，如果盐、铜、铁等资源丰富，还能减免百姓的赋税。所以王国对郡县的百姓有很大的吸引力，诸侯也利用这一点与朝廷争夺民户，诸侯王公然接受其他郡的逃亡者，甚至庇护朝廷通缉的逃犯。他们还利用手中的财富供养大批宾客，集中了一批文武人才，其中不乏失意文人、辩士说客、流氓恶棍，他们翻云覆雨，拨弄是非，为了达到个人目的而给主子出各种坏主意，唯恐天下不乱。

吕后执政时，为了用吕氏取代刘氏，曾对刘氏诸侯王予以打击，废梁、赵、割齐、楚，分封了吕氏8个王国。吕后死后，同姓王联合朝廷大臣诛灭诸吕，恢复刘氏政权，立了大功，似乎更证明了汉高祖"众建诸侯"的正确性。汉文帝是以外藩继位的，原来在朝廷中毫无基础，被拥立的原因只是年长和母亲薄氏家是"君子长者"，登基后只能先恢复齐、楚、赵诸国故地，并分封有功宗室做为酬答，对同姓王也优礼有加，同姓王国的势力更为膨胀，居功自傲，目无朝廷，以至谋反作乱的事也随之发生。

文帝三年（前177年），济北（今山东西北部）王兴居趁文帝去太原之机，准备发兵西袭荥阳，随即兵败自杀。他谋反的原因是自以为诛诸吕有功，文帝封他的济北国地方太小，心怀不满。

同年，淮南王长入朝，他自以为是皇帝的弟弟，关系最亲，平时不守法度，文帝一次次予以宽恕，他却更加肆无忌惮。在与文帝去打猎时，他公然坐上皇帝的车子，不时称文帝为"大兄"。刘长身强力壮，能把鼎举起来，他身带一把铜锥去见辟阳侯审食其，见面后就一锥砸去，令随从将他杀了。原来20年前刘邦路过赵国时，赵王派一位美人侍候。刘邦走后，赵王发现美人已怀孕，就将她送到宫外，不久刘邦下令逮捕赵王全家，美人又未幸免，被拘留在河内狱中，美人的弟弟赵兼通过审食其报告吕后，吕后因忌妒不愿告诉刘邦，审食其不敢坚持。美人生下刘长后，见仍未得到承认，忿恨自杀。刘长认为审食其没有尽职力争，对其母的死负有责任，就擅自杀了他。当朝大臣在光天化日下被亲王所杀，引起朝野震惊，但刘长声称是"为天下诛贼，报母之仇"，文帝只得免予处罚。当时，上至薄太后，下至太子、大臣都害怕刘长，他归国后更加骄横不法，甚至不用汉朝法令，不顾规定的礼仪。文帝亲自下诏责备，仍然无效，就让自己的舅父、将军薄昭以长辈的身份给他写了一封措辞严厉而恳切的信,劝他改过自新。刘长接到信后很不高兴,在文帝六年与人密谋策划,准备用40辆车装载武器,在长安西北的谷口作乱,还派人与匈奴、闽越联系。阴谋败露后,刘长的王位被废,遣送蜀郡严道。刘长在车中绝食自杀,沿途接送的官员一直不敢打开车门,直到雍县才被发现。

  针对诸侯王对朝廷的威胁,贾谊向文帝上《治安策》,分析了面临的形势,提出了一些对策。他指出:在对付异姓王时朝廷幸而获得胜利,但朝廷与诸侯王矛盾的性质并没有改变,同姓诸侯与朝廷的对抗已见征兆,发展下去必然会是同样的结果。但是到目前还没有出大的问题,原因在于大国的王大多还没有成年,朝廷为他们配备的傅(国王的老师)、相(王国的行政长官)能够掌权。几年以后,诸侯王都成年了,血气方刚,朝廷派去的傅、相都到了退休年龄,王国在丞、尉(县一级行政官员)以上都用自己的人,那时与济北王、淮南王还会有什么不同?同姓王势力膨胀,朝廷难以控制,"一胫之大几如腰,一指之大几如股"(小腿粗得像腰,手指大得像大腿),平时就无法屈伸,再有这样一二个指头乱动就更受不了。今天再不治疗,就会成为不治之症,到时纵然有扁鹊再世,也会无能为力。从异姓王的情况分析,"大抵强者先反",而长沙王"功少而最完,势疏而最忠"(功劳最小而存在时间最长,关系最疏远却对朝廷最忠诚),这并不仅仅是因为他的性情与别人不同,主要是形势所造成的。所以要使诸侯忠诚,必须造成像长沙王那样的形势。他建议,"众建诸侯而少其力"(多设置诸侯国来减弱他们的实力),实力弱了就容易使他们遵守法制,国小了就没有异心。这样就能使全国的形势像身体指挥手臂，手臂运动手指一样，没有不服从的，诸侯们不敢有异心，争着朝见听命于天子。

贾谊的建议在生前尚未付诸实现。到文帝十六年（前164年），齐文王死，无子，文帝追思贾谊的意见，乘机将齐国一分为六，分封为齐、济北、淄川、胶东、胶西、济南6国，将剩下的琅琊郡收归朝廷；又将淮南王喜改封为城阳王，将淮南国一分为三，立刘长三子为淮南、衡山、庐江王。原来两国分成了9国，辖境自然缩小，力量也必定分散。从此，"众建诸侯而少其力"成为汉朝处置诸侯的一项基本政策。

但这个方法也有局限，分诸侯国得有借口，如果诸侯王健在就难以实施，特别是对诸侯中资格最老、实力最强、威胁最大的吴王奈何不得。所以太子家令（太子的总管兼生活秘书）晁错几次上书，建议应对吴国削地，这无疑会激化朝廷与吴国的矛盾，所以文帝没有采纳。

景帝初年，吴王更加飞扬跋扈，已担任御史大夫的晁错向景帝提议实行削藩，因为"今削之亦反，不削亦反。削之，其反亟（迅速），祸小；不削之，其反迟，祸大"。曾经误杀吴太子的景帝自然明白，在他当皇帝后，这位吴王伯父必定会越来越难对付，因而在三年（前154年）冬削了楚王的东海郡、赵王的常山郡，胶西王则削了6个县。下面自然要轮到吴国了，吴王濞联合楚、胶西等国准备采取行动。正在此时，朝廷削吴国会稽、豫章二郡的诏书到达，吴王就宣布起兵，杀掉了由朝廷派来的二千石（郡级）以下的官员。胶西、胶东、淄川、济南、楚、赵6国一齐响应，发兵西进。赵王还秘密派遣使者，联络匈奴出兵。齐王本来已参加谋反，因后悔而退出，在临淄城固守。济北王也是同谋，但损坏的城墙来不及修好，被手下的一位郎中令劫持，不许他发兵。吴王下令全国总动员："寡人已经六十二岁了，亲自指挥。我小儿子十六岁，带头当兵。国内年龄在六十二岁与十六岁之间的全部征召入伍。"征集到二十余万人，东越和闽越也发兵随从。

正月甲子（当时以十月为岁首，正月为每年第四个月），吴军从广陵西渡淮河，与楚军会合。吴王向诸侯发布文告，号召各国一起举兵诛"贼臣晁错"，并公然声称："寡人节衣食用，积金钱，修兵革，聚粮食，夜以继日，三十余年矣，凡皆为此（都是为了这一目的）。"还定下赏格，各国凡能斩捕汉朝大小武将文官，都可按规定级别领赏。"寡人金钱在天下者往往而有，非必取于吴（不必都回吴国拿），诸王日夜用之不能尽，有当赐者告寡人，寡人且往遣之。"吴、楚合兵进攻忠于朝廷的梁国（景帝之弟），攻破棘壁，杀数万人。

消息传到长安，朝廷震动。景帝命太尉周亚夫率36将东进迎战吴军，郦寄击赵军，栾布击齐；拜窦婴为大将军，屯守荥阳，策应前方。景帝一时乱了方寸，原吴王相袁盎献计，说根据他得到的情报，吴楚起兵的目的只是为了杀晁错，恢复削地。现在只要杀晁错，派使者赦免七国，恢复它们的旧地，就可兵不血刃，结束事变。景帝同意，封他为太常（主管宗庙祭祀的官员），派他秘密出使吴国。十几天后，丞相青翟等就照事先安排弹劾晁错，称他大逆不道，要求处以腰斩，父母妻子兄弟不论老少全部处死。晁错还蒙在鼓里，被召来后立即被押赴东市，穿着朝服就被斩了。其实晁错不是不知道上"削藩策"将付出的代价,听到他向景帝建议削藩的消息后,他父亲就从故乡颍川赶来,对他说明利害关系。晁错坚定地说:"我一定要这样做。不如此,天子不尊,宗庙不安。"父亲说:"刘氏安了,而晁氏危了。我不忍心受到牵连,先走一步了。"就喝毒药自杀了。晁错没有动摇,不过他绝不会想到,景帝会如此轻易地将他抛弃。

袁盎到达吴国时,吴楚联军已开始进攻梁国的防御工事。听说袁盎要让他拜受诏书,刘濞笑道:"我已经当了东帝,还拜谁?"将他扣押在军中,根本不见,继续进攻。

校尉邓公从前线回到长安,向景帝汇报军情。景帝问道:"听到晁错被杀,吴楚收兵了吗?"邓公说:"吴王蓄意谋反已经几十年了,因为削地而发怒,以杀晁错为名,目的并不在晁错。我恐怕天下之士从此闭紧嘴巴不再说话了。"景帝问是何原因,邓公说:"晁错怕诸侯强大不可制服,所以建议削地,以巩固朝廷,是万世之利。计划刚实行,自己就被杀了,对内使忠臣不敢再说话,对外正好为诸侯报了仇。我以为陛下不该如此。"景帝追悔莫及。

周亚夫日夜兼程赶往荥阳,到达洛阳时,见到了名声很大的游侠剧孟,周亚夫顿时信心倍增:"七国反后我飞速赶来,想不到洛阳还能保全。我以为诸侯已经请到了剧孟,他竟还在这里。我只要能守住荥阳,荥阳以东就没有什么可忧虑的了。"周亚夫听从父亲周勃的旧部邓都尉的建议,向东北进至昌邑,坚壁固守,不与吴楚军交锋。让梁国吸引吴楚主力,自己只派轻兵控制淮泗口(淮水与泗水相交处,在今洪泽湖中),切断了吴国的粮道。梁国受到吴楚联军的正面攻击,不断向周亚夫求援，他坚守不动，不派援兵。梁王上书景帝，景帝多次下诏令周亚夫救梁，周亚夫以他的部署事先得到景帝特许为由，拒不奉诏。梁王只得全力防守，并派韩安国等出战，吴军始终无法西进。吴军转攻昌邑，几次挑战，周亚夫也坚守不出。吴军远离后方，得不到粮食和物资的供应，饥疲不堪，叛逃不断，开始退却。此时，养精蓄锐的汉军全线追击，大破吴军。吴王只得带着数千壮士逃往丹徒，准备退保东越。汉军乘胜追击，吴军全部被俘，吴王濞却不知去向。汉军悬赏千金，一个多月后，东越人送来了刘濞的头。楚王戊也兵败自杀，其余各王或自杀，或被杀，无一幸免。

吴楚七国之乱在3个月内全部平息，同姓诸侯王的势力受到致命打击。景帝趁势收夺各诸侯国的支郡、边郡归朝廷所有，同时取消了王国自行任命官吏和征收赋税的特权，削减了王国的属官，王国的丞相改称为相，国相还负有监察王的使命，规定诸侯王不得治理民政，只能"衣食租税"，即按朝廷规定的数额收取该国的租税作为俸禄，王国的地位已与汉郡无异。

景帝之弟梁孝王，是窦太后的少子，一向极受宠爱，封地有四十余县，是中原最富庶的地区，加上太后、皇帝不断赏赐，梁国的珠玉宝器比皇宫还多。梁王建造了规模空前的宫殿和东苑，广招四方豪杰，名流枚乘、严忌、司马相如等都曾是梁王座上客。景帝初年，尚未立太子，曾表示死后将传位于他，梁王好不得意。吴楚之乱中梁王为拱卫皇室立了大功，因而更加骄纵，在国内都用天子仪仗，到长安与景帝同车出入。景帝废了太子后，窦太后让景帝立梁王为继承人，被袁盎等劝阻。梁王得知后，竟派出十几批刺客，将袁盎和其他十几位官员暗杀。景帝查明真相后，虽因窦太后的庇护，无法处置，但从此疏远了梁王。景帝中元六年（前144年），梁孝王死，景帝立其五子为王，梁国一分为五。加上景帝先后封自己十三子为王，王国数量达到25个，创西汉一代最高纪录。但此时的王国已非昔日可比，除了江都国外，都只有一郡之地，所以王国的总面积反而缩小了。

梁孝王的情况说明，只要诸侯王存在，一旦势力膨胀，或凭借某些特殊因素，就可能形成对朝廷的威胁。旧的矛盾解决了，又会产生新的矛盾。所以，武帝时继续削弱诸侯国的势力，并采纳主父偃提出的"推恩"办法，找到了使王国不断自行缩小的途径。

所谓"推恩"，就是诸侯王可以将皇帝的恩泽"推"（扩散）到自己的子孙，提名封他们为列侯，但所需封邑（侯国）得从自己王国的疆土划出。由于置为侯国后，这块地方就不再属王国所有，而要划归相邻的汉郡管辖，所以侯国置得越多，王国留下的面积就越小。诸侯王一般都是妻妾成群，子孙满堂，原来只有太子、太孙才能继位，现在其他子孙都能封侯，自然拒绝不了，子孙越多，恩推得越广，王国缩小得越快。到西汉末年，不少王国只剩下三四个县，分封出去的侯国一般也不过数百户，甚至不满百户。推恩法的实行犹如釜底抽薪，使王国再也不能构成对中央政权的威胁。

从发展趋势看，吴楚七国之乱后中央集权日益巩固，诸侯国地位的下降已成定局，但推恩法的实施无疑使这一过程大大加速，并且不再出现反复，朝廷几乎没有付出任何代价，也没有产生什么后遗症。可见一项创造性的政策，往往能收到事半功倍的作用。

武帝执政期间，还将从西汉初年就存在的侯国大幅度削减，增强了朝廷的经济实力。

西汉初年，刘邦封萧何、曹参等一百多位功臣为列侯，他们的封邑称为侯国，小的数百户，大的有万余户。侯也是以自己侯国中各户上交的租税作为俸禄的，侯国的行政则由朝廷派侯相治理。侯的地位相当于县，也属郡管辖，在政治上没有什么影响，但在经济上减少了朝廷的收入。由于西汉前期经济恢复和发展，人口增长较快，到武帝初年，多数侯国的户数有大幅度增加，大的侯国多达三四万户。武帝用各种借口废除侯国，如无后、犯罪或有过失、改封等。他嫌这样的做法速度太慢，到元鼎五年（前112年），就利用"酎金律"对列侯大规模开刀。原来汉文帝时规定，诸侯王和列侯每年都要按本国人口数量献黄金助祭宗庙，具体标准为每千口4两，余数超过500的再加4两。如重量或成色不足，王要削县，侯要免国。武帝就以列侯所献酎金重量或成色不足为由，一下子免除了106名列侯。到武帝后期，汉初的功臣侯国基本除尽，以后新封或恢复的侯国，一般只有千余户，小的才二三百户。武帝能够这样做，一方面当然是因为中央集权的体制已非常强大；另一方面，开国功臣早已死亡，继承的列侯大多不担任官职，不会有任何阻力。当初功臣受封时也都得到过汉高祖颁发的"丹书铁券"，从道义上说，武帝的做法有违刘邦立下的誓言。但将一大批靠祖宗余荫不劳而获的列侯撤销，无疑增加了朝廷的财源。

西汉最终能消灭异姓、同姓诸侯的分裂割据威胁，还大大得益于从刘邦就开始执行的一项基本国策——强干弱支（或称为强本弱末）。在刘邦接受娄敬的建议迁都关中后不久，又接受了他的另一项建议：将关东原六国君主和贵族的后裔、豪强大族和"乱众之民"（有反抗倾向的人或潜在的反对势力）十多万人迁到关中。刘邦死后，他的陵墓——长陵所在地设立了长陵县，关东移民成为该县的基本居民。从此形成了一项制度：新皇帝的陵墓附近设立一个以该陵命名的县，称为陵县；居民主要从关东迁入，称为徙陵县或迁陵县。迁移的对象也扩大到汉初功臣的后裔、一定级别的官员（如二千石以上）、资产达到一定标准的富户（如五百万以上）等。到元帝永光四年（前40年）决定不再设置陵县为止，累计迁入人口超过60万；到西汉末年，移民后裔已达120余万，占首都地区总人口的一半。关东移民及其后裔在政治、军事上的作用更远远超过他们在人口数量上所占的比例，"关东出相"，朝廷文职高官几乎都是关东人；关中资产最多、在商业上占有垄断地位的又非关东移民莫属。在关中（代表着朝廷、中央）与关东（代表着诸侯、地方）这架天平上，这批移民无疑是一个份量极大的砝码，所幸从刘邦开始就将它牢牢地置于关中一边了。

　　一项新制度的推行和最终确立，都要付出一定的代价。郡县制从它的雏形出现，到由秦始皇推向全国，经历了数百年时间，但与它对立的分封制却迟迟不愿退出历史舞台，并在西汉初年一度占有半壁江山。不过分封制毕竟已经不适应中央集权制度的需要，经过数十年的较量，最终被淘汰出局。从汉武帝以后，尽管中国历史上的各种王国、王位绵绵不绝，直到清朝末年还保留着王爷，但除了某些短时期内真正具有分封意义，其他阶段的王都只是"衣食租税"，或者只是一种荣誉和级别。从这一意义上说，到汉武帝时分封制已经寿终正寝。

在很多朝代，宗室王没有任何政治特权，反而是重点防范的对象，被软禁在"王国"中如同高级囚犯。但是在这些朝代，宗室亲王绝不会构成对中央政权的威胁。在专制社会，这种看似不人道的措施，倒是杜绝皇族宗室觊觎皇位的唯一有效办法。宗室的俸禄曾经是明朝一个沉重的财政包袱，数万皇族人口每年吞噬着国家的巨额财富，但他们在政治上毫无特权，甚至没有择业的自由，然而有明一代规模最大的亲王武装叛乱——宁王宸濠之叛不到两个月就平息，影响不出一省。饱食终日的皇室成员中还出现了一流的音乐家、画家、艺术家和学者。而西晋初年大封宗室诸侯王，还给他们配备军队，让他们回封地任掌握军政大权的都督，终于酿成八王之乱。

由于中央集权制固有的弊病，在废除分封制的同时，不可能保留在分封情况下存在的合理因素和王国原来合理的政策。如原来王国的百姓可以就近服役，直属中央后就得由中央政府征调，一般都要从关东、江南远赴关中、西北边疆，负担大大加重。又如，原来王国可以自行决定赋税额度和征收赋税，在本地资源丰富的情况下就可以减免赋税，也能量入为出，合理安排财政收支，百姓的负担较轻。王国取消后，作为郡的地方政府没有任何自主权，地方资源得不到合理的开发利用，或者成为皇帝的私产，造成极大的浪费。当然，这些并不是分封制的优越性，只是由于分封制的存在影响了中央集权的实施。在专制时代，要做到既维护国家统一和中央政府的权威，又能发挥地方政府的积极自主能力，顾及百姓的实际利益，只是一种不切实际的幻想。但在今天总结历史经验时，这能给我们有益的启示。

不教胡马度阴山
汉匈之间：从争斗到融合

公元前201年，汉高祖刘邦被匈奴冒顿单于的铁骑团团围困在平城白登山上。505年以后，冒顿单于的后代、匈奴人刘渊在山西左国城宣布自己是汉高祖的后代，建国号为汉。

唐朝的诗人曾经写下了"但使龙城飞将在，不教胡马度阴山"的诗句。无数飞将军曾经阻挡了胡马的南下，但一部分匈奴人却迁入了中原，并且最终融合在汉族之间。

秦始皇死后，原来驻守在北部边境的大将蒙恬被迫自杀，边防松懈。不久反秦起义爆发，秦军忙于镇压，无暇顾及北方边疆。匈奴趁机南侵，移民大多逃亡。在没有军队守卫的情况下，秦始皇耗费了大量人力物力筑起的万里长城根本无法阻挡匈奴的骑兵。在这种有利的形势下，匈奴出现了一位强有力的领袖——冒顿单于。他继位后，率领匈奴各部东征西讨：攻灭了东胡，将其残余的乌桓和鲜卑赶到了大兴安岭；击败了月氏，迫使月氏人从河西走廊的西部迁往中亚；征服了北部的丁零、坚昆等部，势力扩展到贝加尔湖一带。匈奴不仅全部收复了被蒙恬夺取的土地，而且继续南下，进入战国时秦、燕、赵的旧地。匈奴号称拥有"控弦之士（能挽弓作战的士兵）三十万"，盛极一时。

秦汉之际，楚、汉和各诸侯忙于争夺天下，无力北顾。等刘邦消灭项羽，匈奴的威胁已经相当严重。高祖六年，匈奴围攻马邑，驻守那里的韩王信投降后，依仗匈奴的势力南下太原（今山西中部），攻至晋阳城下。七年冬，刘邦率大军亲征，击败韩王信和匈奴联军，乘胜追击。当时连降大雪，天寒地冻，有的士兵连手指都被冻掉。刘邦为了了解实际状况，不断派使者进入匈奴地区观察。冒顿将计就计，故意将精锐部队和肥壮的牛羊隐藏起来，沿途只留下一些老弱残兵和瘦弱的牲口，十几位使者回来后都说匈奴不堪一击。刘邦又派娄敬去复查，他的报告独持异议："两国交战，一般都要壮大声势，但我只见到了老弱的士兵和牲畜，肯定是故意制造假象，将精兵埋伏了起来。我以为匈奴打不得。"但这时30万汉军已经越过句注山，争先恐后地北上了。刘邦认为娄敬是动摇军心，将他拘押在广武，自己率领骑兵到达平城。但汉军大部分是步兵，远远落在后面，只有一部分赶到平城。这时冒顿出其不意，以大量骑兵将刘邦团团包围在平城东北的白登山，并且切断了刘邦与后续部队的联系。整整七天七夜，汉军无法突出重围，几乎弹尽粮绝。刘邦派人突围找到阏氏（单于的夫人），送给她丰厚的礼物，让她在单于面前说好话。正好韩王信的部将王黄、赵利等在约定的时间内没有到达，单于怀疑他们与汉军合谋，于是在包围圈上网开一面,刘邦冲出包围,与大军会合,匈奴军队也撤退了。

但匈奴仍不时侵扰北部边境,刘邦苦于应付,只好听从娄敬的建议,实行和亲。所谓和亲,就是将汉朝的公主(实际上大多是以宗室的女儿或宫女代替)嫁给单于,并馈赠大批物资礼品。和亲在一定程度上缓解了匈奴的入侵,但汉朝正忙于巩固内部,加上不断有汉将叛逃,成为匈奴的帮凶。如燕王卢绾带着万余部众投降匈奴后,上谷以东(今河北北部、辽宁西部一带)就经常成为匈奴侵扰的目标。

吕后时,冒顿自恃兵力强盛,有意挑衅,给吕后送去一封信,大意说:"我孤零零生活在荒野中,很想到中国游玩。陛下是寡妇,想必也很寂寞。大家都不快乐,何不互通有无?"吕后大怒,召集群臣商议,准备杀掉匈奴使者,出兵问罪。她的妹夫樊哙请战:"给我十万军队,我可以横行匈奴之中。"季布却说:"樊哙应该杀头。当年三十二万汉军出征,樊哙是上将军,高祖被围困在平城,樊哙不能解围。到今天伤病者刚刚复原,百姓还在唱着悼念平城士兵的哀歌,樊哙却要让天下震动,胡说什么用十万军队去横扫匈奴,不是当面欺骗您吗?况且匈奴人本来就像禽兽一样,听了他们的好话不必高兴,对他们的坏话也不必生气。"吕后清楚汉朝的实力,就派张泽送去一封复信:"我已年老气衰,头发牙齿都掉了,走路也不成样子,单于不知哪里听了传闻,实际上完全不必降低身份来找我。敝国没有什么过错,应该能得到你的宽大。奉上御车二辆,骏马二匹,供你日用。"冒顿也派使者致歉,表示自己不懂得中国礼义,请求原谅,还回赠了马匹,双方恢复和亲。

文帝时，冒顿单于击败月氏，控制了西域的大部分地区，兵力更加强盛；而汉朝经济尚未恢复，又受到内部分裂割据势力的牵制，军事上处于劣势，只能尽可能维持和亲。例如文帝三年，匈奴右贤王入侵，文帝亲赴太原，派丞相灌婴率8万车骑迎击右贤王。但济北王兴居发动叛乱，企图袭击荥阳，文帝只得召回灌婴的军队，镇压内乱。第二年，冒顿单于致书文帝，表面重申和亲，实际却宣扬灭月氏的战绩，宣称"诸引弓之民并为一家"（所有使用弓箭的百姓已完全合并为一家），提出"皇帝如不想匈奴靠近边塞，就应该命令你的吏民迁得远远的"。

尽管如此，匈奴还是不时入侵。文帝十四年（前166年），匈奴老上单于（冒顿单于之子）率14万骑兵进入萧关，派出巡逻和侦察的骑兵到达雍和甘泉，逼近首都长安。汉军紧急动员，单于在塞内留驻月余才撤退，汉军只能眼睁睁地看着匈奴军队出塞，却无法消灭敌人。匈奴更加肆无忌惮，每年入侵边境杀人掠夺，受害最严重的云中（在今内蒙古呼和浩特一带）和辽东（在今辽河下游和辽东半岛）二郡每年要损失万余人口。

汉朝一方面仍然只能争取与匈奴和亲，另一方面也加强了边境的防卫和警戒。文帝后元六年（前158年），匈奴分两路侵入云中和上郡（今陕西北部），各有3万骑兵，文帝派3支军队分别把守北地（今甘肃东部）、句注山和飞狐口，又调集军队驻守长安郊外。匈奴军一度直逼句注山，报警的烽火直达甘泉、长安。数月后，汉军推进到边境，匈奴军也退回塞外。

在景帝和武帝初年，汉朝始终执行和亲政策，在与匈奴的边境贸易中实行优惠，给匈奴不少好处，长城沿线成为汉匈奴间交易的场所。自单于以下的匈奴贵族、首领都喜欢与汉朝交往，长城下人员来往络绎不绝。但匈奴小规模的杀掠依然不断，汉朝内部的阴谋分子也想利用匈奴的武力。景帝即位后，赵王遂私下与匈奴勾结。吴楚七国之乱时，赵王企图引匈奴兵入境，但因汉军很快平息叛乱，赵王被围自杀，匈奴才停止行动。

在平定了吴楚七国之乱后，从汉初以来长期制约着中央政权的诸侯割据危机彻底消除，朝廷可以腾出手来全力对付外患了。加上经过几十年的休养生息，经济得到恢复和发展，积累了充足的物质基础，人口也增加了一倍有余，对匈奴发动反击的条件趋于成熟。

元光二年（前133年），雁门豪富聂壹向武帝献计，引诱单于入塞，以重兵围歼。于是武帝派聂壹假装私自出塞贸易，引诱单于夺取马邑城，单于贪图马邑的财富，亲自率领10万骑兵进入武州塞，30万汉军已经埋伏在马邑四周，只等单于进入伏击圈。在离马邑百余里的地方，单于见牛羊遍布，却不见有人放牧，觉得可疑，就袭击了汉朝一个亭，抓住了正在巡视的雁门尉史（边境巡视员）。怕死的尉史将汉军的部署一五一十告诉了单于，单于大惊，立即退兵，汉军一无所获。从此匈奴断绝和亲，经常攻打边塞，入侵杀掠。但匈奴已对来自汉朝的物资产生了依赖性，还是要来边关购买，汉朝也利用贸易缓和局势，双方的边境贸易继续进行。

马邑之围虽然没有成功，但汉军并未受损，经过几年的训练准备，已经具备了打击匈奴的实力。元光六年秋，4位汉将各率1万骑兵向关市下的匈奴人发动袭击,并攻入匈奴境内。但第一仗打得并不顺利,除了上谷一路的卫青获得杀死、俘虏700人的战果外,公孙贺无功而返,公孙敖损失了7000人,李广还被匈奴俘获,好不容易才逃脱。元朔元年(前128年),匈奴2万骑兵分几路入侵,武帝派卫青率3万骑兵出雁门郡,李息出代郡,主动攻击匈奴,结果消灭数千人,取得初步胜利。第二年,卫青从云中出击,直至陇西(今甘肃东部),又杀、俘匈奴数千人,收复河套地区,设置了朔方郡(治所在今内蒙古杭锦旗北)。汉朝整修了蒙恬所筑长城的关隘,恢复了秦朝的边境线。当年还在内地招募了10万移民,迁入新设的朔方郡。

元朔三年,匈奴军臣单于死,其弟左谷蠡王伊稚斜自立为单于,军臣单于之子於单被打败,投降汉朝。匈奴又接连在边境入侵杀掠,河套一带本是右贤王的属地,所以他不断在朔方缘边杀掠。元朔五年,卫青率六将军共10万军队出朔方高阙(今内蒙古杭锦后旗东北阴山),深入六七百里后,出其不意地包围了右贤王。右贤王虽然逃脱,但其部属1.5万人被俘,再也不能对朔方构成威胁。第二年,卫青又率六将军与10万骑兵从定襄出击,杀、俘匈奴1.9万多,但汉军也损失了3000多骑兵,前将军赵信被俘。赵信本来是降汉的匈奴小王,熟悉双方情况,他建议单于将主力后撤,引诱汉军孤军深入,以便待汉军疲劳后捕捉战机。

元狩二年(前121年)春,武帝封年轻骁勇的霍去病为骠骑将军,率1万骑兵从陇西向河西走廊进军,一路杀、俘8000余人,还缴获了休屠王祭天的金人。当年夏天,霍去病又从北地出击，过居延泽，南下至祁连山，前后杀、俘3万余人。单于因休屠王、浑邪王损失惨重，准备召来杀掉，休屠王与浑邪王闻讯后准备降汉，汉朝派霍去病率军迎接。浑邪王杀死临时变卦的休屠王，兼并了他的部众，4万余人一起降汉，使汉朝获得了整个河西走廊。河西走廊是匈奴的重要畜牧基地，走廊中段的焉支山出产的颜料是匈奴妇女的化妆品，它们的丧失引起匈奴人极大的哀伤，他们唱道："亡我祁连山，使我六畜不蕃息；失我焉支山，使我妇女无颜色。"第二年，关东大水，汉武帝将72万多灾民迁至西北边疆和河西走廊，以后陆续设置了酒泉、武威、张掖、敦煌4郡。汉朝稳固地占有河西走廊后，隔断了匈奴与羌人的联系，打开了通向西域的大门。

元狩四年，汉朝出动10万骑兵，由卫青、霍去病率领，分别从定襄、代郡出发远征，约定在沙漠以北会师。由于汉军接连获胜，百姓纷纷随军出征，以便建功立业，出塞的私马有14万匹，还不包括装运粮食的。单于撇下辎重，率精兵在漠北迎战，被卫青一路汉军包抄，仅与数百骑突围而逃，部众1.9万人被杀、俘。霍去病一路也杀、俘了数万匈奴人，在狼居胥山（今蒙古国肯特山）举行了祭祀仪式，直到接近瀚海（今贝加尔湖）才返回。这次战役迫使匈奴远迁，大漠以南不再有匈奴的王庭，汉朝的疆域扩展到朔方以西至张掖、居延泽一带，在那里设置田官，组织五六万军人屯田。但汉军也付出了巨大代价，损失万余人和十余万匹马。汉朝一时无法增加战马，加上霍去病于元狩六年逝世，对匈奴的战事停顿了多年。

由于汉军无法在匈奴地区久驻，匈奴的流动性又大，所以汉匈间战事仍不时发生，但规模都不太大，对汉朝没有什么威胁。太初三年（前102年），汉朝派徐自为在五原塞外数百里至千余里间修筑了一系列防御设施，派路博德在居延泽建筑障塞。当年秋，匈奴就大规模入侵边境，将徐自为筑的城障全部破坏。此后，汉军仍不断出击，但多次失利，损失不小。征和三年（前90年），贰师将军李广利兵败投降匈奴，汉军损失数万，元气大伤，不再出兵。但经过汉军二十多年的持续打击，匈奴人畜大减，加上天灾，濒于困境，自单于以下都希望与汉朝恢复和亲。

昭帝始元二年（前85年）匈奴狐鹿姑单于死，其子壶衍鞮单于立，左贤王、右谷蠡王不服，不参加每年的祭天大会，匈奴势力更加衰落。由于汉朝边境已建立起完整的防卫系统，烽火台报警及时，匈奴的入侵难以得逞。

昭帝末年，匈奴转而攻打西域的乌孙国，声称要得到汉朝嫁去的乌孙公主，公主向汉朝求援。宣帝本始二年（前72年），汉朝大规模征发士兵，派范明友、赵充国等5位将军率二十余万军队分路出击匈奴，救援乌孙。乌孙也派出5万军队，由西向东接应。匈奴闻风而逃，汉军追至一二千里之外。派驻西域的常惠与乌孙军队攻至右谷蠡王庭，俘获单于亲属及将士近4万和大批牛羊，从此匈奴一蹶不振。当年冬天，单于为了复仇，率万骑进攻乌孙，俘获一些老弱人员，可是在归途遇到罕见的大雪，人畜冻死，返回的不足1/10。于是乌孙、丁零、乌桓从西、北、东三面合力进攻，匈奴无力招架，在天灾人祸的打击下，匈奴的人口只剩下3/10，牲畜损失一半。汉朝出动3000骑兵就能俘获数千匈奴人返回，匈奴也不敢进行报复。

宣帝神爵二年（前60年），匈奴虚闾权渠单于死，内部分裂，日逐王先贤掸率部众降汉。匈奴内乱不止，两年后分裂为5部，各自拥立单于，相互攻击。呼韩邪单于一再受到攻击，甚至被其弟郅支单于逐出了单于庭，所属左伊秩訾王劝他向汉朝称臣，寻求支持。甘露元年（前53年），呼韩邪与大臣商议，大臣们一致反对："我们匈奴的风俗一向崇尚武力，鄙视降服，靠马上战斗立国，所以能威震各族。战死是壮士的光荣。现在兄弟争国，不是兄胜就是弟胜，就是战死了也有威名，子孙还能当各国的将帅。汉朝虽然强大，也无法吞并匈奴。何必违背古制，臣服于汉，使先单于受到侮辱，让各国耻笑！这样就算能得到安定，怎么还能领导各族呢？"左伊秩訾力排众议："不然！一个国家有时强有时弱是正常的，现在汉朝正强，乌孙等西域各国都成了它的属国，而且从鞮侯单于以来匈奴一天天削弱，无法恢复，就是这样也没有一天能安稳。现在臣服汉朝就能安全生存，否则就会灭亡，还有什么更好的办法呢？"争论了很久，呼韩邪决定听从他的意见，率领部众南下至汉朝边塞附近，派儿子右贤王到长安侍奉皇帝（充当人质，以示忠诚），并准备到长安朝见。郅支单于闻讯，也将儿子送到长安。

第二年，呼韩邪从五原塞入境，宣帝派车骑都尉韩昌专程迎接，沿途7个郡出动2000多骑兵在大道列队迎送。甘露三年正月一日，呼韩邪在甘泉宫朝见，宣帝做了特殊安排，让他享受诸侯王以上的隆重礼仪，并给予大量赏赐。呼韩邪在长安居留月余后回国，要求率部众驻守光禄塞（今内蒙古包头市西北）附近，一旦有急可以利用汉朝的受降城（今内蒙古乌拉特中旗西北）自保。宣帝派长乐卫尉董忠和韩昌率1.6万骑兵，又征发边郡的数千人马，送单于出塞，董忠等留在那里维护呼韩邪的统治地位，资助的粮食多达3.4万斛。

元帝初元二年（前47年），韩昌与光禄大夫张猛将呼韩邪留在长安的侍子送回，并消除了单于的误会。他们见呼韩邪的部众日益强盛，足以自卫了，不必再畏惧郅支单于，而塞下的资源已满足不了他们的需要，大臣们也劝呼韩邪北归。他们恐怕呼韩邪北归后难以约束，就与单于、大臣们登上诺水（今内蒙古艾不盖河）东山，杀白马，饮血酒立下誓盟："从今以后，汉与匈奴合为一家，世世代代不得相互欺骗和攻击。有进入对方盗窃的，互相通报，将盗贼杀死后赃物归还对方。一方受到侵略，另一方发兵相助。谁先违背盟约，将受天的惩罚。让子子孙孙都遵守。"不久，呼韩邪单于率部众回到蒙古高原今乌兰巴托一带的单于庭，部众逐渐增加，国内安定。韩昌、张猛回归长安后，公卿大臣认为他们与匈奴结盟超出了职权，并且降低了汉朝的地位，损害了国家利益，应该派使者去重新祭天，解除盟约，两人犯了大逆不道之罪，应处死刑。元帝减轻了韩昌、张猛的罪名，只处以罚款，命令维持与匈奴的盟约。

竟宁元年（前33年），呼韩邪单于入朝，表示愿意当汉朝的女婿，元帝以后宫女王嫱（昭君）相赐。呼韩邪十分感激，表示愿意永远替汉朝守卫从上谷至敦煌的边疆，建议撤销边塞，以节省人力物力。元帝让大臣商议，大家都认为可行。只有熟悉边境情况的侯应反对，并向元帝详细说明了10点理由：塞外的阴山有重要的战略地位，如放弃防守就使汉朝失去了屏障；匈奴一旦强大了还会骄横，这是它的本性，要安不忘危；中国有礼义刑法，愚民百姓还会犯法，单于难道就能完全约束他的部下？边防并非单为匈奴而设，也为了防止其他属国的降民逃亡；羌人移居塞下，与吏民已有冲突，也需要防范；以往军队中有不少因被俘或投降留在匈奴的人，他们的贫困子孙想去投奔；边疆地区的奴婢想逃亡匈奴；盗贼罪犯往远处躲藏，如能逃亡出境，就不易对付；边防线建设了百余年，所用人力物力不计其数，一旦废弃就再也无法恢复；真的让单于替汉朝守边，他一定会对汉朝居功，不断提出新的要求，要不满足他，后果就不堪设想了。

元帝听后，下诏不再讨论此事，并派前任大司马、车骑将军许嘉为特使向单于通报："单于的好意我毫不怀疑，但中国四方都设置关塞，并不单是防御匈奴，也是为了不使中国内部的罪犯歹徒出来害人，以便严格执行法律，统一民心。"单于表示自己考虑不周，接受了元帝的解释。直到王莽代汉，边境牛羊遍野，人口繁衍，城门经常到很晚才关闭，三代人听不到战争警报，百姓不必再服兵役，汉匈间保持了60年的和平局面。

郅支单于见呼韩邪归附汉朝，无法取胜，于黄龙元年（前49年）西迁坚昆（今俄罗斯叶尼塞河上游一带），以后又迁至康居，建昭三年（前36年）在康居东部郅支城（今哈萨克斯坦江布尔）被汉将陈汤、甘延寿所杀。

绥和元年（前8年），成帝的舅父王根执政，有人向他建议："匈奴有一块土地突出，插入张掖郡，出产上等木材，适合制箭杆，如能得到，可以增加边境的财富，国家扩大了领土，您也建了大功，可名垂千古。"王根让夏侯藩出使匈奴索取，单于两次推辞，最后上书朝廷报告此事，朝廷只得表明是夏侯藩擅自盗用朝廷名义索要土地,已予处罚。平帝初年,因匈奴接受了西域车师后王等叛逃者,引起汉朝不满,特意颁布了4条规定:匈奴不得接受汉朝、乌孙、西域佩汉朝印绶诸国和乌桓的降人。原来匈奴向乌桓收皮布税,汉朝监护乌桓的官员让乌桓人不要向匈奴纳税,匈奴兴师问罪,俘虏了不少乌桓人。这些都给汉匈关系蒙上了不祥的阴影。

公元8年王莽代汉后,派五威将王骏等出使匈奴,将汉朝颁发给单于的"匈奴单于玺"收回,另发"新匈奴单于章"。他们收回旧印后,因恐怕单于发现印文不同后会索回,当天就用斧头将旧印砸坏。单于认为将"玺"改为"章"是把他的地位降到了诸侯王一级,大为不满,上书要求恢复旧印。同时以送回乌桓人为名,调集1万骑兵,陈兵朔方塞下。第二年(始建国二年,公元10年),西域车师后王企图逃往匈奴,被汉西域都护但钦所杀,其兄率两千余人投奔匈奴。驻在高昌壁(今新疆吐鲁番市东南)的戊己校尉刀护被部属陈良等人杀死,陈良等劫持吏士和家属两千余人,在匈奴骑兵的接应下到达单于庭。于是王莽下令更名匈奴单于为"降奴服于",又宣布将匈奴分为15部,派人携带珍宝至塞下招引呼韩邪单于子孙当各部单于。从此,匈奴不断入塞杀掠,雁门和朔方郡的太守、都尉被杀,被掠的牲畜和财物不计其数。王莽派遣12名将军,征集30万军队,准备分10路对匈奴发动全面进攻,为部队筹集的粮食、物资由江淮、海滨运往北部边疆,弄得天下骚动。为了同时出兵,先到的部队驻在边境等待,但等了几年,部队还没有集合起来,搞得边境一片萧条。

东汉初年,割据安定的卢芳在匈奴支持下占据五原、朔方、云中、定襄、雁门等郡，使匈奴乘势南侵。光武帝无力对抗，不得不放弃了河套至今山西、河北北部的疆域，将当地行政机构和百姓内迁。建武二十二年（46年），匈奴发生严重旱、蝗灾，赤地数千里，人畜大量死亡。建武二十四年，匈奴南边八部大人共议立呼韩邪单于之孙比为南单于，仍用呼韩邪称号。他们派人至五原塞向东汉表示"愿永为藩蔽，捍御北虏"，得到接受。同年冬，比自立为呼韩邪单于，匈奴分裂为南北二部。建武二十五年，南匈奴袭击并俘虏了北单于之弟左贤王，又攻至北单于帐下，俘获万余人、五千匹马、上万头牛羊，北单于不得不退却千余里。南单于的地位初步稳定，汉朝也将内撤的8个郡迁回旧地，汉匈奴边界恢复到西汉后期的态势。南单于派使者去洛阳，寻求汉朝的支持，请求恢复汉宣帝与匈奴的协议。建武二十六年，汉朝中郎将段郴等去南匈奴，立单于庭于五原（今包头市西）西部塞80里处，并允许其部众迁入云中（今内蒙古托克托县一带），朝廷调运大批粮食和牛羊给予救济，还派了常驻联络官员。由于南匈奴的实力还抵挡不住北匈奴的攻击，当年冬，又将单于庭南迁至西河郡美稷县（今准噶尔旗西北）一带，段郴和副校尉王郁留驻监护，设立了行政机构，每年由西河郡派2000骑兵和500名由缓刑犯充当的士兵担任卫护。南单于接受汉朝的监护，同时助汉守边，将部属分别派驻在北地、朔方、五原、云中、定襄、雁门、代郡（约自宁夏、甘肃至河北北部），为当地政府充当耳目，汉朝每年供应南匈奴大量财物、粮食、布帛、牛羊。

北匈奴控制着西域，不时侵扰河西和北方边境，掳掠南匈奴和汉人。南匈奴中也有一些人与北匈奴勾结。为了断绝南、北匈奴间的交通，汉朝设置度辽将军，在五原曼柏（今内蒙古达拉特旗东南）一带屯兵。永平十六年（73年），汉军分4路出击，窦固、耿忠一路追至天山、蒲类海（今新疆巴里坤湖），夺回伊吾（今哈密市西）。北匈奴四面受敌，南匈奴从南面做正面攻击，丁零在北边断其后路，鲜卑和西域各国从东、西两面左右夹击，加上接连发生饥荒和内乱，不断有人南下投汉。

永元元年（89年），汉将窦宪、耿秉率军大破北匈奴，北单于逃遁，降者二十余万，汉军一直推进到燕然山（今蒙古杭爱山），刻石纪功而还。第二年，汉军夺回了由北匈奴据守的伊吾卢，并派兵与南匈奴军一起出鸡鹿塞（在今内蒙古杭锦后旗西），进攻北匈奴，北单于受伤后只身逃遁。永元三年，耿夔率汉军围北单于于金微山（今阿尔泰山），单于率一部分部众逃往乌孙，北匈奴彻底溃败，从此离开蒙古高原西迁。4世纪70年代，匈奴出现在欧洲，建立了强大的帝国。

但东汉的北部边境并没有因为北匈奴的溃败和西迁而得以安宁，另一个游牧民族——鲜卑很快填补了匈奴留下的空白，成为蒙古高原新的主人，他们与汉朝的冲突也随之开始。

从中国有可靠的历史记载开始，中原的农业民族与北方牧业民族之间的冲突从来就没有停止过，所不同的只是激烈程度和冲突范围而已。以往人们往往把冲突的出现归咎于牧业民族的野蛮落后、侵略好战，或者认为是农业民族软弱无能所致，这是相当片面的。

在生产力低下的情况下，牧业民族只能"逐水草而居"，具有很大的流动性。黄河流域一度是东亚大陆最适宜生产和生活的地区，牧业民族曾经与农业民族一样生活在这一地区。但随着农业民族人口的增加和生产能力的提高，牧业民族的生存空间不断被压缩，到战国后期已被挤出了黄河中下游，迁到了秦、赵、燕三国的长城之外。

在正常情况下，牧业民族的迁移范围并不大，所谓"逐水草而居"，主要是季节性的或周期性的。但在发生严重的自然灾害或外敌入侵的时候，他们的迁移范围必定会扩大。一般说来，获得了足够的生存条件或拥有了充分的安全后，他们的迁移才会告一段落。

秦始皇筑起万里长城以后，匈奴的生存空间被限制在阴山山脉以北的蒙古高原。尽管北方还有大片处女地，但由于气候寒冷，匈奴人不可能扩展到贝加尔湖以北。公元前3—2世纪开始，气候逐渐变冷，严寒、干旱、大雪、蝗灾成为蒙古高原上的主要灾害。东西向的迁移往往同样难以躲避由北而来的灾害，还会遇到其他游牧民族的抵制，向南方的迁移就成为他们最合理的选择。如果他们的迁移受到限制，殊死的搏斗就不可避免。由于牧业民族的生产技能——为放牧和狩猎需要锻炼出来的骑马和射箭——非常容易转化为军事需要，在与农业民族的战争中他们拥有天然的优势，尤其富有攻击性和机动性，使他们稳操胜券。

在占有农业民族的土地的同时，牧业民族往往也夺得了粮食、纺织品、生产工具、其他物资、妇女和劳动力。这些战利品不仅使他们顺利地渡过了灾难，而且使他们轻而易举地提高了生活水平，甚至有了积蓄。这使他们意识到，用武力从南方农业区掠夺物资和人口是趋避灾害、获得财富最容易的手段。

而与其他游牧民族的争夺，付出的代价很大，收获却很少。在这种情况下，只要南方农业区缺乏有力的防卫，牧业民族就会经常性地进行袭击性的掠夺。每当秋高马肥，牧业民族的战斗力最强，又最需要准备过冬的粮食和物资，这类掠夺也最频繁。

无论是正常的交换，还是掠夺所得，一旦牧业民族开始消费粮食、纺织品，使用更先进的生产工具和更适宜的生活用具，就会产生更大的需求，逐渐形成依赖性。原始的牧业民族可以完全依靠畜产品为生，但在食用粮食，穿上纺织品，使用了铁制工具或武器后，就再也无法断绝。当茶叶传入牧业民族以后，也很快变成了他们的生活必需品。

但牧区不能生产这些物资，至少不能全部满足他们的需要，所以他们将这些物资的供应视为生命线，中原王朝的供应、在边境开设的"关市"和"互市"对他们来说至关重要，甚至不可或缺。中原的统治者不了解牧业民族的需要，或者故意将这些物资的供应作为对付他们的手段，往往成为战争的导火线。

地理环境的不同导致农业民族和牧业民族生产和生活方式的巨大差异，尽管的确存在着先进和落后，但从本质上说，各个民族的文化是与各自所处的地理环境和物质基础相适应的，没有优劣之分。然而，处于东亚大陆中心、地理条件相对优越的农业民族——华夏诸族（以后的汉族）中很少有人认识到这一点，发达的农业文明使他们在很早就形成了一种民族优越感，在春秋时就集中表现在儒家的"夷夏之辨"——中原的农业民族、华夏诸族是夏，周边的牧业民族和非华夏族是夷；夏是中心，是文明，是先进；夷是附庸，是野蛮，是落后；夏和夷的界线绝不能混淆。正因为如此，汉朝从皇帝到臣民都很难理解和同情匈奴人，汉朝和匈奴也不容易建立起正常的睦邻关系。

　　汉文帝时一位宦官中行说在出使匈奴时投降，他留在匈奴后，对双方的情况都有了比较深入的了解，以后代表匈奴与汉使做了一场有意义的辩论：

　　　　汉使："匈奴的风俗不尊重老人。"

　　　　中行说驳斥道："那么就说汉朝的风俗吧！如果家里有人轮到戍边或当兵出发时，老人和长辈难道不是将自己暖和的衣服脱下来给他们穿，把自己的好食品给他们带着吃吗？"

　　　　汉使："是呀！"

　　　　中行说："匈奴人明确以战斗进攻为主要任务，年老体弱的人没有战斗力，就将自己质优味美的食品给强壮的人吃，也是为了自己能得到他们的保护，这样父子双方都能获得长久的安全，怎么能说匈奴人轻视老人呢？"

　　　　汉使："匈奴人父子睡在一个帐篷中。父亲死了，儿子娶自己的后母。兄弟中有人死了，就娶他的妻子。没有衣冠服饰，也没有宫廷礼节。"

　　　　中行说："匈奴的风俗，大家吃牲畜的肉，喝它们的奶，穿它们的皮。牲口根据水草条件，随时转移。所以情况紧急时人人都能骑马射箭，平时大家就喜欢随随便便。因为没有什么约束，所以容易管理。国君与臣子的关系很简单，全国的政务就像一个人指挥自己的身体一样方便。

父子兄弟之间相互娶对方死后留下的妻子，是为了防止种族灭绝。所以匈奴再混乱，也要尽量保存自己的后代。你们汉朝的礼法制度虽然详细，父兄死了子弟不娶他们的妻子，但亲属疏远一点就互相残杀，甚至灭绝宗族，干的都是这类事。况且礼法制度太烦琐了，上下都不满意；宫室盖得太好了，劳动力消耗就大。你们通过耕地栽桑获得粮食和衣服，修筑城墙作为防卫，所以百姓一有紧急情况也不会作战，平时却整天忙于劳动。可怜你们这些住在土屋子里的人，虽然衣服穿得整齐，帽子戴得漂亮，嘴里夸夸其谈，又有什么用处？"

中行说的话虽不无强词夺理之嫌，却比汉使更加理直气壮，他懂得了站在汉人立场上所无法理解的道理：匈奴的风俗、习惯、生活方式、政治制度和价值观念适应了匈奴的自然条件和生产方式，绝不能用农业民族的标准来衡量；而汉人的风俗习惯和生活方式并不是完美无缺的，汉朝的政治制度更不适应匈奴的条件。可惜当时懂得这个道理的人太少了，特别是在汉朝方面。

中行说也明白匈奴文化的弱点：他们也要追求物质享受，但本地的产品无法满足他们的需要，所以汉地产的"缯絮食物"对匈奴贵族有相当大的吸引力。中行说向单于建议，将来自汉地的丝织品放在棘草地上践踏，衣服都撕破，以表明它们不如匈奴的裘皮耐久实用；将汉地运来的食品统统扔掉，以证明它们不如匈奴的奶酪味美，从而防止匈奴人的生活方式发生变化，产生对汉人的依赖性。在这一点上，中行说显然没有真正理解匈奴人，他的建议自然是徒劳的。

所以，在当时的历史条件下，汉朝与匈奴的战争是不可避免的。匈奴入侵汉朝，在边境杀掠，当然是侵略，是非正义的，但并非不可理解，在某些情况下有其不得已的一面。汉朝防卫自己的边界完全是正义的，适当予以回击，以保证边界不受侵犯，也有其必要。即使对匈奴的打击超出了防卫的限度，同样有其不得已的一面。

在汉匈之争中，汉朝还有一个致命的弱点。

匈奴人的生存条件比汉民低，汉民无法适应牧区的生活，而匈奴人却完全可以生活在农业区，尤其是在黄河流域的农业区。牧区大多无法辟为农业区，而农业区一般都能变为牧地，匈奴人南下后可以将农牧界线南移，汉人北上后却不能将农业区向北扩大。在当时的生产力条件下，阴山山脉已是农业区的极限。

在秦汉之际、两汉之际，匈奴人都曾占有过阴山以南的土地，他们照样可以在那里放牧和生活。而汉朝的军队尽管曾一次次深入蒙古高原，甚至已将匈奴人驱逐到蒙古高原之外，却无法在那里久驻，更不能将那里变为自己的疆域，设置郡县等行政区域。因为军队或移民都无法就地生产自己需要的粮食，他们所需要的粮食和物资全部要从遥远的后方运来。在匈奴人与他们的牲畜全部转移后，他们既没有统治的对象，也没有作战或掠夺的目标。即使是给匈奴以重创的战争，实际损失往往是汉朝一方面更大。

所以，在汉匈奴冲突中，汉朝往往只能取守势，匈奴却一直采用攻势。匈奴的每次入侵，都会给汉朝造成很大的损失，汉朝的反击倒经常是得不偿失，因为在匈奴远遁时，汉军出击再远，也不会有任何战果，却要赔上大量粮食、物资和人员的损失。在汉朝的军事实力不如匈奴的情况下，采取"和亲"政策，不失为一种明智和现实的政策，能够以较小的代价换来和平，避免更大的损失。

我们应该肯定汉武帝反击匈奴入侵的贡献，这一努力巩固了西汉的疆域，也为以后的和平局面奠定了基础。但还应该注意到，真正给边境带来持久和平和安宁的是汉宣帝的正确方针。当呼韩邪单于兵败投降时，他不仅没有趁机消灭匈奴政权，而且给予基本平等的政治待遇和充分的物资供应，使匈奴能享受体面的和平。汉元帝继承了宣帝的政策，并且承认了使者未经授权与匈奴立下的平等盟约，支持呼韩邪返回匈奴故地复国。否则的话，60年的安定是不会出现的。在汉朝400年的历史中，与北方游牧民族保持长达60年的安定局面是空前绝后的，其意义于此可见。

在西汉与匈奴的战争中，大批匈奴人因被俘或归降而被迁入汉境，大部分被安置在边疆地区专门为他们而设置的"属国"中，"因其故俗"，依然过着游牧生活。少数被安置在内地，逐渐融入汉族。有的还担任汉朝大臣或将领，如受汉武帝遗命辅佐昭帝的金日䃅，就是匈奴休屠王的太子，以后金氏繁衍为著名的士族。不过，多数迁入内地的匈奴人都没有留下进一步的记录，他们融入了汉人的汪洋大海。

东汉时入居塞内的南匈奴，一度有3.4万户、23.73万人，还有很多散居各地的南匈奴人和北匈奴降俘人员未列入统计。长期定居后，匈奴人开始从事农业，以后又渡过黄河进入今山西省，在汾水流域定居。匈奴的上层人物迅速接受了汉族文化，到东汉末年已与汉族士人无异；而底层贫民则被作为奴婢，大量掠卖到中原各地。建安二十一年（216年），曹操将迁入河东的匈奴部众编为5部，又在并州刺史的治所晋阳设匈奴中郎将，监护5部，因此匈奴不少上层人士迁居晋阳，其中一些人以后又迁至曹魏和西晋的首都洛阳。汉化了的匈奴贵族为了证明自己的高贵，以汉高祖刘邦曾与匈奴冒顿单于和亲为由，自认为刘邦之后，取刘氏为姓。这一支匈奴人中的刘渊在西晋末年建立汉国，刘曜建立赵（前赵）。

匈奴是"乱华"的"五胡"之首（匈奴、鲜卑、羯、氐、羌），而刘氏匈奴又是匈奴中首先建立政权的一支。如果我们不抱任何偏见的话，就不得不承认，这支"乱华"的匈奴人在文化上与被"乱"的华夏族其实已经没有什么本质上的差别。据《晋书·载记》记载，刘渊（元海）7岁遭母丧后，"擗踊号叫，哀感旁邻，宗族部落咸共叹赏。时司空太原王昶等闻而嘉之，并遣吊赠"。"幼好学，师事上党崔游，习《毛诗》《京氏易》《马氏尚书》，尤好《春秋左氏传》《孙吴兵法》，略皆诵之，《史》《汉》、诸子，无不综览。"哪里还有一点匈奴人的痕迹？就是他习武，也不是继承了匈奴尚武风尚的结果，而是研读《史记》《汉书》受到了启发。他对同门的朱纪、范隆说："吾每观书传，常鄙随陆无武，绛灌无文。道由人弘，一物之不如者，固君子之所耻也。二生遇高皇帝而不能建封侯之业，两公属太宗而不能开庠序之美，惜哉！"（我每次阅读史书传记，常瞧不起随何、陆贾缺乏武艺，周勃、灌婴没有文化。道是由人来弘扬的，有一方面不如别人，当然是君子的耻辱。随、陆二人遇到汉高祖而不能建功封侯，周、灌二位在汉文帝时代却没有崇教兴学，真是太可惜了！）从此他开始习武，并达到"妙绝于众，猿臂善射，膂力过人"的水平。刘渊之子刘和，"好学夙成，习《毛诗》《左氏春秋》《郑氏易》"。另一个儿子刘聪，"年十四，究通经史，兼综百家之言，《孙武兵法》靡不诵之。工草隶，善属文，著述怀诗百余篇、赋颂五十余篇"。刘渊的族祖刘宣是五部匈奴的"左贤王"，但也是"好学修洁。师事乐安孙炎，沈精积思，不舍昼夜，好《毛诗》《左氏传》"。

如果说，这些记载可能出于后人的溢美或蓄意"汉化"的话，我们不妨看一下刘渊即汉王位时发布的文告，这是不可能作假的：

> 昔我太祖高皇帝（汉高祖刘邦）以神武应期，廓开大业。太宗孝文皇帝重以明德，升平汉道。世宗孝武皇帝拓土攘夷，地过唐日。中宗孝宣皇帝搜扬俊乂，多士盈朝。是我祖宗道迈三王，功高五帝，故卜年倍于夏商，卜世过于姬氏（周朝）。……我世祖光武皇帝诞资圣武，恢复鸿基，祀汉配天，不失旧物……自和、安已后，皇纲渐颓，天步艰难，国统频绝。……董卓因之肆其猖勃，曹操父子凶逆相寻。故孝愍（汉献帝）委弃万国，昭烈（刘备）播越岷蜀，冀否终有泰，旋轸旧京。何图天不悔祸，后帝（刘禅）窘辱。自社稷沦丧，宗庙之不血食四十年于兹矣。

完全是以刘氏汉朝的继承人自居，一副为祖宗报仇，兴复汉室的姿态。刘渊称汉王，追尊刘禅为孝怀皇帝，立汉高祖以下三祖五宗神主。当然，刘渊这样做是出于政治目的，但显然已为本族所普遍接受，至少已为上层人士所认同。

由于匈奴曾经活动于东北亚至中西亚的辽阔地带，征服过很多民族，其他一些民族的人口也随匈奴而内迁，如丁零、鲜卑、羯和西域诸族。建立后赵的羯人石勒、建立魏国的丁零人翟氏，他们的先人都是这样迁入中国的。

迁入中原的匈奴人和其他各族，最终都自觉不自觉地接受了华夏文明，与华夏（汉）族相融合，成为中华民族的源头之一。这是当年汉匈双方都想不到的结果，却是中国历史和中华民族史上值得珍视的光荣一页。

空前的帝国
两汉的疆域

如果我们翻开《中国历史地图集》，将西汉的最大疆域与18世纪中叶清朝的极盛疆域相比，我们可以发现，除了西藏、内外蒙古、东北和台湾以外，汉朝的疆域与清朝的版图不相上下，还拥有朝鲜半岛、今越南的一部分。

如果我们再看得仔细一点，还可以发现，西汉有一千五百多个县级单位，而两千多年后的今天，中国的县级单位是两千余个。在中原地区，汉县的数量和幅员与今天已大致相同。

中国的疆域就是从汉朝疆域的基础上发展起来的。

公元前210年秦始皇去世时，秦朝的疆域北起河套、阴山山脉和辽河下游流域，南至今越南东北和广东，西起陇山、川西高原和云贵高原，东至大海，是历史上空前的。但不久天下大乱，接着又是连续多年的楚汉之争，所以到公元前202年汉朝初建时，它的版图比秦朝缩小了不少，主要是在边疆地区。

秦始皇在东南越人地区设立闽中郡时，保留了境内的越人君长。这些越人君长在秦末恢复自立，并起兵助汉。高祖六年，汉朝立闽越首领无诸为闽越王，在今福建境内以闽江下游为中心建立了闽越国，都东冶（今福州市）。汉惠帝三年（前192年），勾践的后人摇被封为东海王，以东瓯（今浙江温州市）为国都，所以又被称为东瓯王。这两个政权表面上服从汉朝，实际上并不受约束。但朝廷面临内外敌对势力，无暇旁顾，只能暂时容忍。吴王濞起兵时曾征召东瓯（东越）和闽越的军队，闽越没有出兵。东瓯虽然参与了叛乱，但在吴王濞兵败出逃后将他杀死，表示继续效忠于汉朝，朝廷也就没有追究。

秦始皇征服南越后，在岭南设置了南海、桂林、象郡3郡，以中原移民为基础，设立了一些县。陈胜起义爆发后，南海郡（治番禺，今广州市）尉任嚣病重，临终前他招来龙川县令、真定人赵佗，命他代理自己的职位，拥兵自保。任嚣死后，赵佗下令封锁与中原相通的关隘，清洗了秦朝的官员，安排自己的部属控制了南海郡。秦亡后，赵佗出兵并吞了桂林和象郡，在公元前206年自立为南越武王。刘邦灭项羽后，继续忙于对付异姓诸侯和匈奴的入侵，加上岭南与汉朝并无冲突，所以直到十一年（前196年）才派陆贾出使南越，封赵佗为南越王。赵佗接受了汉朝的封号，不再自称皇帝，但依然保持着独立地位。大约在公元前181年前后，南越灭安阳王，势力扩展到今越南北部和中部，直到北纬13°今巴江一带。

吕后执政时，有关部门要求断绝关市，禁止向南越出口铁器，这对南越的经济有很大损害，引起了赵佗的强烈不满，他认为这一定是与南越相邻的长沙王出的主意，以便吞并南越，因而自称南武帝，并发兵进攻长沙国，破坏了几个县。吕后派隆虑侯率兵还击，因天气炎热，环境潮湿，士兵得了传染病，连南岭也过不了。一年多之后，吕后去世，军队撤回。赵佗软硬兼施，迫使闽越、西瓯骆服从他的控制，还设立了像汉朝皇帝一样的仪仗队。

赵佗通过隆虑侯提出了3项要求：寻找他的亲兄弟，撤退在长沙国的汉军，调整南越与长沙国的边界。文帝即位后立即做出反应，为赵佗在真定的祖坟设立守墓户，逢年过节祭祀，招来他的兄弟，封官赏赐，并派陆贾第二次出使南越。在给赵佗的信中，文帝说明已经满足了他的前两项要求，对最后一项，即对南越与长沙国之间犬牙交错的边界进行调整，文帝强调这是高皇帝有意的安排，他不能擅自改变，但这并不是贪图岭南的经济利益，希望他能取消帝号，双方捐弃前嫌，恢复友好关系。赵佗向陆贾表示，接受文帝的诏书，下令取消"黄屋左纛"的仪仗。此后，南越对汉朝称臣，但在国内依然以国君自居。

两千多年后，在长沙马王堆汉墓出土了一幅西汉初年长沙国南部的地图，证明当时长沙国与南越间的边界的确是犬牙交错，而不是按照南岭的自然地形划分的。这样的划分使汉朝在南岭南侧占有若干突出的据点，在以后的军事行动中发挥了特殊作用。

汉朝将东瓯、闽越、南越三国称之外"外诸侯"，以区别于异姓、同姓王这些"内诸侯"。外诸侯实际上是藩属国，承认汉朝宗主国、皇帝的地位，向汉朝称臣，但在国内则保持独立。这三国在秦朝时都已建立郡县，是秦朝的正式行政区，西汉初变为"外诸侯"，使西汉的疆域实际上缩小了，不能不说是一种倒退。

自从刘邦在平城败归后，西汉对匈奴一直采取守势。尽管西汉实行"和亲"政策，匈奴的侵扰并没有停止，它的一些部族住地离首都长安只有700里，轻骑兵一昼夜就能到达。西北和北方的边界都没有恢复到秦始皇时的位置。

在西南地区，秦朝曾经以成都平原为基地，向西、北两方面扩张到了今大渡河以北和岷江上游，占据了邛、筰、冉、駹等部族的地区。向南又开通了一条"五尺道"，从今天的四川宜宾延伸到云南的曲靖，并在沿线控制了不少据点，设置了一些行政机构。但随着秦朝的解体，设置在云贵高原的行政机构撤退到四川盆地，西汉前期一直没能恢复。

经过"文景之治"，汉朝的经济得到了恢复，积聚了大批粮食和物资，人口翻了一番。在平息吴楚七国之乱后，内部分裂割据的威胁已经消除，可以集中精力对付外敌了。这些都为汉武帝的开疆拓土准备了条件。

建元三年（前138年），闽越围攻东瓯，东瓯向朝廷求救。武帝立即派严助率会稽郡（今江苏南部、浙江北部、安徽东南部）的军队渡海前往救援，闽越军队闻风解围。武帝以东瓯怕汉军撤退后闽越会卷土重来而要求内迁为由，将大部分东瓯的越人迁至江淮之间，东瓯国不复存在。

建元六年，闽越王郢进攻南越边境。当时的南越王胡是赵佗的孙子，他派人上书汉武帝，表示南越和闽越都是汉朝藩臣，他不敢擅自出兵对付闽越，请天子做出处理。武帝对南越的态度很赞赏，命王恢和韩安国出兵讨伐闽越。汉军还没有到达，闽越王之弟馀善就将闽越王杀死，向朝廷报功。武帝下令罢兵，另立无诸的孙子丑为越（粤）繇王。馀善因杀了郢，在国内很有威信，就自立为王。武帝不愿为此事再次出兵，就以馀善杀郢有功为由，立他为东越（粤）王，与繇王并存。但馀善对汉朝态度暧昧，并未真正服从。

武帝派严助去南越宣布对闽越的处置结果，示意南越王入朝。赵胡派太子婴齐随严助去长安"宿卫"（藩王表示忠诚的方式，名义上派太子至首都担任皇帝的警卫，实际是作人质），表示自己处理完国内事务后就入朝。严助回去后，大臣纷纷劝阻赵胡入朝，认为汉朝出兵闽越实际是向南越示威，入朝就不可能回来，必定导致亡国。于是赵胡称病，十余年后去世，太子婴齐归国继位。婴齐在长安与汉女结婚生子，回国后立为太子。汉朝几次派使者劝婴齐入朝，婴齐怕入朝后南越会成为内诸侯，也一直称病，只派儿子次公入宿卫。元鼎四年（前113年）婴齐死，太子赵兴继位，汉朝再次派使者到达南越，并命令卫尉路博德屯兵桂阳，策应使者。赵兴与太后商议，上书武帝，要求像内诸侯一样，3年朝见一次，撤销南越与汉朝间的关隘。得到批准后，赵兴与太后就着手筹备行装。

南越重臣吕嘉是赵佗以来3位国王的丞相，宗族担任官员的有七十多人，与赵氏王室普遍通婚。吕嘉在国内的威望比赵兴还高，他坚决反对归入汉朝，见国王不听从他的意见，就称病不见汉使。太后主张杀吕嘉，但与赵兴、汉使意见不一，无法采取行动。吕嘉密谋策划反叛，但一直在等待时机。元鼎五年，韩千秋请求去南越杀吕嘉，武帝派他与南越太后之弟率2000人前往南越。得知他们入境，吕嘉立即发动叛乱，杀掉了赵兴、太后和派驻南越的汉使，并袭击杀害了韩千秋一行，派兵驻守边界。武帝下讨伐令，征调越人和江淮以南10万大军。

当年秋，汉军分5路进攻，伏波将军路博德从桂阳顺湟水（今连江、北江）而下，楼船将军杨仆从豫章（今江西）出发，经横浦关入南越；二位归汉的越侯分别被任命为戈船将军和下濑将军，从零陵进军，一路沿离水（今漓江）而下，一路进入苍梧（今浔江流域）；还派人率领巴蜀士兵，南下征调夜郎军队，顺牂柯江（今北盘江、红水河）而下，最后会师番禺。元鼎六年冬，杨仆一路攻占寻狭，突破了南越在石门的防线，缴获大批船只和粮食，收编了数万越军。稍后，路博德的军队也到达，两军合围，攻陷番禺城。吕嘉与他所拥立的南越王赵建德逃亡入海，被归降汉军的旧部俘获。南越的苍梧王赵光投降，桂林郡监居翁招降了瓯骆地区，其他3路军队尚未会合，南越全境已经平定。汉朝在南越属地设置了南海、苍梧、郁林、合浦、交趾、九真、日南、儋耳、珠崖9个郡，其中的交趾、九真和日南3郡都在今天越南的中、北部，珠崖和儋耳两郡在今海南岛上。

由于地方官暴政引起当地民族的反抗，汉朝在海南岛的统治一直无法稳定。始元五年（前82年），儋耳郡并入珠崖。但当地民族的反抗依然很激烈，地方政府难以维持，因而在初元三年（前46年）又不得不撤销珠崖郡，行政机构和人员全部内迁。虽然大陆政权在岛上的行政机构长期没有恢复，但民间的往来并没有停止，大陆人民还不断迁往岛上，使人口逐渐增加，开发范围日益扩大。

随着境外林邑国的扩张，东汉疆域的南端从今越南富安省南界退至承天省南界。

东越王馀善还是反复无常，元鼎五年他上书武帝，要求率领8000士兵跟随杨仆讨伐吕嘉，但进至揭阳，又以遭遇风暴为由停留，实际上暗中与南越联络，想左右逢源，持观望态度。汉灭南越后，杨仆要求率部队灭闽越，武帝考虑到长途用兵后军队疲劳，没有批准。部队从南越撤回后，武帝令诸将驻扎在豫章梅岭待命。

元鼎六年秋，馀善得知杨仆曾要求出兵，汉军又留驻边境附近，就任命驺力等为吞汉将军，攻入白沙、武林、梅领（岭），杀了汉朝3位校尉。馀善自称"武帝"，不再归属汉朝。武帝派横海将军韩说从句章出海南下，楼船将军杨仆从武林出发，中尉王温舒从梅领出发，戈船将军和下濑将军二位越侯分别从如邪（今地不详）和白沙出发，在元封元年（前110年）进入闽越。闽越凭借山地抵抗，陆路进攻一度不利。由汉朝派回的原越衍侯吴阳奉命劝馀善投降，馀善拒不接受。这时韩说的部队由海路到达，吴阳发动当地居民起兵，配合汉军。闽越建成侯敖与繇王居股合谋，杀了馀善，闽越平定。汉武帝认为闽越地区地形崎岖，土地狭小，闽越人强悍，又曾多次反叛，下令将闽越居民全部北迁，安置在江淮之间，使闽越旧地基本成为无人区，逃避了强迫外迁的越人退居深山。直到西汉后期，遗留下来的越人逐渐出山定居，才重新在今福州设立了冶县，在今椒江区一带设立了回浦县，隶属于会稽郡。但由于越人外迁，又没有新的移民迁入，这一带一直地广人稀，东汉末年才设置新县。

对西南夷地区的开拓经历了较长的时间。所谓西南夷，是指今四川西部和西南部，甘肃南部，贵州西部，云南和今国境外相邻地区的各个民族。分布在今乌江、金沙江流域的有夜郎、滇、邛都等，主要从事农业生产，有比较集中的居民点，"椎结"（发髻扎成椎形）。在今澜沧江上游一带有嶲、昆明等族，以游牧为主，人民都"编发"（头发编结后披下）。在今大渡河流域有徙、筰都、冉駹等，有的定居，有的经常迁移。在今甘肃南部白龙江流域有氐族的白马，岷江上游的冉駹等族。西汉初年，汉朝的行政机构虽然已撤退到了四川盆地内的蜀郡和巴郡，但民间与西南夷地区的往来并没有断绝，巴蜀的商人还因与这些民族的贸易而致富。

建元六年（前135年），王恢在阻止了闽越对南越的入侵后，派番阳令唐蒙去南越通报情况。唐蒙在南越吃到了蜀地产的枸酱，便问是从哪里运来的。当地人回答："从西北的牂柯江，江有几里宽，下游流过番禺城下。"唐蒙回长安后就问来自蜀地的商人，得知枸酱是蜀地的特产，有人偷运出境到夜郎，南越用钱财从夜郎购买。夜郎面临牂柯江，那里的江宽百步左右。唐蒙估计武帝迟早要对南越用兵，就上书武帝："如果从长沙、豫章进入南越，水路不通，交通困难。我听说夜郎有十万精兵，从那里坐船沿牂柯江而下，可以出其不意，是制服南越的一个奇招。以汉朝的强大，巴蜀的富饶，开辟通往夜郎的道路，设置行政机构，再容易不过了。"武帝任命唐蒙为郎中将，率1000名士兵和运载粮食辎重的万余人，从巴郡出苻关，到达夜郎。唐蒙向夜郎侯多同宣传汉朝的强大，又给了他丰厚的赏赐，在当地设置了汉朝的地方政府，任命多同的儿子为令（相当于内地的县令）。夜郎周围的小城得到了唐蒙分发的缯帛，又认为从汉朝过来道路艰险，汉朝未必真能来统治，所以都表示愿意接受设置行政机构。唐蒙回来后，大约在元光五年（前130年），武帝就下令在这一带设置犍为郡，以僰道（今四川宜宾市西南安边场）为郡治，发动巴、蜀的士兵修筑一条从僰道通向牂柯江的道路。蜀人司马相如又上书称"西夷"的邛（今四川西昌市一带）、筰（今四川盐源县一带）也可以设置郡县，被武帝任命为郎中将。司马相如向当地的君长做了一番宣传，结果汉朝在那一带新设了十几个县和一个都尉，划归蜀郡管辖。

筑路工程非常艰巨，巴、蜀等4郡调集了大量人力物力。修了几年，道路还没有修通，士兵饥疲交迫，加上天气湿热，死亡的人很多。西南夷君长接连反抗，派兵镇压耗费巨大，却没有什么效果。武帝感到很麻烦，派公孙弘去考察，回去后做了汇报，结论是筑路工程"不便"。不久公孙弘当了御史大夫，当时汉朝正忙于筑朔方城，以河套为基地进攻匈奴，公孙弘等建议西南夷工程危害巨大，可暂时停止，集中力量对付匈奴，得到武帝的批准。西夷的县取消了，南夷保留了二县和一都尉，由犍为郡自行修建县城。

张骞出使归国后，向武帝报告：在大夏（今阿富汗北部）时曾见到有蜀地产的布和邛杖，询问它们的来源，说是来自东南的身毒国（今印度），有数千里远，蜀地的商人到那里去做买卖。听说身毒国在邛以西约2000里。张骞说：大夏在汉朝西南,一向仰慕中国,就怕匈奴隔断来往的道路。要真的开通了由蜀前往身毒国的道路,就方便快捷多了。元狩元年(前122年),汉朝恢复了对西南夷的开拓,武帝派王然于、柏始昌、吕越人等十余人寻找从西南夷通向身毒的道路。滇(在今云南滇池一带)王留住汉使,为他们探路,但由于昆明(在今云南大理市南一带)阻挡,花了4年多时间也没有结果。

南越吕嘉反叛时,武帝命驰义侯从犍为郡征发南夷的军队,且兰的君长怕自己的军队跟随汉军远征后,被周围的部族乘机攻击,就发起反抗,杀了使者与犍为太守。汉朝用原来准备进攻南越的巴蜀罪人和八校尉加以镇压,正好南越已平定,调回的汉军攻入且兰,杀了数万人,在南夷地区设置了牂柯郡。夜郎侯见南越被灭,请求入朝,被武帝封为夜郎王。汉军又杀了邛君、筰侯,冉駹等十分恐惧,请求臣服并设置行政机构,于是汉朝在邛都设越巂郡,在筰都设沈黎郡,冉駹设汶山郡,在白马设武都郡。

汉武帝派王然于将灭南越和杀南夷反抗的部族首领的情况向滇王通报,劝他入朝,但滇王自恃有数万部众,又有它东北的劳深、靡莫等同姓部族的支持,拒不服从。两年以后的元封二年(前109年),武帝调巴蜀军队攻灭劳深、靡莫,兵临滇国,滇王举国投降,请求朝廷设立行政区,于是在滇设益州郡。考虑到滇王曾带头拥护朝廷,武帝赐给他滇王印,仍让他统治本部族的百姓。以后降服昆明,将其属地并入了益州郡,汉朝的西南界扩展到今高黎贡山和哀牢山一线,并与今澜沧江流域和缅甸东北部的哀牢人有了交往。

由于设置时考虑欠周,有的郡辖境有限,人口稀少,武帝末年撤销了沈黎郡，宣帝地节三年（前67年）又撤销了汶山郡。这两郡的辖境大多并入了相邻的蜀郡，疆域并没有减少，但对当地部族的统治相对放松了。

东汉永平十二年（69年），哀牢王接受内属，汉朝设置了两个县，又从益州郡划出6县，合并建立了永昌郡。汉朝的疆域不仅已包括今天云贵高原的全部，而且辖有今缅甸东部。

在战国后期，燕国就统治过朝鲜半岛北部的朝鲜、真番，在那里设置了行政机构和防御工事。秦始皇灭燕后，将燕国留下的机构划归辽东郡，作为在境外的附属机构。西汉初国力有限，考虑到距朝鲜半岛路途遥远，仅修复了秦朝辽东的长城，以浿水（今朝鲜清川江）为界，归燕国管辖。燕王卢绾投降匈奴后，燕人卫满就聚集了数千人出塞。他们渡过浿水，在秦朝防区的旧地定居，逐渐控制了朝鲜、真番和流亡在那里的燕、齐移民，并在王险城（今朝鲜平壤南）建都。惠帝时，辽东太守与卫满约定，让他做汉朝的藩属，但不得侵犯边境，也不得阻止朝鲜半岛上其他民族与汉朝的联系，朝廷批准了这项措施。卫满有了汉朝的支持，控制了真番、临屯（朝鲜半岛东海岸中部），其疆域大致包括今辽宁东部、吉林西南和朝鲜半岛的北部。

但朝鲜半岛上还有不少其他部族，元朔元年（前128年），半岛东北沿海一带的东夷薉君南间等归属汉朝，武帝在那里设立了苍海郡。但该地与汉朝之间并不相连，通过海路运输耗费巨大，花了很大的人力物力后并没有获得实际利益，所以两年后就撤销了苍海郡。

到卫满的孙子右渠在位时，朝鲜引诱并接受了很多汉朝的逃亡人口，又从未入朝，而真番、辰国（在半岛南部）请他转达汉朝的书信也不上报。元封二年（前109年），武帝派涉何向右渠下达诏书，右渠不肯接受。涉何觉得难以向武帝复命，在回到浿水边时命部下刺杀了朝鲜护送他回国的裨王，回来后谎报"杀朝鲜将"。武帝心里明白，却没有追究，任命他为辽东东部都尉。朝鲜对他十分痛恨，发兵袭击，将他杀了。

武帝下令募集全国罪人从军讨伐朝鲜。当年秋，由楼船将军杨仆率5万军队由齐地（今山东半岛）渡海，左将军荀彘从辽东陆路进军，右渠得知后，发兵据守险要抵抗。荀彘先派一队辽东兵进攻，战败逃散。杨仆率7000齐兵先到达王险城，右渠在城上见杨仆军队人数很少，就出城袭击。杨仆被击败，与士兵失去联系，在山中躲藏了十几天，才逐渐收罗游兵散勇，重新集结。荀彘进攻浿水西岸的朝鲜军队，也没有获胜。

武帝见两路军队都没有取胜，就派卫山向右渠劝降。右渠表示本来就想投降，只恐中计被杀，现在见到皇帝的使者，请求归降。右渠派太子入朝致歉，献马5000匹，并向汉军送上粮食，由一万多手持武器的士兵护送。这支部队正在渡浿水时，使者和荀彘怀疑他们可能会搞阴谋，认为太子既已降服，就应命随行人员不得携带武器。太子也怀疑使者和荀彘欺骗他，就拒绝渡浿水而退回。接到卫山的报告，武帝气得将他杀了。

荀彘军终于攻破朝鲜在浿水防守的军队，攻至王险城下，围住城西北，杨仆转向城南。由于右渠坚守不出，几个月也没有攻下。荀彘的部队来自燕、代，又打了胜仗，作风骄悍。杨仆的士兵都是齐人，渡海时已有了损失，与右渠一仗被打得大败，造成士兵恐慌，将领心中惭愧，所以虽然包围了右渠，却希望与他议和。面对荀彘的不断攻打，朝鲜大臣与杨仆秘密协商投降事宜，联系了几次，尚未做出决断。荀彘几次与杨仆约定进攻，杨仆却在等朝鲜投降，迟迟不采取行动。荀彘也秘密派人向朝鲜劝降，但朝鲜方面希望向杨仆投降而予以回绝。两将之间矛盾很深，荀彘认为杨仆此前已犯过脱离部队的错误，现在与朝鲜相处得很好，朝鲜却不投降，怀疑杨仆有意谋反。武帝等得心焦，派前济南太守公孙遂前往督战，并授权他便宜行事。公孙遂到前线后，荀彘向他报告了自己的想法，认为朝鲜之所以不能攻下，都是由于杨仆一直不如期会师："现在如不除掉他，就会与朝鲜一起来消灭我的军队。"公孙遂赞同他的分析，以使节召杨仆来左将军荀彘营地商议军事，等杨仆到达后就将他捆绑扣押，由荀彘接管了他的军队。

荀彘集结两军猛攻朝鲜，朝鲜大臣知道无法守住，但右渠又不愿投降，纷纷出城降汉。元封三年夏，已经投降汉军的尼溪相参派人杀死右渠。但王险城尚未攻克，右渠的大臣成已继续抵抗，经右渠之子和其他降人向百姓劝告，将成已杀死，战事才最后平息。汉朝在朝鲜设立了真番、临屯、乐浪、玄菟4郡，辖境南至今汉江流域。

荀彘因争功嫉妒使用诡计等罪被杀，杨仆则因擅自行动造成损失而定下死罪，赎为庶人。对朝鲜一仗打得如此艰苦，原因是多方面的，但两位主将的不和是主要因素。

朝鲜半岛北部的人口毕竟有限，很多地方尚未开发，还有一些地方仍由当地民族控制着，所以到昭帝始元五年（前82

年），撤销了朝鲜的临屯和真番二郡，它们的辖境放弃了一部分，另一部分并入了乐浪郡。元凤五年（前76年），又将玄菟郡的东部放弃，治所也从朝鲜半岛迁到了今辽宁新宾县以西。

昭帝以后，汉朝也没有组织向朝鲜半岛和辽东以东的地区移民，所以在朝鲜半岛的东海岸一带，汉朝的行政区缺乏本民族人口的基础。由于受到当地秽貊人和马韩人的压力，光武帝时放弃了乐浪郡在单单大岭（今朝鲜北大峰山脉）以东的7个县。原来分布在鸭绿江上游的高句丽逐渐摆脱了汉朝的统治，随着高句丽的兴起和扩张，玄菟郡的辖境也完全放弃，郡治迁到了今沈阳市西，辖有从原辽东郡辖境中划出的数县之地。

随着反击匈奴的胜利，元朔二年（前127年），汉朝收复河套地区，设置了朔方郡（治所在今内蒙古杭锦旗北）。汉朝整修了蒙恬所筑的长城的关隘，恢复了秦朝的边境线。元狩二年（前121年），由于匈奴浑邪王杀休屠王，合并了他的部众一起降汉，使汉朝获得了整个河西走廊。此后，汉朝在河西走廊陆续设置了酒泉、武威、张掖、敦煌4郡。昭帝始元六年（前81年），又在湟水流域设置了金城郡。

当西汉的疆域扩展到河西走廊时，人们就将走廊西端玉门关和阳关（均在今甘肃敦煌市西）以西称为西域。天山山脉横亘于西域，将它分为南北二部。高山、戈壁、沙漠又将一片片绿洲、河谷相互隔离，交通线漫长而艰险，因此形成了数十个语言不一、互不统属的小国。这些国家最大的有数十万人口，小的才数百人，一般都是数千至数万。天山以南的国家大多以城郭为中心，兼营农牧业、手工业、商业，被称为城郭诸国。

少数国家处于游牧状态,没有城郭。天山以北的国家还是以游牧为主,但也有一些城郭。

西汉初年,匈奴迫使原来居住在敦煌、祁连山和河西走廊的月氏、乌孙西迁后,又征服了西域诸国,在天山以北设置了僮仆都尉。汉朝夺取了河西走廊后,虽然打通了与西域的交通,但匈奴仍控制着西域,所以汉使常受到阻拦和劫掠。元封三年(前108年),汉军破楼兰(今新疆罗布泊西北)、姑师(今吐鲁番盆地内)。六年,汉朝又以宗室女嫁给乌孙王。太初元年、三年,汉将李广利两次出征大宛。李广利的出征并不完全必要,又耗费了巨大的人力物力,但客观上打破了匈奴对大宛的控制。此后,汉朝在轮台、渠犁驻兵屯垦,开始设置行政机构。

但汉朝与匈奴在西域的争夺并没有结束,特别是天山以北各国还受到匈奴的威胁,不敢完全服从汉朝。又经过多次战争,到宣帝神爵二年(前60年),汉朝才取得决定性胜利,完全控制了天山北路,设置了西域都护府。初元元年(前48年),汉朝在车师(今新疆吐鲁番市东南)设置了戊己校尉,管理屯田和防务。都护府的治所设在乌垒城(今新疆轮台县东野云沟附近),其辖区包括自玉门关、阳关以西的天山南北,直到今巴尔喀什湖、费尔干纳盆地和帕米尔高原以内的范围,初期有36国,以后增加到50国。西域都护府既是汉朝的军事驻防区,也是一个特殊的行政区。一方面它与内地的正式行政区不同,不设置郡、县,依然保留原来的国,汉朝一般不干预它们的内部事务,但掌握它们的兵力和人口等基本状况;另一方面,都护代表朝廷掌管这些国的外交和军事权,可以调动它们的军队，决定它们对外的态度，必要时还可以直接废立它们的君主，甚至取消某一国。可见，西域都护府同样是汉朝疆域的一部分。

王莽天凤三年（16年），匈奴重新控制西域，内地与西域交通断绝。东汉初，一些西域国家多次寻求汉朝的保护，请求重建都护府，但光武帝限于实力，一再拒绝，各国只得降服于匈奴。永平十六年（73年），汉将窦固等率军进攻匈奴，打通了与西域的交通线，窦固派班超出使西域。班超仅率吏士36人，但靠着汉朝在西域留下的影响和自己的勇敢智慧，成功地控制了鄯善（今新疆若羌一带）、于阗（今和田市一带）、疏勒（今新疆喀什市一带）等国。第二年，窦固进攻车师，车师前王（都交河城，今吐鲁番市西北）和后王（都务涂谷，今吉木萨尔县南）投降，在断绝了65年以后汉朝重新设置西域都护府，恢复了大片疆域。但北匈奴势力依然强大，汉军并没有稳定的优势，焉耆（今新疆焉耆县一带）、龟兹（今库车县一带，匈奴所立）攻灭了西域都护陈睦，匈奴和车师包围了戊己校尉（驻高昌壁，今吐鲁番市东南）。章帝建初元年（76年）撤销了都护府和戊己校尉。当时，汉朝的军队已全部撤回，章帝怕班超孤立无援，下令将他召回。建初三年又撤回了在伊吾（今哈密市西北）的屯田。班超离开疏勒时，举国震恐，都尉黎弇说："汉朝使者抛弃了我们，我们必定会重新被龟兹消灭。"接着就拔刀自杀了。班超到达于阗时，王侯以下的人都号啕大哭，抱住他的马腿不让走。班超本来就不愿无功而还，索性返回疏勒，利用汉朝的威望，运用灵活机智的策略，留在西域孤军奋斗，使依附匈奴的国家越来越少，基本保持了天山南道的畅通。永元三年（91年），汉军进至金微山（今阿尔泰山），大破北匈奴，北单于逃亡，北匈奴从此西迁。西域都护府再次恢复，驻于它乾城（今新疆新和县西南大望库木旧城），辖境与西汉时大致相同，班超出任都护。10年后，年近70的班超自觉"老病衰困"，思乡心切，请求召回。永元十四年（102年）八月，这位在西域奋战了31年、为维护汉朝疆域立下奇功的英雄回到洛阳，一个月后就因病逝世了。

班超回内地时，继任者任尚向他请教治理西域的经验，班超说："在塞外的官吏和士兵本来就不是孝子顺孙，都是因为犯了罪才被押送来，或有过失才被调来。而本地民族与我们的习性不同，难以管理，容易闹事。你的性情太过严苛，水清无大鱼，治理太严格了不能得到下级的拥护，应该放松简易，宽恕小过失，管好大事就行了。"任尚心中不以为然，认为班超"所言平平"，没有接受他的忠告，措置不当，激化了与各国的矛盾，受到各国攻击，永初元年（107年），都护府又不得不撤销，班超之子、军司马班勇与他的哥哥班雄奉命接应都护和驻西域的士兵返回。

汉朝的撤退使残留在阿尔泰山的北匈奴卷土重来，占领伊吾，寇掠河西。一些西域小国再次寻求汉朝的庇护，大臣们认为应该关闭玉门关，放弃西域。执政的邓太后召见班勇，经过与大臣的激烈辩论，他恢复西域建置的建议被采纳。延光二年（123年），朝廷任班勇为西域长史，驻柳中（今鄯善县西南），长史府的职能与都护府相同。班勇击退匈奴的残余势力，使汉朝再次恢复了对西域的统治。但与西汉后期相比，汉朝对西域的控制有所削弱。由于乌孙已成为独立政权，葱岭（帕米尔高原）以西地区也脱离了汉朝的统治,汉朝的西北界退到了今天山山脉西段以南。东汉末年,汉朝已无力控制西域,长史府不复存在。

经过长期开拓,西汉的疆域向西扩展到了今巴尔喀什湖和帕米尔高原,东至朝鲜半岛中部,西南占据今云贵高原全部和缅甸的一部分,南部到达今越南中部,成为中国历史上疆域范围最大的王朝之一。尽管东汉的疆域比西汉时有所收缩,但经过秦和西汉的开发,边疆地区基本得到稳定。东汉以后,尽管中原王朝的疆域时有盈缩,内部时有分裂,但这一范围始终是中国的主体,说明它的形成符合历史发展的规律。

秦汉疆域的形成是春秋战国以来,各国、各族人民长期交往,经济、文化的交流日益密切的结果;是生产力发展,人们克服地理障碍的能力加强,交通条件得到不断改善的结果;汉朝强大的军事实力和大力开拓的决策也是不可或缺的因素。汉朝的疆域构成了以后历代中原王朝疆域的主体,成为中国统一的地理基础,这绝不是偶然的。

不可否认,汉朝的开疆拓土主要是以武力征服为手段,以军事实力为后盾的。其中有一部分战争并没有正当的理由,完全可以称为侵略。例如汉武帝对西南夷和西域的用兵毫无军事上的理由,更没有自卫的需要。关于第二次用兵西南夷、打通前往身毒道路的目的,《史记·大宛列传》说得很清楚:一是可以用汉朝的财物换取大宛、大夏、安息等国的"奇物";二是用金钱买通大月氏、康居等国,以便在军事上牵制匈奴;三是占据西南夷地区,扩大上千里的土地,将各种有不同风俗、操不同语言的民族纳入版图，满足自己"威德遍于四海"的欲望。只有其中的第二点是真正从军事角度考虑的，但却完全是纸上谈兵，想入非非。因为此前张骞第一次到达大月氏时，其国王因已占有大夏，土地肥饶，生活安定，不愿再报匈奴之仇了。从地理形势看，这样的设想也是绝对行不通的。开拓西南夷的直接用意是通过今云贵高原进入身毒，再从身毒前往今阿富汗和中亚。结果是连通身毒都没有成功，更不用说通过身毒到达大月氏和康居了。其实武帝的真实意图是在第一、三两方面，所以在征伐西南夷没有达到目的以后，又发动了征大宛之战。

如果说对西南夷的战争还有借口可寻，那么征大宛则是赤裸裸的掠夺。事件的导火线虽是大宛杀了汉使，却是汉使强求大宛宝马（天马）不成辱骂对方而挑起的。而且汉朝的"使者"有不少人是"妄言无行之徒"，在西域的名声很差。武帝出兵的另一目的是因为轻信了假报告，以为大宛不堪一击，所以要把这个美差赏给宠妃李夫人的弟弟李广利，以便他有机会封侯。岂料这支数万人的不义之师受到西域各国的抵抗，两年后只剩下十分之一二的人回到敦煌。武帝大怒，调集6万兵力及不少自愿从军的亡命之徒，十几万头牛马牲畜，由十多万人运送粮食补给，令李广利再次出兵，还派使臣守在玉门关，不获胜不许进关。即使如此，这支大军也未能攻入大宛国都的中城，只剩下万余人获得了千余匹"天马"的战利品进玉门关。这场历时4年、付出了十多万条性命和无数牲畜、粮食等惨重代价的战争，搞得国库空虚，天下骚动。

但历史却对正义和道德做了最大的嘲弄，正是这两场不光彩的战争导致了以后的西域都护府和西南数郡的设置，西域和西南同中原地区属于同一个政权就是这样开始的。要是武帝只满足于抵抗异族入侵，只满足于打击入侵者的有生力量而不乘机扩张，要是武帝真正崇尚正义，爱好和平，尊重其他民族，特别是落后民族的自决权的话，就不会有周边地区的归属，更不会有大汉帝国的极盛疆域。不过，历史也会告诉我们另一种结果，要是中国没有汉武帝那样的皇帝的话，当汉武帝式的君主在境外出现时，中国就免不了当年西南夷诸族或大宛国的命运。

显然，我们只能把历史事件置于当时的条件下来认识，而不能用今天通行的国际关系准则和民族关系原则来评判两千多年前的历史。既然这是一个没有国与国之间、民族与民族之间普遍承认的法律和原则的时代，我们就只能根据哪一种制度、哪一种生产方式、哪一个政权、哪一个民族的胜利对当时和长远的发展更有利来做出评判了。所谓先进民族对落后民族的征服具有进步意义，正是针对这样的情况而言的。汉武帝和其他君主的贡献，就在于他们的行动促成了中国疆域和中华民族的逐步形成，使包括华夏（汉）族和其他少数民族在内的各个民族在总体上都得到了进步，而不是他们的个人品质或道德观念。

我们还应该注意到这样的事实，尽管汉朝的大军不止一次越过大漠，登燕然山，封狼居胥，深入中亚，但汉朝从来没有打算在蒙古高原设立行政区，就是对西域都护府也只停留在军事监护，而不是设置郡县。对东瓯和闽越还采取了移民弃地的做法，将今浙江南部和整个福建的人口迁走，土地放弃。但另一方面，同样是新获得的土地，河西走廊先后设置了郡县，并且从此再也没有与汉朝分离；而西域却只能建都护府，并且"三通三绝"，这中间汉朝的大臣曾多次提出应该放弃西域，撤销都护府。

其实，原因并不复杂。任何一个民族、一个政权，都不可能将自己的统治完全建立在异族或其他政权人口的基础之上。在占据了其他民族或政权的地域以后，如果不能够派驻军事和行政人员，不能够实施最低限度的移民，就不可能达到长期占领并进而变为自己领土的目的。但军事和行政人员都需要粮食和物资的供应，如果不能就地生产，运输又非常困难，这样的地点至多只能临时占据，或者只能限于很少的军事据点。否则，政府会不堪负担，官员百姓都会反对。

《盐铁论》记录了西汉昭帝时一场激烈的争论，其中"文学""贤良"（各地推荐到朝廷的有学问、品德高尚的人）对汉武帝用兵匈奴和西域、在边疆设置新的郡县的批评就很说明问题：

> 边疆的郡县不是设在山上，就是处于谷中，气候不正常，天冷得土地都会冻裂，大风刮得飞沙走石，这样的地势实在没有什么可以利用的。……现在离开中原去开拓边疆，扩大的都是寒冷的不毛之地，这等于是放着江河边上的好田不耕，却跑到山上或沼泽地去开垦。用粮仓中的储备和国库中的钱财供应边民，中原人加重了劳役，边民苦于守卫，辛勤耕种却收不到什么粮食，又不能种桑麻，连穿衣服都得靠内地的丝和絮棉。

> 秦朝用兵够多了，蒙恬扩大领土够远了，而现在已经

超过了蒙恬的边塞，把郡县建到了异族那里去了。道路越来越远，百姓越来越辛苦。在朔方以西、长安以北设置新郡和修筑长城的耗费已经不计其数，但还远远不止这些：司马相如和唐蒙开通向西南夷的道路，巴、蜀的百姓不胜重负。横海将军征伐南越，楼船将军出兵东越，荆楚一带为征服瓯、骆而疲于奔命。左将进攻朝鲜，设临屯郡，燕、齐一带要承担对秽、貉的战争的沉重负担。张骞开通了遥远的地方，带回来的都是没有什么用的东西，倒把国库里的钱都流到外国去了。

张骞说大宛有汗血天马，安息有真玉的大鸟，皇帝听了他的话就出动大军攻伐大宛，经过很多年才打下来。行程万里去攻打别的国家，还没有打仗人就死了一半，虽然征服大宛得到了宝马，也不是什么好办法。

他们的话自然不无夸大之处，但基本还是事实，也符合当时绝大多数人的真实想法。作为一个农业民族，决定一块地方是否适宜作为自己领土的基本条件，就看是否适合农业生产。在完全依靠人力耕种的条件下，一定数量的人口只能耕种一定数量的耕地，在内地或近地还存在宜农荒地时，当然没有必要舍近求远，舍易就难。正因为如此，汉朝正式设置郡县并能稳定维持的疆域，大致就是当时适宜农业生产的范围。在这个范围之外的疆域，如西域，更多的是考虑战略的需要。由于路途遥远，交通困难，本地又不能生产大量粮食，所以难以经常保持大批行政和军事人员，只能采用军事监护的特殊形式。一旦遇到外来的侵略和当地民族的反抗，朝廷又没有足够的人力物力可以支援，就只能放弃。

西汉后期设置郡县的范围约有四百余万平方公里，西域都护府的辖境约二百余万平方公里，奠定了历代中原王朝的基础。统一而辽阔的疆域有利于先进的物质文明和精神文明的传播，有利于地区开发和经济发展，增强了抵御外敌和维持社会安定的能力，也是多民族国家的形成和民族融合的决定性因素。

张骞凿空
汉帝国与世界

当汉高祖刘邦的军队进入咸阳时,古罗马与迦太基之间的第二次布匿战争正在进行。公元192年,罗马皇帝康茂德被杀,前期帝国告终。这一年是东汉初平三年,献帝被劫持,国内陷于分裂战乱,东汉帝国实际已经崩溃。

东西两大帝国在按照各自的轨迹发展,如果出现某种同步,只能是历史的巧合,因为到目前为止,我们能找到的两大帝国交往的证据非常之少。

在西汉以前,秦国故地与西方的联系可能已经存在,但没有形成稳定的交通线。一个重要的原因,是华夏诸族与外界隔着众多非华夏族,从中原通向西方必须经过戎人、羌人、匈奴、西域诸族的地区,向西南则要经过西南夷诸族的地区,在各民族间还处于隔绝或仇杀的状态下,利用和穿越对方地区自然是非常困难的。直到汉武帝初年,这样的条件还没有改变。

建元三年（前138年），汉武帝从匈奴降人中得知，大月氏原来生活在敦煌和祁连山之间，后在匈奴的攻击下被迫西迁，匈奴将大月氏王的头割下，制成盛酒的容器。在乌孙的驱逐下，大月氏又迁至妫水（今阿姆河）。大月氏恨透了匈奴，但因无人援助，无法报仇。汉武帝得知后，就产生了联络大月氏夹击匈奴的想法，下令招募出使大月氏的使者。汉中成固人张骞以郎官身份应募，率领甘父等一百多随行人员出使，从陇西郡出境。在经过匈奴地区时，张骞一行就被扣留了，送往单于驻地。单于说："月氏在我们北面，汉朝怎么可以派使者去呢？要是我派使者到南越去，汉朝能让我过吗？"他将张骞留下，还给他娶妻，希望他不再离开，张骞虽然有了妻儿，但始终保留着朝廷颁发给他的使节，没有忘记自己的使命。甘父是匈奴人，在汉地时是堂邑侯的一名家奴，他善于骑射，以射猎鸟兽帮助张骞渡过困境。十多年后，匈奴人已放松了监视，张骞和甘父等人终于得到了逃脱的机会，继续西行，经过几十天的艰难跋涉，终于翻越葱岭，到达大宛。大宛王早已听说汉朝十分富强，却一直无法交往，对张骞的到来很欢迎。张骞说明出使的意图，请大宛王将他们送往月氏，答应回汉朝后将给予厚礼报答。大宛王派向导和翻译，将他们送至康居，又由康居送至月氏（今阿富汗北部）。这时月氏人已打败了大夏，在此安居乐业，对向匈奴报仇毫无兴趣，张骞逗留一年多仍不得要领，只好返回。他们经过河西走廊，想通过羌人地区回国，但又被匈奴扣留。一年多之后单于死，匈奴内乱，张骞带着匈奴妻子和甘父逃回汉朝，于元朔三年（前126年）回到长安。

尽管张骞没有能完成联络大月氏的使命，但他为汉朝提供了大量前所未闻的信息，也在西域传播了汉朝的情况。司马迁《史记·大宛列传》中有关西域的记载，就是根据张骞的见闻编写的。

张骞直接向武帝报告了他在西域的见闻，介绍了大宛、乌孙、康居、奄蔡、大月氏、安息、条支、大夏的情况，使这位好大喜功的皇帝大开眼界：

　　大宛产蒲陶（葡萄）酒，多好马，马出的汗像血一样，是天马的后代。

　　于阗以西的河流都向西流，注入西海；于阗以东的河流向东流，注入盐泽。盐泽的水在地下暗流，向南流出地面后就成为黄河源。这一带盛产玉石，黄河流入中国。

　　乌孙与匈奴风俗相同，能弯弓射箭的有几万人，勇敢善战。以前臣服匈奴，现在强大了，对匈奴不即不离，不肯再去参加朝会。

　　安息在大月氏以西数千里，百姓定居，从事农业，种稻麦，产蒲陶酒。像大宛一样有城市，大小有数百个，疆域有数千里，是那一带最大的国家。在妫水流域，有市场，百姓用车、船做买卖，进行贸易的国家远达数千里。用银币，上面铸着国王的像，国王死了银币也要更换。文字写在皮革上，都用横写。安息西面是条枝，北面有奄蔡、黎轩。

　　条枝在安息以西数千里，面临西海（地中海），气候湿热，百姓种稻。有一种大鸟，产的蛋像瓮那么大。国人善于变幻术。安息的长老传说条枝有弱水和西王母，但没有见过。

但由于匈奴还挡在汉朝与西域之间,武帝一时难以有所作为。元狩四年(前119年),张骞向武帝提出招引乌孙人回河西故地的建议,他说:"现在匈奴刚被我们击败,河西的浑邪王旧地空着,'蛮夷'都贪图汉朝的财物,如果此时能够花大价钱笼络乌孙,招引它东归故地,与汉朝结为兄弟,它肯定乐意听从,这样就断了匈奴的右臂。一旦与乌孙结盟,它西面的大夏等国就都可以招来当属国。"武帝封张骞为中郎将,派他再次出使西域。张骞率领300人,每人备马两匹,携带上万头牛羊和价值数千万的金币、丝织品,还有多名副使随行,准备在交通方便的情况下,分别派往周边各国。张骞到达乌孙(今伊犁河流域和伊塞克湖一带),正值该国内乱,乌孙人也不愿与匈奴为敌,但愿意与汉朝交好,派使者随张骞于元鼎二年(前115年)回长安。张骞派副使前往大宛、康居、大月氏、大夏、安息、身毒、于阗、扜弥等国(今中亚哈萨克斯坦等国、阿富汗、巴基斯坦、印度和新疆西部),一年多以后也陆续带各国的使者返回。此后汉朝与西域各国的使者、商人往来不绝。

张骞两次出使虽然没有达到军事上的目的,但建立了汉朝与西域各国的直接联系,他"凿空"(开通)西域的功绩受到朝野的高度赞扬,张骞在西域也具有巨大的影响,各国都知道"博望侯"(张骞的封爵)的大名。"丝绸之路"从此开通,将东西方两大文明中心连接了起来。

丝绸之路的名称是德国地理学家李希霍芬在1877年出版的《中国》一书中首先提出的,是指两汉时期与中亚河中地区及印度之间,以丝绸贸易为主的交通路线。以后的研究成果又将这条道路的西部延伸到地中海西岸和小亚细亚。

中国的特产丝绸传入中亚和印度，远在秦汉之前，但直接的贸易道路却开始于张骞第二次从西域返回以后，不过直到公元前60年西域都护府建立后才保持畅通。

丝绸之路以长安为起点，西上陇坂，通过河西走廊，出玉门关或阳关，穿过白龙堆，到达今罗布泊西北的楼兰。至此分南北二道：北道向西沿今孔雀河至渠犁（今新疆库尔勒市），经乌垒、轮台、龟兹（今库车县）、姑墨（今阿克苏市）至疏勒（今喀什市）；南道经鄯善扜泥城（今若羌县），西南沿今车尔臣河经且末、扜弥、于阗（今和田市）、皮山（今皮山县一带）、莎车（今莎车县）至疏勒。东汉迫使北匈奴西迁后，开辟了"北新道"，即由敦煌北至伊吾，西经柳中、高昌壁、车师前部交河城（均在今吐鲁番盆地），越天山经焉耆、龟兹，再循北道至疏勒。自疏勒西行越葱岭，经今费尔干纳盆地，渡阿姆河，直到地中海滨。由此沿地中海西南行，可达犁靬（黎靬，今埃及亚历山大）。自疏勒直接西穿阿莱高原，经今阿富汗，也可与上述一路会合。另一条沿南道从皮山西南，经悬度（今达丽尔）、罽宾（今阿富汗喀布尔）至乌弋山离国（今锡斯坦），东汉时称为"罽宾乌弋山离道"。以下或沿陆路西行至波斯湾，或南下至今巴基斯坦卡拉奇出海。

丝绸之路不仅用于丝绸贸易，西域的葡萄、石榴、苜蓿、胡豆、胡麻、胡瓜、胡蒜、胡桃、香料、珠玑、皮毛、良马、橐驼等源源东来，中原的工艺品、金属制品、铁器、纸由此西运；西域的音乐、舞蹈、杂技、佛教和佛教艺术以及中原的打井、铸铁、农技都由此而传播交流。

但汉朝与罗马帝国的直接联系却失之交臂。东汉永元九年（97年），西域都护班超派他的下属甘英出使大秦（罗马帝国）。甘英从西域都护府驻地它乾城出发，经过长途跋涉，到达条支国的海滨（今波斯湾）。就在他准备渡海时，安息国（今伊朗高原和两河流域）的船员对他说："海面非常辽阔，遇到顺风也要三个月时间才能渡过，如果遇到逆风就得两年，所以入海的人都要备足三年的粮食。而且在海上航行很容易患思乡病，经常有人死在海上。"听了这话，甘英不敢渡海，只得返回。就这样，汉朝和罗马帝国失之交臂，东方和西方两大文明的直接交往至少推迟了70年。要是甘英能有张骞那样的冒险精神的话，中国的官方使者到达欧洲、非洲的历史就应该开始于公元1世纪末，而不是一千多年以后。

安息人阻止汉朝与罗马帝国直接来往的目的，是为了垄断丝绸转口贸易的利益。但当时汉朝击败了北匈奴，恢复了对西域的控制，慑于汉朝的威力，安息人不敢直接阻拦，偏偏甘英被这一番话吓住了。

张骞在大夏时，曾见到过产于今四川盆地的邛杖和蜀布，并得知这些物品是通过身毒运到大夏的。这说明这一交通路线至迟在公元前126年就已存在了。汉武帝曾派使者从蜀地分4路寻找通往身毒的道路，但由于当地民族不合作，只到达了滇。以后，由河西走廊通往西域的道路开通后，汉武帝对西南的道路不再有兴趣。

实际上，早在公元前221年，秦始皇就派颇整治了由四川盆地通往今云南的道路——"五尺道"。"五尺道"所经是崎岖险峻的山区，能在短期内开通只能是利用原已存在的便道、小道，这说明这条交通线的存在已有很多年。由"五尺道"而下，就可以连接"身毒道"，即民间一直在使用的由云南经今缅甸通向印度的交通线。邛杖和蜀布并不是十分贵重的物资，如果运输成本过高，商人就会无利可图，所以这条交通线应该是比较畅通和便利的。

东汉永元九年，掸国国王雍由调与汉朝联系；永宁元年（120年），雍由调将海西（大秦，罗马帝国）的幻人（杂技演员）献至洛阳。罗马人经今缅甸入境，证明的确存在着一条由今四川、云南经缅甸、印度通向西方的重要道路。这条交通线也向西方输出丝绸等物资，尤其是在西北陆上丝绸之路断绝和逐渐衰落的情况下，这条交通线发挥了很大的作用。近年来，有的学者称它为西南丝绸之路，或海上丝绸之路的一部分。

由中国大陆通往朝鲜半岛的航路早已存在，战国后期至秦朝已成为相当便捷的交通线，所以在半岛的北部和南部都有大批在当时迁入的移民。尽管徐福定居于日本的传说还没有完全得到证实，但可以肯定早在秦朝以前，从中国大陆通往日本列岛就已存在多条航路，汉朝时从今辽东半岛、山东半岛、浙江、福建都可驶往日本。东汉中元二年（57年），倭奴国的使者到达洛阳，光武帝赐以印绶。1784年，这枚金质的"汉倭奴王印"在日本福冈县出土，完全证实了这一记载。

《汉书·地理志》还记载了西汉与南方海外的航路：

自日南（今越南中部沿海）障塞、徐闻、合浦船行可五月，有都元国；又船行可四月，有邑卢没国；又船行可二十余日，有谌离国；步行可十余日，有夫甘都卢国。自夫甘都卢国船行可二月余，有黄支国，民俗略与珠崖（今海南岛东北部）相类。

自黄支船行可八月，到皮宗；船行可二月，到日南、象林（今越南广南省维川县境）界云。黄支之南，有已程不国，汉之译使自此还矣。

对这些地名的今地有不同的理解，文中的一些内容也还难以正确解释，但大致可以肯定，当时从今越南中南部、广西沿海、雷州半岛出海，可以通向东南亚和南亚各地。东汉延熹九年（166年），"大秦王安敦遣使自日南徼外献象牙、犀角、瑇（玳）瑁"。虽然这完全可能是罗马商人使用了使者的名义，但毕竟是罗马帝国与汉朝的首次正式交往。"使者"显然是从海路经日南进入汉朝的。

汉代与境外的交流，不仅给中国带来了大量物质产品，又引入了外来文化，其中影响最大的还是发源于印度的佛教。

对佛教传入中国的时间有多种说法，比较可信的是《三国志·魏书·东夷传》注引《魏略·西戎传》的一种，即汉哀帝元寿元年（前2年）博士弟子景卢接受大月氏使者伊存口授《浮屠经》。博士弟子也愿意接受异国使者传经，可见这种信仰在当时已引起社会中层以上人士的注意，可以看成佛教已经传入的证据。

东汉初年，来自天竺国（印度）的僧人已经到达洛阳传播佛教。据说，明帝（58—75年在位）曾梦见金人飞空而来，召群臣占梦。傅毅说："臣听说西域有神，称为'佛'，陛下所梦,想必就是佛。"明帝遂派郎中蔡愔、博士弟子秦景等去天竺寻访佛法,在那里遇见摄摩腾、竺法兰,邀他们来汉朝。摄摩腾与蔡愔等来到洛阳,明帝亲自接见,并在城西门外建造寺院,这就是中国最早的白马寺。竺法兰不久也到达洛阳,他很快就学会了汉语。当时,上层人士已有人信奉佛教,如明帝之弟楚王刘英就奉佛。但当时还将佛教视为各种神仙方术的一种,把佛陀依附于黄老进行祭祀。

1世纪中叶,大月氏(贵霜王国)战乱不绝,大批难民东迁西域诸国,一部分迁至敦煌一带定居,另一部分人继续东迁,如高僧支谦的祖父支法度在汉灵帝时率数百人到洛阳,被封为率善中郎将。所以以后支谦被称为"河南支恭明(字)",支氏家族在东汉末年战乱中迁至江南。

在中亚阿姆河、锡尔河之间的粟特人(或称为康居、康国)善于经商,游踪甚广,一些粟特人在天竺成为高僧,又随经商的粟特人(当时称为商胡)来到汉地,传播佛法。如灵帝、献帝时有康巨、康孟祥来洛阳,从事佛经汉译。来自康国的释昙谛在灵帝时来中原,献帝时南迁吴兴(今浙江湖州市一带)。这样,大乘佛教般若学传入中国,大量佛经被翻译为汉文。

初平四年(193年),丹阳人笮融为徐州牧陶谦督广陵等郡漕粮,利用公款大起浮屠寺,造铜浮屠像,用减免徭役的手段招揽信徒。这是佛教造像和大规模招揽信徒的最早记载。

佛教传入和佛教徒来中国的主要路线是西北经河西走廊的陆路,但南方海路也是一个重要来源。如康居人康僧会,世代住在天竺,父亲因经商而移居交趾(今越南北部、中部)。康僧会十余岁就出家，成为高僧后，于吴赤乌十年（247年）到达建业（今江苏南京）。康僧会显然是从海路到达交趾后再北上的。近年来，一些学者根据考古发现证实，佛教由南路传入中国的时间还应大大提前。

经过汉代二百多年的传播，佛教在中原已有了相当广泛的基础，终于在南北朝时成为最主要的宗教，对中国文化和中国历史的发展具有深远的影响。

随着汉朝疆域的扩展，周边不少少数民族人口迁入内地，境外各国，特别是中亚、西亚地区的移民也迁入内地，从事贸易的流动人口就更多，他们被称为"商胡"。由商胡输入的珍奇货物已成为达官贵人的爱好和收藏品。东汉后期，洛阳等大城市的商胡数量已相当可观。执政的外戚梁冀为了收集兔毛，曾规定百姓不许杀兔，违者处死。一位西域商胡不了解，误杀了一只兔子，结果在追查时牵连被杀的有十多人。可见商胡在洛阳人数不少，已经与一般居民无异。东汉辛延年所作乐府词《羽林郎》中描述了一位15岁的"酒家胡"（卖酒的胡人女子）受贵戚家奴调笑的事，说明胡人已在洛阳开设酒店，"胡姬"已开始受人青睐。

东汉末的灵帝对"胡"有特殊的爱好，凡是胡服、胡帐、胡床、胡饭、胡箜篌、胡笛、胡舞，无不喜欢。在他的影响下，京城的贵族竞相仿效，一时成为风尚。这些来自境外的服饰、家具、饮食、乐器、音乐、舞蹈要引起皇帝和贵族如此嗜好，如果没有大量的传播载体——移民和流动人口，是不可能形成的。但这种文化现象对中国的传统文化也有巨大的冲击，所以《后汉书》等正史的作者称之为"服妖"，认为是导致动乱和亡国的"不祥之兆"。

和唐朝一样，汉朝是中国历史上一个比较开放的时代，也是中国历史上吸引外来文化较多的时代。但由于历史的局限，这种开放还是相当有限的，与我们今天所要求的开放完全不可同日而语。正因为如此，这种开放给汉朝带来的并不都是积极的影响。

汉武帝派张骞出使西域的目的，是联络月氏和乌孙对付匈奴；用兵西南夷是为了获得境外的"奇货"，在军事上牵制匈奴和满足自己"威德遍于四海"的欲望；而发动对大宛的战争，除了要掠夺当地的宝马之外，还想给李广利提供封侯的机会。这些举措尽管在客观上起了开疆拓土的作用，打通了与西域、西南的交通，为中外文化交流做出了贡献，但丝毫没有改变汉武帝和汉朝人的观念，更没有使汉朝得到经济上的利益，相反造成了物质上的巨大损失，加重了人民的负担。

汉武帝派往外国的使者一年多达十几批，每批百余人至数百人不等。这些使者除了搜罗珍宝、编造异瑞来引起武帝新的兴趣外，就是跑到外国招摇过市摆阔气，将大把大把的钱扔掉，或者假公济私，自己捞好处。由他们招来的"外国客"受到武帝的特别优待，为了显示汉朝的"富厚"，武帝让他们跟着自己到处巡游，给予他们大量财帛作为赏赐，甚至办起酒池肉林，大演杂技、魔术、摔跤，观看者人人有赏。又让他们到处参观粮仓库房，让他们爱什么就拿什么，以便使这些外国人在汉朝庞大的物质财富面前吓得发抖。武帝后期人口下降、国库空虚、百姓流离失所，与这种挥霍性的开放有很大关系。所以我们不难理解，为什么汉武帝"外事四夷"、包括派张骞通西域在内，在当时都会受到臣民的批评和反对；为什么东汉初光武帝坚决不愿恢复西域都护府，以后的君臣经常要考虑放弃西域。

在西域商胡大批来汉朝经商牟利的同时，却没有汉朝的商人外出经商或推销商品，靠丝绸之路赚钱的是西域人和其他外国人，而不是汉朝人。除了官方的使者外，汉朝人被严格禁止出境。我们至今还没有发现汉朝为了政治、军事以外的目的而派人出国的记录，也没有发现汉朝人认为需要向外国学习的言论，佛教方面也许是唯一的例外。

所以，甘英与罗马帝国失之交臂，看似出于偶然，其实却是必然的。即使甘英真的到了大秦，历史就会重写吗？可以肯定地说：不会。因为无论西汉还是东汉，都还没有产生与境外的文明中心沟通的要求。何况甘英只是一位地方官派出的代表，并不负有正式使命，所以他半途而归也没有引起朝廷的追究或舆论的不满。要是他真的到了罗马帝国，大概也不会比张骞有更大的作为。

我们不应该苛求汉武帝或其他汉朝人，因为在当时的东方，汉朝的确是国力最强大、文化水平最高的国家。

汉朝的资源足以供养全部人口，满足农业文明发展的全部需求，不必向外界寻求资源和市场。在张骞和其他使者足迹所及的范围内，事实上也不存在总体上比汉朝更优越、更先进的物质文明和精神文明。他们的报告使汉武帝和汉朝人更相信自己处于天下之中，是人世间最富裕、最文明、最先进的地方，也是完全正常的。

但我们今天总结历史经验时,必须看到这些局限。如果以为汉朝的"开放"值得我们继承,抱着汉武帝的心态看待今天的开放,那就适得其反了。

"轮台罪己"
汉武帝的晚年

在清朝康熙皇帝之前，活到70虚岁的皇帝屈指可数，其中一位就是汉武帝刘彻；在位时间也数汉武帝最长——整整54年。与秦始皇、汉光武帝、唐太宗、宋太祖、成吉思汗、明太祖相比，只有明太祖比他多活了一岁，但当皇帝的时间比他短得多。不过，这位皇帝的晚年并不如意。

在武帝时期，汉朝先后灭东瓯、南越、闽越、朝鲜，开西南夷，击败匈奴，设河西4郡，通西域，奠定了汉朝极盛疆域的基础。他进一步削弱诸侯王的势力，完全消除了割据的威胁，大大加强了中央集权。他亲自指挥堵塞了长期泛滥的黄河决口，使黄河恢复故道；兴修水利，扩大农田；修建了通向西南、西北边疆的道路。汉朝出现了开国以来最强盛繁荣的局面，武帝的功业也达到了巅峰。但在皇帝的权力至高无上，不受任何约束的条件下，延续数十年的帝位使武帝本来就存在的好大喜功、挥霍浪费、迷信鬼神、刑法严酷等缺点在他晚年恶性膨胀，造成了严重的后果。

经过数十年的积累，国库中的钱财曾经非常充足。陈粮还未用完，新粮又入库了，结果陈陈相因，粮食腐烂而不能食用。大量的铜钱放在仓库中长久不用，串钱的绳子烂了，铜钱散落无法统计。但这些由上千万农民和手工业工人一年年聚集起来的物资很快就被武帝消耗完了，因为无论是战争、筑路、建城、移民、治河，都需要大笔开支和大量人力，而且由于原来的粮食生产者成为消费者，新生产的粮食必然会减少。随着战线的延长和疆域的扩展，粮食输送的距离越来越远，成本高得惊人。因为从东部产粮区至北方和西北边疆只能依靠人力或畜力在陆路运输，在遥远的路途中人和牲口本身就要吃掉大量粮食和饲料，能运到的是极少数。据主父偃统计，秦始皇时从今山东半岛渤海沿岸将粮食运往河套，结果是"三十锺而致一石"，到达目的地的粮食是输出量的1/192。汉朝的水平大致相同，而目的地更远达云贵高原、河西走廊、天山南北，甚至中亚费尔干纳盆地。武帝曾调集10万人到朔方筑城据守，将关东72万贫民迁至西北，征60万士兵去边郡屯田，数万人向西南夷筑路，安置数万匈奴降人，这些人员至少在最初阶段必须完全由政府供应粮食和必需的生活、生产物资。当时每人每年大约需要18斛食粮，72万人就要1296万斛，而从关东输入关中的粮食最多的一年也只有600万斛。这样大的消耗，国库如何能不空？

郑当时任大司农（农业主管官员）时，建议从渭河引水开一条漕渠，穿过长安城，沿秦岭入黄河，既可方便漕运，又能使上万顷农田得到灌溉。数万人干了3年，漕渠开通，效益不错。这引发了武帝和群臣大办水利的积极性，大项目纷纷上马。河东（今山西西南部）太守的计划是引汾水连接黄河，既可取代底柱（原三门峡中险石）以东的漕运，又可增加5000顷田、每年增产200万石谷。武帝投入数万士兵开垦这些"渠田"，由于这一带的黄河经常改道，渠道根本不能使用，渠田连种子都收不回，只能任其荒废。又有人建议，从褒斜道运漕粮，御史大夫张汤认为可以斜水通渭水，褒水通汉水，都可以运粮，而两水间相隔的百余里可以用车转送，这样一来，汉中的谷能运到关中，关东的粮食可以从汉水运来，不必再通过黄河底柱天险。武帝大喜，就封张汤的儿子为汉中太守，负责开褒斜道。几万人筑成了五百余里道路，固然距离较近，交通方便，但褒水、斜水都十分湍急，水浅多石，从褒水向关中又是溯流而上，根本没有办法行船。关中花了十几年才开成的龙首渠也没有达到预期的效益，"未得其饶"。元封二年（前109年），武帝亲自主持堵塞了泛滥23年的黄河决口，取得了一项空前的成就。这再次引发了大办水利的高潮，一时间"用事者争言水利"，西北边疆的朔方、西河、酒泉都引黄河及川谷水灌田，关中上马的工程有灵轵、成国、沣渠，汝南、九江（今淮河南北）引淮水，东海郡（今山东南部、江苏北部）引钜定泽，泰山下引汶水，规模都有万余顷，其他小规模的工程更是不计其数。这些工程中，像成国渠和以后建成的白渠是成功的，发挥了长期效益，但多数只是应付政治任务，劳民伤财。如在朔方开渠，花费上亿，却毫无成效。在这种气候下，齐人延年提出了一个更惊人的计划：将黄河引入匈奴地区，关东再也不会有水灾，匈奴不战自灭。武帝的头脑还算清醒，虽然对延年的气魄颇为赞许，表扬他"计议甚深"，却没有采纳。

如果说水利工程多少还有为百姓着想的成分，那么另一些花费就纯粹出于武帝的个人需要了。如武帝给功臣、将士、宠幸的赏赐不计其数，元朔五年赐卫青军黄金二十余万斤，元狩四年赐卫青、霍去病黄金50万斤，骗子栾大一次就获赏黄金10万斤。当然这些"黄金"并非真是金子，可能只是纯度高的铜，但即使如此，价值也是巨大的。至于对"外国客"和"使者"的接待和赏赐，是作为意义重大的政治任务来对待的，自然更是不算经济帐了。武帝在关中大建宫殿楼台，在各地到处建离宫别馆。他先后建了甘泉宫、柏梁台、承露仙人掌等，所谓仙人掌是用铜制的巨盘，高二十丈，大7围，耗费可想而知。以后又在长安建飞廉、桂馆，在甘泉宫建益寿、延寿馆，通天台，扩建甘泉宫。太初元年（前104年），武帝为了在甘泉宫接受诸侯和各地的"上计"（报告当地户口、赋税、粮食产量等基本情况），专门建造接待诸侯的宾馆。又下令建建章宫，规模宏大，千门万户，前殿比未央殿还高，东面的凤阙高二十余丈，西面有一个方圆数十里的虎圈。北面开一个大水池，称为太液池，中间有蓬莱、方丈、瀛州、壶梁等岛，还有一个高二十余丈的渐台。南面有玉堂、璧门、雕塑的大鸟等，还有高五十丈的神明台和井干楼，用走廊互相连接。

有的浪费是制度造成的，但数额巨大。根据汉朝的惯例，皇帝登位后就开始卜地修陵，所以属皇帝私产的"少府"，以年收入的1/3修陵。由于陵墓工程浩大，在位时间短的皇帝往往等不到完全修好就死了。武帝在位时间长达54年，到后来陪葬品已塞满陵中，无法再容纳每年新增加的部分，但这种制度又有谁敢改变呢？

武帝的挥霍浪费很大程度上与他的迷信和虚荣有关。如元封元年（前110年）去泰山举行封禅大典，就被认为是"存亡继绝"的大事，是"受命于天"的象征。主管天文观测、国家历史和档案的太史令司马谈（司马迁之父）没有能躬逢其盛，竟一病不起。但武帝更多进行的是求仙、求长生不老药、炼黄金术和满足个人的欲望。武帝即位之初就特别敬重鬼神，于是一伙骗子也应运而生。

首先出笼的是深泽人李少君。他本是深泽侯家的医生，一直自称70岁，能以意志使物体改变和长生不老，并经常留下一些金钱和衣食。大家见他从来不治产业却如此富裕，又不知道他的来历，更相信他是异人，争着侍奉他。有一次在武安侯的宴会上遇见一位九十多岁的老人，李少君说曾经与老人的祖父在某处游玩，老人小时候的确随祖父到那里去过，还记得，在座的人大吃一惊。他见武帝时，看到旁边放着一件旧铜器，就说："这是齐桓公十年放在柏寝的。"武帝一看上面的铭文，果然是齐桓公时的器皿，宫里人都以为他是几百岁的神仙。他向武帝建议"祠灶"（祭灶神），说这样就能"致物"（按意志使物体改变），丹砂就能变成黄金，使用黄金制成的饮食器皿就能益寿，这样就能见到海上的神仙，再封禅就能不死，像黄帝一样。他说："我曾在海上遇见安期生，他给我吃的枣子大如瓜。安期生是仙人，住在蓬莱，但高兴时就见人，不高兴时就隐而不见。"武帝对他十分尊敬，亲自按他的办法祀灶，派人入海见安期生，用丹砂炼黄金。后来这位仙人病死了，武帝以为他不会死，只是化去了。于是齐、燕一带的方士更加活跃了。

李夫人死后，武帝日夜思念，齐人少翁说有办法让武帝再见到李夫人。到了夜间，他让武帝躲在帐帷中，在远处也放了一顶帐子，果然在幽暗的灯光下，帐子中出现了一个很像李夫人的美女，少翁说这是他招来的李夫人的神灵。武帝封少翁为文成将军，给予大量赏赐，以客礼相待。少翁说："皇上真想与神仙来往，除非宫室和用具都像神仙一样，否则他们是不会来的。"武帝立即下令对所住的甘泉宫重新布置装修，画上各路神仙，连平时坐的车上也画上云气。少君这样混了一年多，再也没有什么新招数，神仙却一直没有来。他灵机一动，在一块帛上写上一些字，与饲料一起喂入牛肚子，然后假作不知，说这头牛肚子里有奇物。武帝让人杀了牛，果然见有一块帛，上面写着一些看不懂的话。武帝一看，认出是少翁的笔迹，经审讯，少翁只得交代。武帝便将他杀了，但没有公开。

第二年，武帝在鼎湖宫病得很厉害，医生、巫师都没有办法医治。有人推荐上郡有位巫师能召神君驱鬼治病，就想让他将神君请到甘泉宫，问有什么办法。巫师传达神君的话说："天子不必为病担忧，稍好一些就到甘泉宫来与我相见。"武帝去甘泉宫后，病果然好了。以后就在甘泉宫专门建立了神君寿宫，据说神君（太一）来时有太禁、司命等随从，但都住在帷中，见不到相貌，只听见声音，与人差不多，凡是都通过巫师联络。武帝要见神君时，先得沐浴斋戒，然后才能进去。武帝将神君说的话记下来，与一般人说的没有什么不同，武帝却深信不疑。

　　元鼎四年（前113年），胶东康王的内弟乐成侯向武帝推荐栾大。栾大与少翁同出一门，武帝杀了少翁后，一直后悔没有能将他的方术都弄到手，见了栾大，龙颜大悦。栾大长得高大俊俏，会说话，善吹牛，说得武帝神魂颠倒。他说："我常往来海上，见安期生、羡门等，但因为我身份低贱，他们不相信我；又认为胶东康王只是诸侯，不值得将方子交给他，再说康王也不重视我。我老师说'黄金可炼成，黄河决口可堵塞，不死药可以得到，仙人可以请来'，但我恐怕落得像文成将军一样的下场，现在方士都掩口不言，怎么还敢说方术呢！"武帝忙说："文成是吃了马肝死的。先生要是能修成方术，我还有什么舍不得给你！"栾大说："我老师不是要求人，是人家求他。陛下一定要请他来，就得提高使者的规格，让他当你的亲属，以宾客的礼节对待，让他们佩戴印信，才能使他们向神人传话。还不知神人肯不肯来，但尊重使者后才有希望请来。"武帝让栾大试试小方术，他将一副棋子放着，棋子居然互相斗起来了。武帝正担心黄河决口堵塞不了，黄金炼不成，就拜栾大为五利将军，给了他4颗印，封为乐通侯，为他备了一所豪华住宅，1000名仆人，一切用品都由公费置办，将卫皇后生的长女嫁给他，赐黄金10万斤，武帝亲自上门，自武帝姑母以下皇族、文武百官全部登门赴宴送礼。武帝又授予他"天道将军"的玉印，让使者和他都在夜里站在白茅草上交接，表示不将他当作臣子。于是每当夜深人静时，栾大就在家中举行仪式，但神仙一直没有光临。随后，他就准备行装，说要入海见老师了。

当年六月，汾阴的一位巫师在魏国留下的后土堆旁发现了一只鼎，比一般鼎大得多，没有文字款识。武帝派人核实无误，就举行隆重的仪式，将鼎迎到甘泉宫，又随武帝一起运至长安。过中山时，出现一片黄云，有一只鹿经过，被武帝射死，正好当了祭品。武帝召集公卿大夫，问道："因为黄河决口，连年歉收，所以我巡祭后土，为百姓祈谷。今年并没有丰收，鼎为什么会出现？"有关专家论证为吉兆，应将宝鼎祭告宗庙，然后收藏在皇宫。齐人公孙卿报告称，宝鼎出现的时刻与黄帝时相同，黄帝得鼎后380年就升天成仙了。武帝听到后大悦，立即召见，公孙卿说自己的老师是申公，已死，原与安期生来往，听到黄帝的话，但没有书面记录。安期生说："汉朝的圣人出现在高祖的孙子与曾孙间，宝鼎出现后就能与神来往，封禅。封过禅的有七十二王，但只有黄帝封了泰山。"申公说："汉帝也应该封禅，封了就能成仙升天。黄帝经常游华山、首山、太室山、泰山、东莱山。"又借着申公说了一通黄帝升天的过程，武帝听了大为感叹："真能像黄帝那样，我把扔掉老婆孩子当作脱鞋那么方便。"（实际上武帝时后宫已增加到数千人。）他封公孙卿为郎，让他在太室山等候神仙。

五利将军栾大到泰山转了一圈回来，骗武帝说他在海上遇见了老师，不料武帝派人暗中监视，知道他根本没有出海，他的方术也不灵了，就将他杀了。可是到了那年冬天，公孙卿又报告，在缑氏城上出现了仙人的足迹，见到像野鸡一样的东西在城上来往。武帝亲自上城察看，还警告他："是不是要学文成、五利将军？"公孙卿答道："仙人无求于皇帝，是皇帝求他，所以没有充分的时间是不会来的。神仙的事看似迂阔荒诞，但时间长了，自然会请来。"于是武帝下令全国各地整修道路，修缮名山的神祠，迎接神仙的到来。这位公孙卿一再以神人的踪迹为诱饵，武帝至死不悟。齐地上报的神怪奇方更是数以万计，数千人如醉如痴地求仙。

从元狩元年开始，武帝外出祠神、求仙、巡游、封禅共29次，行踪北至朔方北河（今内蒙古黄河），南至九嶷山附近（今湖南南部），西至安定、北地（今宁夏、甘肃东北一带），东至辽西（渤海北部沿岸）。元封元年至泰山封禅，沿着渤海到达碣石山（今河北昌黎县境），花了4个多月。第二年的巡游长达5个月。可以想象，在生产力不发达的条件下，这样"千乘万骑""舳舻千里"的长途、长时间巡游，会耗费多么大的人力和物力，又会给各地正常的生活和生产带来多么大的影响！

武帝实行严刑峻法，任用酷吏，不断增加镇压手段。如张汤、赵禹等秉承武帝的旨意，在原来比较宽松的法律上增加了很多新的罪名，如"见知故纵"（知道情况故意不举报、放纵）、"监临部主"（下属犯罪，负有监察责任的上级连坐），减轻犯"深故"（蓄意使用重刑、故意将无罪判成有罪）官吏的处分，加重对"急纵"（轻率释放）罪的惩办，使一般官员宁滥不漏，谁也不敢冒灭族的风险为"囚犯"申冤。律令增加到359章，其中"大辟"（斩首或腰斩）有409条、1882项，可以比照死刑处理的事例有13472项。元狩六年（前117年），张汤甚至创造了"腹诽"（肚子里说坏话）罪，并据此将位居九卿的大农令颜异判处死刑，使之成为案例。另一位酷吏杜周担任廷尉时，"诏狱"（国家监狱）中的在押犯大量增加，其中二千石级别的官员经常不下百人，各郡上报廷尉的案子每年有一千多件，大案涉及数百人，小的也有数十人，远的数千里，近的也有几百里。审讯时，官吏就根据控告的罪名逼供，不服就鞭打。所以一听说官府抓人，无论是否有罪，都尽量逃避。有的案子十几年后还在追查，罪名大多是"不道"，所以都要上报廷尉或中央机关，诏狱中关押的犯人多达六七万，其他监狱中增加的犯人也有十余万。有人指责杜周不照"三尺法"（写在三尺竹简上的成文法）办事，专门揣摩皇帝的意图定案，杜周直言不讳："'三尺法'从哪里来的？前朝皇帝定的就是律，后来的皇帝定的就是令，当时的就对，干吗要照古法办？"杜周曾被罢官，以后又被起用为执金吾，在搜捕桑弘羊、卫皇后兄弟家属时相当坚决彻底，武帝认为他尽力无私，升为御史大夫。义纵出任定襄太守，到任那天就将狱中的重罪犯二百余人与私自去探监的宾客、家属二百余人全部杀光。王温舒出任河内太守时，准备了50匹快马，分段等在河内至长安途中。他到任后将郡中"豪猾"千余家定为灭族或死罪，立即接力传送，两天内取回批文，把这些人杀得一干二净。十二月过去，按规定春天停刑，王温舒顿足感叹："要是冬天再增加一个月，我就把事情办完了。"武帝听说后，肯定他有本领，提升为中尉。当然，被这些酷吏杀掉的有一部分是该打击的地方豪强，但一味好杀，并且随意更改法律，无辜遭殃者更多。

本来，在文帝时就取消了肉刑，以笞刑代替劓（割鼻子）和斩左脚趾。以后因为笞刑还是不断将人打死，几次减少了笞数，景帝中元六年（前144年）又做了更具体的规定：笞刑的刑具长5尺，宽1寸，厚半寸，用竹片，中间的节要刨平，只许打在屁股上,最多打200下,打的过程中不许换人,打完一名犯人后才能换。但实际上,酷吏根本不遵守这些制度,"榜掠千数",法外施刑或采用各种酷刑逼供的比比皆是。

就是对大臣和亲戚也是如此。元狩二年李蔡继公孙弘任丞相,五年有罪自杀;严青翟继任,元鼎二年有罪自杀;赵周继任,五年死在狱中;石庆继任,太初元年病死;公孙贺继任,征和二年死在狱中;刘屈氂继任,一年后就被腰斩。31年间的6位丞相,只有石庆一人善终。石庆是汉初功臣、著名的"万石君"(本人和4个儿子都是二千石级别的官员)石奋之子,为人极其小心谨慎。他当太仆时为武帝赶车,武帝问他拉车的有几匹马,他数了一遍后才报告说是6匹。但石庆在职时也多次受到武帝谴责,差一点自杀。所以,这个大臣中的最高官职被一些人视为畏途。

公孙贺是武帝当太子时的下属,又娶了卫皇后的姐姐,是武帝的连襟。但听说要拜他为相,吓得连连叩头,痛哭流涕,不肯接受相印,说:"臣本是边远鄙人,靠鞍马骑射当了官,不是做丞相的材料。"武帝与左右见他如此伤心,也感动得都流下眼泪,忙叫左右将他扶起。公孙贺不肯起来,武帝起身走了,他无可奈何,只得接受。后来他儿子太仆公孙敬声擅自动用了1900万军费,关在监狱,正好武帝下诏追捕阳陵人"大侠"朱安世,公孙贺主动请命,如能捕获,则请求释放儿子,武帝同意了。公孙贺果然将朱安世抓获,朱安世知道是公孙贺想以他为儿子赎罪,就从狱中上书,控告公孙敬声与武帝女儿阳石公主私通,并派人行使巫术,以恶毒的语言诅咒武帝,在去甘泉宫的驰道上埋下象征武帝的偶人(小木人)。武帝令有关部门审讯，将公孙贺父子在狱中杀死，并灭族，武帝两位女儿阳石、诸邑公主，卫青（武帝的姐夫）的儿子、卫皇后的外甥卫伉等都被杀。公孙氏和卫氏因骄奢犯法完全可能，但要咒武帝早死却是万万不敢的，这当然纯粹是一起冤案。这一点，连武帝心里也不是不明白，所以在诏书中公布他的罪行都是贪污受贿，不顾百姓死活，擅自改变政策，加重百姓负担等方面，而对要害的"巫蛊"罪只含糊不清地提了一句"又诈为诏书，以奸传朱安世"。

继任的刘屈氂死得更惨。他是武帝的庶兄中山靖王之子，公孙贺死时他还在涿郡太守任上。从陈平、周勃以后汉朝已不设左右丞相了，此时武帝却任命刘屈氂为左丞相，而将右丞相位置空着，"以待天下远方之选"（等待更合适的人）。这一措施既可以解释为武帝对宗室的谦抑，也可以理解为对刘屈氂的预防，但刘屈氂看来毫无察觉，他做梦也不会想到，被"亲亲任贤"、封侯拜相的他，一年后就步了公孙贺的后尘。当年秋天就发生了太子杀江充后起兵的事件，尽管刘屈氂最终指挥军队镇压了变乱，却已经得罪了武帝。当太子发兵进入丞相府时，刘屈氂"挺身逃"，连印绶也丢了。长史在报告武帝时替他掩盖，说"丞相为了保密，没有敢发兵"，武帝大怒："事情已经到了这一地步，还保什么密？"后来因为覆盎门的值班官员田仁没有截住太子，刘屈氂要杀他，御史大夫暴胜之说田仁是二千石级别，不能擅自处死，应该先请示。武帝又大怒，将暴胜之抓起来责问，他惶恐自杀。刘屈氂虽一时无事，但武帝在表彰"元功"时对他毫无表示。实际上，在武帝对儿子的死悔恨不已时，这位"平乱"的统帅迟早是要成为替罪羊的。

第二年初，李广利出师匈奴，刘屈氂到郊外饯行。李广利建议他应该争取早日立昌邑王为太子，等太子继位后就可高枕无忧了。昌邑王是李广利的外甥，而李、刘二人又是儿女亲家，刘屈氂当然满口答应。但还没有等他有任何行动，内者令郭穰已经揭发丞相夫人让巫师到社祠用恶言咒诅武帝，丞相本人与李广利一起在祠庙祷告，想让昌邑王当皇帝。有关部门要求对刘屈氂夫妇审讯，很快定下了大逆不道罪。武帝下了一道史无前例的诏令：将刘屈氂装在"厨车"（装食品的小货车）上，押到东市当众腰斩，刘妻在华阳街斩首示众。武帝对这位侄儿和现职丞相如此狠毒，显然并不仅是为了子虚乌有的"巫蛊"。

太史令司马迁因为李陵辩解获罪，据他给任安的信中所说，在押期间"交手足，受木索，暴肌肤，受榜箠"（手脚被绳索捆绑，身上套着木枷，被剥光衣服，用木棍和竹板打），以后又受"腐刑"（割去生殖器）。这还是从轻处罚，比起那些被腰斩、灭族的人来已经幸运多了。

武帝后期的社会矛盾已相当严重，各地不断出现暴动，南阳、楚、齐、燕等各地都有发生。大的暴动有数千人参加，首领往往称王称将，攻城略地，取走仓库中的武器，释放监狱中的罪犯，或抓住郡太守、都尉，或将其杀掉，还向周围的县筹集粮食。武帝派出酷吏，调动军队，连续几年加以镇压，但此伏彼起，杀不胜杀。武帝又颁布"沈命法"："群盗"四起不发觉，发觉了而没有全部抓获，二千石以下到最低级的官吏一律处死。这样一来，地方官干脆不上报，上下互相隐瞒，实际上"盗贼"越来越多。武帝初年全国已有约3600万人，到末年只剩下3200万，由于流亡严重，在籍户口减少了一半。

武帝虽然贵为天子，个人生活却并不幸福。他的第一位皇后陈氏，是汉初功臣陈婴的曾孙女，又是武帝的姑母、长公主刘嫖的女儿。武帝能被立为太子，刘嫖是出过力的，所以等武帝一即位，这位太子妃就被立为皇后。陈皇后仗着长公主的权势擅宠骄贵，自己十多年生不了孩子，听说卫子夫得到武帝宠幸后，几次想陷她于死地。武帝大怒，元光五年（前130年），当有人揭发陈后在背后用巫术咒诅他时，他就下令彻底追查，将替陈后作巫术的妇女楚服等三百多人杀了，陈后被废送入长门宫。

卫子夫本来是武帝的姐姐平阳公主家的歌女，被武帝在平阳公主家看中带回宫中的，但进宫后就被武帝忘了。一年多之后，武帝选一些无用的宫女出宫，卫子夫哭哭啼啼请求放出，武帝见她可怜，就留在身边，结果给他生下了3个女儿。元朔元年又生了太子刘据，卫子夫被立为皇后。卫子夫的哥哥卫长君、弟弟卫青和外甥霍去病都得到重用，以后霍去病立功封侯，卫青官至大司马大将军，娶了平阳公主，卫氏有5人封侯。

但生了太子几年后，卫皇后色衰失宠，武帝又爱上了来自赵国的王夫人和来自中山的李夫人，可是两位夫人都年轻早卒。李夫人本是舞女，武帝一见钟情，死后怀念不已，让人画了她的像挂在甘泉宫。方士少翁用法术让武帝见到李夫人的形象，却可望不可即。武帝更感悲切，亲自作了一篇悼亡赋。但之后，李夫人的弟弟有罪、哥哥李广利投降匈奴，李氏被灭族。

晚年的武帝在巡游过河间郡时，又得到一位"奇女"赵氏，封为婕妤，大受宠幸。武帝62岁时，她怀孕14个月后生下一子。

对晚年武帝最大的打击，是由江充一手炮制的"巫蛊"冤案。

江充是赵王的上等门客，为了报赵太子丹杀其父兄之仇，到长安告了御状。武帝将赵太子定罪处死，江充得宠，被封为"直接绣衣使者"，负责督察首都特区的治安和查禁贵戚近臣的违法行为及超标准享受。当时权贵不守法纪的现象很严重，江充征得武帝同意，将一批违法的近臣贵戚的车马没收，让他们去北军报到，参加征伐匈奴，又禁止他们进宫求情。他们的子弟十分恐慌，向武帝请求交钱赎罪，一下子收到数千万罚款。武帝认为江充为人忠直，奉法不阿，对他言听计从。江充在皇帝专用的驰道上发现了馆陶长公主的车队，立即查问，公主说是奉了太后的诏书，江充说："只有公主可以通行，其他车马都不许通过。"将其余车马都上报没收。江充随武帝在甘泉宫时，见到太子属员的马车在驰道上行走，扣留后送交主管部门处理。太子闻讯后，派人向江充说情："不是舍不得车马，实在是不想让皇上知道，怪我没有管教好下属，请江先生饶了他。"江充不听，照样报告武帝。武帝称赞他："当人臣的就该如此。"从此，对江充更加信任。

武帝在甘泉宫中得病，江充见他已年老，怕死后被太子报复，就上奏称武帝的疾病是有人以巫咒作祟所致，武帝任命他为巫蛊专案负责人。在此前，丞相公孙贺父子、两位公主和卫皇后的外甥，已因被诬陷以巫蛊咒诅武帝而被杀。江充找来一位有巫术的胡人，让他挖地三尺，寻找用作咒诅目标的偶人，捉拿搞巫蛊的人。抓到嫌疑犯后就用酷刑逼供，使百姓相互诬陷牵连，官府都以大逆不道定罪，先后杀了几万人。武帝年老多疑，怀疑身边的人用巫蛊咒诅他，所以对被牵连的人，没有人敢为他们鸣冤叫屈。江充摸清了武帝的意图，就说宫里有蛊气。武帝信以为真，特意派按道侯韩说、御史章赣、黄门苏文等当江充的助手。他们先从后宫无宠的妃嫔入手追查，再查到皇后，从武帝的御座下挖起，最后在太子的宫中挖出了用于巫蛊的桐木偶。

当时，武帝因病正在甘泉宫避暑，只有卫皇后和太子在长安。少傅（太子老师）石德劝太子假传武帝命令逮捕江充，彻底查清他的奸诈罪行，否则自己也说不清，何况武帝在甘泉宫生死不明，"太子就不想想秦始皇长子扶苏的事吗？"情急的太子顾不得仔细考虑，与皇后商议后，于征和二年七月初九派人收捕江充等人，韩说怀疑有诈，拒捕被杀；江充被抓，太子亲自监斩；但章赣受伤后逃往甘泉宫。

太子杀江充后，宣布武帝在甘泉病危，奸臣企图作乱，下令征调军队，发兵占据各重要机构。太子赦免了在中都官服役的囚徒，将武库的武器发给他们，命石德等人率领。丞相府被占后，丞相刘屈氂逃跑，长史火速赶往甘泉宫报告，武帝下亲笔诏令："斩捕反者，自有赏罚。以牛车为橹（用牛车作掩护），毋短兵接（不要用短兵器交战），多杀伤士众。紧闭城门，毋令反者得出（别让造反的出去）。"武帝还从甘泉宫回到长安城西的建章宫督战，下诏征发三辅近县兵，由刘屈氂指挥镇压。

至此，形势急转直下。太子征调驻在长水和宣曲的胡骑未成，北军也闭门不出，只得从长安四个市上召来了数万人。这支临时拼凑起来的部队与刘屈氂的军队在长乐宫西阙下相遇，激战了5天，血流成河。刘屈氂的援军源源而来，太子见大势已去，出覆盎门逃亡。石德等人和太子宾客全部被杀，参与发兵的还被灭族，受牵连的官吏、士卒被流放敦煌郡。武帝派人废卫皇后，逼其自杀，卫氏被灭族。太子夫人史良娣、一子、一女和家属全部被杀，只有一位在襁褓中的孙子被狱官冒死保护下来，18年后继位（宣帝）。

太子不知所终，但武帝震怒，臣下没有人敢进言。壶关县一位"三老"（县乡负责教化的官员，一般由有德行的长者担任）毅然上书，指出"阴阳不和则万物夭伤，父子不和则室家丧亡。故父不父则子不子，君不君则臣不臣"。他揭露江充的奸计，请求武帝宽恕太子，停止追捕，不要让太子长期逃亡在外，以期武帝有所感悟。

太子和二位皇孙藏匿在湖县泉鸠里一户穷人家，主人靠卖草鞋得来的钱供养他们。太子想到自己有位朋友在湖县，听说他很有钱，就让人去找他，走漏了消息。地方官带兵围捕，太子自知无法逃脱，堵住房门上了吊。士兵张富昌一脚踢开房门，新安县令史李寿奔来解开绳子，将太子抱下，可是早已气绝身亡。主人格斗而死，两位皇孙被杀。武帝闻报无比伤感，封李寿和张富昌为侯。

日子一长，事实证明，所谓巫蛊纯属冤案，武帝也知道太子实在是因为害怕至极，并无其他意图，但又不便公开认错。正在此时，高寝郎（高祖庙值勤官员）田千秋紧急上书为太子申诉:"儿子玩了父亲的兵,应有的惩罚是打一顿板子;天子的儿子过失杀人,算得了什么大罪!我梦见一位白头老翁教我说这话。"武帝立即召见田千秋,赞扬他说:"父子之间的事,别人是难说话的,你却能讲清楚,这是高祖庙的神灵让你来教我的。"立即封他为大鸿胪,几个月后又任命为丞相。武帝将江充家灭族,将参与追查巫蛊的苏文在渭水桥边活活烧死,在泉鸠里对太子动武的军官已升为北地太守,也被灭族。武帝造了一座思子宫,还在湖县筑归来望思台,寄托自己的哀思,为太子招魂。

晚年的武帝极其孤独,毫无天伦之乐,所以对身边出现的孩子表现出异乎寻常的喜爱。侍中金日䃅有两个儿子,常常在武帝身边玩耍,成为武帝的"弄儿",深得他欢心。有一次孩子在背后搂着武帝的脖子玩,被金日䃅看见,狠狠瞪了一眼,小孩吓得赶快放手,边走边哭说:"爸爸发脾气了。"武帝立即指责金日䃅:"干吗对我的孩子发脾气?"后来大儿子长大了,不守规矩,有一次与宫女在殿下开玩笑,被金日䃅见到,他怕以后闹出事来,把儿子杀了。武帝得知后大发雷霆,金日䃅叩头谢罪,说明了杀儿子的本意。武帝非常伤心,流下了眼泪。他也是一位老人,像普通老人一样爱孩子;但他是一位皇帝,他不得不用沉重的代价来维持他的至高无上的权威和不可侵犯的尊严,以至要杀死自己的妻子、儿孙,并且不能像普通老人那样喜欢身边的孩子。

除了太子外,王夫人为武帝生下刘闳,被封为齐王,但8年后就夭折了。李姬为他生了两个儿子,分别被封为燕王和广陵王。燕王有野心,在太子死后,认为该轮到自己了,上书要求从封地回长安，以后也隐匿逃亡者，引起武帝的厌恶。广陵王力大无穷，却喜欢吃喝玩乐，很不成器。李夫人为他生一子，被封为昌邑王，但只比武帝晚一年去世。从他的儿子刘贺即位37天就被废掉来看，这位昌邑王大概不会好到哪里去。武帝不得不考虑立最小的儿子为继承人。但想到吕后的教训，担心出现年轻的太后专政的局面，犹豫再三，终于在孩子五六岁时找个借口将赵婕妤杀了。这位无辜的妇女也成了权力斗争的牺牲品，但从西汉末年和东汉的外戚之祸看，武帝此举不能不说是一片苦心，是不得不采取的防范措施，尽管当时看不出任何迹象。从个人情感来说，武帝是残酷的；从汉朝的千秋大业着眼，他是英明的。不知是汲取了汉族统治集团外戚介入权力斗争的教训，还是别的什么原因，以后拓跋鲜卑建立的北魏甚至在开国之初就定下了一条更残酷的规定：凡儿子被立为太子，其母一律赐死。

太子之死终于使武帝的头脑变得清醒了些，在他的最后3年内采取了一些弥补的措施。

征和四年（前89年），重合侯马通率4万骑兵进攻匈奴，开陵侯率西域楼兰等6国攻打依附于匈奴的车师，车师王投降。搜粟都尉桑弘羊与丞相、御史奏请增派军队去渠犁、轮台一带屯田，并招募百姓去耕种，在沿途建造亭障。但不久前贰师将军李广利兵败投降匈奴，汉军损失很大。于是汉武帝下诏：

> 先前有关部门上奏，要将百姓的口赋钱每人增加三十，以筹集边防费用，这会使老弱孤独更加困苦。现在又要求派士兵去轮台屯田，轮台在车师西面千余里。上次开陵侯攻击车师时，先派危须、尉犁、楼兰等六国在首都

的子弟回国，让他们征集牲口和粮食迎接汉军，又由各国国王亲自率领军队共数万人配合，一起包围车师，使它的国王投降。各国的军队已很疲劳，没有能力在沿途供应汉军的粮食。汉军攻破车师城后，缴获的粮食很多，但士兵自己负载不了足够路上吃的粮食，身体强壮的吃牲畜的肉，体弱的在路上死了几千。朕征发酒泉郡的驴子、骆驼背了粮食出玉门关去迎接。官兵是从张掖郡出发的，路不是很远，但还是有很多人掉了队。

以前朕不了解情况，因为一位叫弘的军候上书，说什么"匈奴人将马的前后脚缚住，扔在长城下，骑着马高叫：'秦人（匈奴对汉人的称呼）！这马就赏给你们了'"。又因为汉朝的使者被扣留在匈奴，很久没有返回，所以就派贰师将军出兵，想作为使者的后盾，加强他们的地位。

古时候的卿大夫参与策划，都根据龟板占卜，不吉利就不行动。那次将匈奴人缚马脚的报告给丞相、御史、二千石级别的各位大夫、饱学的郎官，以至郡属国都尉咸忠、赵破奴等都传阅了，他们都认为"敌人自己缚住马脚，没有比这更不祥的了"。也有人认为"这是故意要显示他们的强大，表示对付我们绰绰有余，将马脚缚住也比我们强"。根据《易经》占卜，得到的是《大过》中的卦，九五的爻，表明匈奴必败。民间征召来的方士、太史（国家天文台专职官员）观星望气，大卜（皇家占卜师）根据龟板占卜，都认为是吉兆，匈奴必破，是千载难逢的良机。卜辞上又说"北伐行军，到釜山必胜"。让他们为诸将打卦，贰师将军最吉利。所以朕亲自命令贰师将军向釜山进军，还特意下诏，要他一定不要深入敌境。现在证明这些意见和卜卦都是错误的、相反的，重合侯抓回来的匈奴侦察兵说："听说汉军将要进攻，匈奴派巫师在必经之路和水源埋下牛羊，咒诅汉军。单于送给天子的马匹和裘皮，也总是让巫师先咒诅一番。缚住马脚，也是咒诅汉军。"又让人占卜，结果说"汉军有一位将军不吉利"。匈奴人常说："汉朝极大，但汉人耐不得饥渴。缺了一条狼，就会跑走一千只羊。"（丧失一名将军，就会损失一千名士兵。）

那次贰师将军战败，士兵或战死，或被俘，或流失，朕心中一直深感悲痛。现在又要求在遥远的轮台屯田，沿途还要建兵站和供应点，这是使全国百姓背上包袱，受到骚扰，不是爱民的措施，朕不忍心听到这样的建议。大鸿胪等又提议，想募集囚徒送匈奴使者回去，给他们定下封侯的赏格，让他们到匈奴后为汉朝出气。这是连春秋五霸都不会采用的卑鄙手段，堂堂大汉怎么可以干？何况匈奴获得汉朝的降人后，总要仔细搜查，反复盘问，了解情况。

现在边塞管理松弛，出入没有严格禁止，边防哨所的长官为了得到皮毛兽肉，让士兵外出捕猎，士兵非常辛苦，但烽火传送却经常缺少。下面报上来的文书中从来看不到这些现象，以后有匈奴降人来了，或者俘虏了敌方人员后，才知道存在这些弊病。

当今最重要的是禁止对百姓苛刻残暴，制止擅自增加赋税，努力开展农业生产，切实执行养马可以减免赋税的政策，以弥补军马的缺口，使国防力量不至于削弱。各郡、国的长官都应提出增加马匹和巩固边防的具体措施，由上计吏带到朝廷来。

尽管武帝将主要责任都推给了臣下，但作为一位长期独断专行、自以为是的君主能够承认自己的过错，并且规定了切实的纠正措施，还是难能可贵的。他封田千秋为富民侯，作为"以明休息，思富养民"的象征。又任命赵过为搜粟都尉，推广代田法，以提高粮食产量。这些措施的实际效果虽不大，但标志着国家政策的重要转折，至少是将"苛暴""擅增赋"的势头遏制住了。

武帝自知不久于人世，想到了已在身边二十多年的大臣霍光，让人绘了一幅周公抱着成王接受诸侯朝拜的图画赐给他。后元二年春，武帝在五柞宫病危。霍光哭着请示："陛下如不幸，谁应该为继承人？"武帝说："你没有懂我给你那幅画的意思吗？立小儿子，你像周公一样行事。"霍光叩头推让："我不如金日䃅。"金日䃅说："我是外国（匈奴）人，不如霍光，再说别让匈奴人看不起汉朝。"于是武帝任命霍光为大司马大将军，金日䃅为车骑将军，上官桀为左将军，桑弘羊为御史大夫，接受遗诏辅佐少主。第二天，武帝死，8岁的太子继位，就是昭帝。

正如司马光在《资治通鉴》中作的评论所指出的，汉武帝的晚年与秦始皇几乎没有什么区别，但汉朝没有亡，而且在昭帝、宣帝时能够中兴，原因在于武帝"能遵先王之道，知所统守，受忠直之言，恶人欺蔽，好贤不倦，诛赏严明，晚而改过，顾托得人"。

前面这些优点其实并不明显,而且武帝的改过不过3年,国内的严重危机并没有消除。关键的一点还是他"顾托得人",对身后事做了正确的安排。在这一点上,他的确比秦始皇高明得多。

秦始皇在将长子扶苏赶到边疆去之后,对继承人没有做出明确安排,却让少子胡亥随自己巡游。由于他"恶言死"(忌讳别人说到他的死),连丞相李斯等大臣都不敢问他后事。当他病重时,只是下诏令扶苏"与丧会咸阳而葬",让他到咸阳参加葬礼,却没有明确让他继位。这份诏书固然被赵高串通李斯篡改了,但即使照样发到扶苏那里,扶苏遵诏到了咸阳,继承问题也没有最终解决。而他信任赵高,对李斯又诸多限制,更为胡亥的篡夺和赵高的专权准备了条件。

而武帝从杀赵婕妤,到选定霍光为首席顾命大臣,赐画,立太子,确定辅佐大臣,一步步都有计划。霍光敢请示他死后怎么办,说明他在霍光等的心目中并不是"恶言死"的秦始皇。武帝死后,燕王刘旦就声称他收到的玺书规格不对,"京师疑有变",立即派心腹到长安活动,又串联其他宗室,谎称受了武帝遗诏。要是武帝临终前不作出明确的指示,要是武帝像秦始皇那样,那么一场内乱就不可避免。

霍光和金日䃅并不是朝廷中级别和资历最高的官员,此前也没有太大的功绩,金日䃅还是匈奴休屠王之子,是武帝从俘虏中提拔的,但两人都在武帝身边多年,武帝了解他们的人品和能力,事实证明,武帝托付得人,使汉朝得以延续和中兴。继位的昭帝才8岁,执行什么政策主要靠霍光等大臣决定和维持。昭帝死后,霍光又毅然决定废掉刚立的昌邑王,另立宣帝，也体现了武帝的遗愿，使昭帝时的休养生息政策得以继续执行。

　　武帝宁可不立已成年的燕王、昌邑王，却立8岁幼儿，显然是深知两个儿子的弱点，也是出于对霍光的绝对信任。因为一旦不成器的成年儿子登位，霍光的作用就会大大减弱，甚至会毫无影响，武帝的意图自然无法保证。而不预先排除母后的影响，霍光也未必能得心应手。这样的安排，的确显示了武帝的雄才大略，使他已经暗淡的晚年重新焕发出光彩。

篡夺者还是改革家
王莽的悲剧

公元9年1月15日，长安未央宫的前殿中正在举行隆重的仪式，宣布一个新的朝代——它的名称就是"新"——已经取代汉朝。新皇帝王莽穿戴着古怪的服饰，正在亲自宣读策命，封西汉的最后一位名义上的君主刘婴为安定公。读完后，王莽走到这个5岁的幼儿面前，拉着他的手，嘘唏地哭了起来："古代周公摄政，最后还是让成王恢复了王位。可是我被皇天的威命所迫，由不得我呀！"王莽絮絮叨叨，竟不肯放手，孩子被他这些莫名其妙的举动吓得不知所措。老师将孩子搀下殿来，教他跪下叩头谢恩。在场的文武百官深受感动，人群中响起了一阵抽泣声。

王莽，字巨君，初元四年（前45年）出生在一个煊赫的家庭。当时她的姑母王政君已被元帝立为皇后。13岁那年元帝死，成帝（王政君之子）继位，王莽的伯父王凤被封为大司马、大将军、领尚书事，执掌朝廷大权。河平二年（前27

年），王莽的5位叔伯在同一天被封为侯。王家先后有9人封侯，5人担任大司马，是西汉一代中最显贵的家族。但王莽本人却十分不幸，他的父亲早死，没有轮到封侯，连他的哥哥也年纪轻轻就死了，留下了孤儿寡母。这却使王莽从小就养成了与富贵的堂兄弟们不同的习惯，他谦恭好学，在向沛郡学者陈参学《礼经》时非常勤奋，生活俭朴，与普通儒生没有什么不同。平时侍奉母亲和寡嫂，抚养侄儿，都规规矩矩。对待社会上的名流学者、家中各位叔伯，格外彬彬有礼。阳朔三年（前22年），伯父大将军王凤病重，王莽悉心侍奉，王凤每次用药前他都亲自尝过，整月不脱衣睡觉，经常蓬头垢面。王凤深为感动，临终前托太后和成帝照顾他。王莽被封为黄门郎，不久升为射声校尉，踏进仕途。

几年后，王莽的名声越来越大，当代名士戴崇、金涉、箕闳、阳并、陈汤等都在成帝面前赞扬他，他的叔父成都侯王商上书，愿意将自己的封邑分出来封给他。永始元年（前16年），王莽被封为新都侯，升任骑都尉光禄大夫侍中。王莽在宫中值勤时总是小心谨慎，官越高升，越是谦虚。他广泛结交中高级官员，赡养救济名士，家里不留余财，连自己的车马衣服都拿来分发给宾客。在位的官员常常举荐他，在野人士纷纷传播他的佳话，王莽的名声逐渐超过了他的叔伯们。

王莽将他的侄儿王光送到博士门下读书。每次休假回家，王莽都要带上羊和酒，赶着车去慰劳他的老师，所有的同学也会获得他送的礼物，学生们纷纷围观，老人们都感叹说从未见过此事。王莽的儿子王宇年纪比王光大，但王莽一定要让他等王光一起结婚。办喜事那天贺客盈门，忽然仆人报告："太夫人不舒服，要饮某药。"王莽立即起身入内，宴会中断好几次。有一次，兄弟辈听说王莽私下买了一个侍婢，王莽却说："后将军朱博没有儿子，听说这位姑娘能生儿子，我是替他买的。"当天就将侍婢送到朱博家。

当时，王莽的叔父曲阳侯王根担任大司马骠骑将军已多年，因一直有病，几次要求退休。但王莽的表兄、太后的外甥淳于长任侍中卫尉，名列九卿之首，资历比王莽深，按惯例应由他继任大司马。王凤病重时，淳于长也曾日夜侍奉，王凤临终时也向太后和成帝推荐过，被成帝任用，升迁很快。成帝想立宠妃赵飞燕为皇后，但太后嫌她出身微贱，经过淳于长在太后面前多次疏通，一年多后成帝才如愿以偿。成帝感激淳于长，以他曾劝阻修昌陵为由，封为定陵侯，大加信任，贵倾公卿。淳于长忘乎所以，大肆收受地方官的贿赂，妻妾成群，生活侈靡。

淳于长纳的妾中有一位是寡居的侯爵夫人许嬷，她的姐姐是成帝已废的许皇后。许后想让皇帝给她复位，通过许嬷送给淳于长大批宫中的用品和财物。淳于长骗她说有办法让成帝立她为左皇后，通过许嬷不断给她写调情的信。王莽打听清楚此事后，就利用探望王根的机会做了详细报告，还说："淳于长见您久病，好不高兴，自以为应该代您辅政了，已经给不少人封官许愿。"王根大怒，要他赶快向太后汇报。太后气得让成帝免了淳于长的官，送回侯国。不久，王莽的另一位叔父红阳侯王立在成帝面前替淳于长说话，引起了成帝的怀疑。原来王立没有当上大司马，曾以为是由于淳于长在背后说他的坏话，对淳于长十分痛恨，但淳于长下台后却通过王立的儿子王融给他送了大批珍宝。成帝让有关部门调查，准备逮捕王融，王立让王融自杀。成帝更怀疑有大的阴谋，将淳于长关押在洛阳的诏狱中反复审讯，查清了他大逆不道的罪行，在狱中杀死。王立被勒令"就国"（回封地），受牵连被撤职的朝廷和地方官有数十人。王莽主动揭发表兄，大义灭亲，顺理成章，继王根和其他3位叔伯之后当了大司马，当时他38岁。王莽执政后更加克己奉公，聘任贤良担任下属，皇帝的赏赐和自己的俸禄都分送给士人，自己的生活极其节俭。他的母亲病了，公卿列侯都派夫人登门问候，只见一位穿着布衣短裙的女士出来迎接，这批贵妇人以为是位佣人，一问方知是王莽夫人，都吃了一惊。

正当王莽声誉日隆时，成帝驾崩，太子继位（哀帝）。成帝无子，太子是元帝的庶孙定陶王刘欣。哀帝继位后，按惯例，他的母家就成了新的外戚，必定会受到封赏和重用，所以被尊为"太皇太后"的王太后命令王莽"就第"（回家，即辞职），给新的外戚让路，王莽立即上疏"乞骸骨"（年老或有病，请求辞职以保全性命）。刚登位的哀帝不允，派丞相孔光、大司空何武、左将军师丹、卫尉傅喜报告太后："大司马如果不到职，皇帝就不敢听政。"太后顺水推舟，令王莽复职。事后看来，这不过是哀帝做出的一个小小姿态。果然，高昌侯董宏上书，援用《春秋》"母以子贵"的理论，认为哀帝的生母丁姬应该上尊号。但他举了秦庄襄王生母和养母都称太后的例子，被王莽和师丹抓住把柄，联合控告他"称引亡秦以为比喻，诖误圣朝"，"大不道"。哀帝羽毛未丰，为表示谦让，将董宏免为庶人。哀帝的祖母定陶共王傅太后大怒，逼着哀帝给她上尊号。正好未央宫有宴会，典礼官在太皇太后的位置旁为傅太后挂起了帷帐。王莽检查时发现，指责典礼官："定陶太后是藩王的妾，怎么可以与至尊一样待遇？"下令撤掉，重新安排座位。傅太后一气之下，没有赴宴，恨透了王莽。王莽知道形势不利，再次"乞骸骨"，在祖母和母亲的压力下，哀帝恩准，赐他黄金500斤和安车（老人乘的卧车）驷马，让他罢官"就第"。但公卿大臣纷纷上书，盛赞王莽对国家的贡献，哀帝只得又扩大他的封邑，给予最高礼遇。

不出王莽所料，一年多后傅太后被尊为皇太太后，丁姬被尊为帝太后，与太皇太后和皇太后（成帝赵皇后）的地位相同，丁、傅两家能封侯的都封了，能当官的都当了，成了暴发户。王家却受到沉重打击，曲阳侯王根被遣就国，成都侯王况被免为庶人，遣送回乡；历年来由王家荐举的官员统统革职。有关部门又追究王莽阻止给傅、丁太后上尊号，"亏损孝道"的严重罪行，认为应该处死刑，幸而得到赦免，也不应再享受封地，要求将他免为庶人。总算哀帝看在太皇太后的份上，没有免他的侯，仅遣就国。

王莽完全明白自己面临的危险，所以回到新都侯国后一直闭门不出。他的一个儿子王获杀了奴婢，这在当时本来是很普通的事，他却将王获痛骂一顿，逼他自杀了。侯国所属的南阳太守派孔休担任新都相，孔休求见时，王莽对他毕恭毕敬。一次王莽生病，孔休去探望，王莽为了与他结交，送他一把玉柄宝剑。孔休不肯接受，王莽说："我是见您脸上有瘢，而美玉可以去瘢，所以想把这玉柄给您用。"孔休还是推辞，王莽说："您大概嫌它值钱吧！"当场将玉柄砸碎，包起来奉上，孔休只得收下。3年间，官员们为王莽鸣冤上书的数以百计。元寿元年（前2年）发生日食，这被看成上天对皇帝的警告，贤良周护和宋崇等人在答复哀帝的询问时极力颂扬王莽的功德，为他受到的错误处置申冤，哀帝以侍奉太皇太后的名义征召王莽回京。

一年多之后，25岁的哀帝病死，此时傅、丁太后已死，哀帝又没有儿子，太皇太后当天就到未央宫收了皇帝的玺绶，急召王莽进宫，诏令尚书，包括调兵遣将和拱卫京师等一切事务均由王莽掌管。王莽建议免去哀帝的同性恋伙伴、大司马董贤的职务，董贤当天自杀。太皇太后让大臣推荐大司马人选，大司徒孔光和大司空彭宣推荐王莽，前将军何武与后将军公孙禄相互推荐。王莽被封为大司马，建议迎9岁的中山王继成帝为帝（平帝）。平帝作为成帝之后继位后，太皇太后重新成为太后，临朝称制，让王莽执政。王莽向太后报告成帝赵皇后曾杀害皇子，傅氏骄横不守制度，太后下令废赵后和哀帝傅皇后（傅太后堂侄女），都勒令自杀。傅、丁太后被追贬尊号，称定陶共王母和丁姬。

大司徒孔光是孔子后裔，三朝元老，得到太后敬重，很得人心。王莽对孔光极其尊敬，提拔他女婿甄邯当侍中奉车都尉。王莽想撤掉哀帝外戚和自己不喜欢的大臣，就拟成奏章后让甄邯交给孔光，孔光一向惧怕王莽，不敢不上报，王莽请太后一律照准。丁、傅、董贤的亲属全部免官，流放远方。曾经相互推荐的何武和公孙禄免职。红阳侯王立是太后亲弟，是王莽的叔父，王莽怕他在太后面前多说话，使自己不能随心所欲，又让孔光上书追究他接受淳于长贿赂等罪行，要求遣他就国。太后不听，王莽说："现在汉家衰落，连续几代没有儿子继承，太后独自代幼子执政，真值得畏惧，尽力公正办事作天下的榜样，还唯恐来不及。现在为了私恩而不接受大臣的建议，使臣子们离心，今后必定出乱子。不妨暂时将他遣返就国，以后再召回来。"太后不得已，只得听从。

于是顺我者昌，逆我者亡，王莽很快收罗、组织起一个得心应手的班底：王舜、王邑为心腹谋士，甄丰、甄邯负责决策，平晏掌管机密，刘歆撰写文告制造舆论，孙建当"爪牙"（上通下达兼打杂），甄丰之子甄寻、刘歆之子刘棻、涿郡崔发、南阳陈崇等也因有各种本领而受到王莽的重用。从此，王莽实行他的计划时更加得心应手：他表现得非常正直，说得冠冕堂皇，而把自己的意思暗示给党羽，由他们提出要求或着手进行，然后王莽叩头流涕，坚决推让，对上可迷惑太后，对下可向百姓显示他的诚意。

当年底，在有关方面的启发下，益州塞外（今云南或缅甸）的少数民族献来一头白雉，此事引起了朝野轰动。原来根据经典的记载，在周公摄政，辅佐成王时，遥远的越裳氏为他的德行所感动，不远千里送来白雉，王莽刚开始执政就出现了这样的奇迹，其意义不言自明。元始元年（1年）正月，根据王莽的建议，太后下诏，将白雉作为宗庙的供品。大臣们向太后提出，王莽"定策安宗庙"的功绩与霍光一样，应该享受与霍光相等的封赏。72岁的太后并不糊涂，她问公卿们："真是大司马有这么大的功劳？还是因为是我的亲戚才特别抬高他？"群臣纷纷赞颂王莽的功德与周公没有什么不同，这才有了白雉这样的祥瑞。他有"定国安汉家"的大功，应该封为安汉公，扩大封邑，"上应古制，下准行事（惯例），以顺人心"。

王莽得知后，上书表示，他是与孔光、王舜、甄丰、甄邯共同定策的，希望只奖励他们4人，以后再考虑他，不要放在一起。甄邯让太后下诏，王莽有"安宗庙"的大功，不能因为亲戚关系而隐蔽起来，不加表扬，请他不必推辞。王莽再次上书辞让。太后让人带王莽到大殿东厢等待任命，他称病不去。太后派尚书令下诏，要王莽赶快去，他坚决推辞。太后又派长信太仆代表皇帝召王莽进宫，他还是说有病。左右向太后建议，还是不要强迫他，先封了孔光等人，他才会答应。太后下诏，封孔光为太师，增加1万户封邑；王舜为太保；甄丰为少傅、广阳侯，封邑5000户；甄邯为承阳侯，封邑2400户；前3人还各赐一所住宅。4人受封后，王莽还是不肯出来，群臣又建议，王莽虽然极尽谦让，应该表彰，但及时加赏，才能证明朝廷重视大功，不能让百官和百姓失望。于是太后不等王莽进宫，就下诏：王莽"典周公之职，建万世策"，增加封邑2.8万户，封为太傅，称安汉公，以萧相国（萧何）的故居作为安汉公官邸，并定为法令，永远遵守。王莽深感惶恐，不得已接受了安汉公的称号，但退回了增封的土地和民户，表示要等到百姓都达到小康水平之后再说。群臣却坚持原则，不同意王莽退还，太后下诏：接受王莽的辞让，但将他的俸禄、办公人员和赏赐都增加一倍，什么时候百姓达到小康，大司徒、大司空负责上报。王莽连这一点也不接受，建议应该首先考虑封诸侯王和开国以来功臣的子孙，然后是在职官员，增加宗庙的礼乐，使百姓和鳏寡孤独都得到好处。最后朝廷下令：

全国成年男子每人增加一级爵位。二百石以上级别的官吏，不论是否试用期满，全部转正。封东平王、中山王，封宣帝曾孙36人为列侯；封太仆王恽等25人及右将军孙建等为关内侯；平帝从中山国到长安途经各地的大小官吏都有赏。无子的诸侯王、公、列侯、关内侯，也可将孙子作为继承人。公、列侯的继承人犯了罪，凡判处"耐"（剃去须发服劳役）以上的都应先经上级批准。宗室中因有罪而被开除出族的，可以恢复；宗室担任官吏被举为"廉佐史"的，可以补为四百石级别的官员。全国二千石以上的官员如年老退休，可以终身领取原俸禄的1/3。派谏大夫巡视三辅（三个朝廷直辖区），凡上一年多收的赋税一律予以赔偿，凡不妨碍哀帝陵园中建筑物的百姓坟墓都不迁走。天下吏民不必再自行置备服兵役所需物资。

全国上下皆大欢喜，无不感谢王莽，但他认为做得还不够，他向太后进言："眼看由于丁、傅两家外戚的奢侈挥霍，很多百姓还吃不饱饭，太后应该穿粗衣，降低饮食标准，做天下的榜样。"他自己上书，愿捐钱100万、田30顷，交给大司农救济贫民。此举一出，百官积极响应，纷纷仿效，连太后也省下自己的"汤沐邑"（供太后私人开支的封邑）10个县交给大司农管理。一到发生自然灾害，王莽就吃素。左右报告太后，太后派使者命令王莽要"爱身为国"，及时吃肉。元始二年全国大旱、蝗灾，受灾最严重的青州百姓流亡。在王莽带动下，230名官民献出土地住宅救济灾民。灾区普遍减收租税，灾民得到充分抚恤。皇家在安定郡的呼池苑被撤销，改为安民县，用以安置灾民。连长安城中也为灾民建了1000套住房。

元始三年，王莽提出，皇帝即位已3年，应该吸取前几位皇帝没有儿子的教训，及时选立皇后。有关部门上报的一份候选名单中，王家女子有好几位，王莽怕她们与自己的女儿争夺，就报告太后："我没有德行，女儿才能低，不适合与其他女子一样列为候选人。"太后以为王莽诚心诚意，就下诏："王氏女子是我外家，不要挑选。"消息传出，庶民、学生、基层官吏到宫门前上书的人每天超过1000，公卿大夫有的守在殿上，有的伏在门外，一致请求，让王莽的女儿当"天下母"。王莽派下属分别劝阻公卿和学生，但上书的人越来越多，太后不得已，只得同意公卿选王莽的女儿。王莽又要求广泛选取，公卿争辩说不应该选其他女子以影响正统。王莽表示，即使如此，也该先考察一下她的女儿。由长乐少府、宗正（皇室族长）等官员组成的考察组报告：完全合适。太后下诏进行最后一道手续，派大司徒、大司空去宗庙向祖宗报告，并占卜，结果也是"康强""逢吉"，正式确定王莽的女儿当皇后。有关部门提出，古代天子封王后之父百里封地，应该将新野25600顷地封给王莽，使他的封地达到百里，被王莽谢绝。按惯例，皇后的聘金是黄金2万斤、钱2万万。王莽只愿接受4000万钱，而将其中3300万分给同时挑选到的其他11位女子。群臣认为，这样一来，皇后的聘金与妃子差不了多少。太后下诏再加2300万，合起来共3000万，王莽又将其中1000万分给王氏九族中的穷人。全国官民深受感动，先后有487572人上书；诸侯、王公、列侯、宗室见了太后就叩头，一致要求增加对王莽的赏赐。名臣张敞的孙子、博学多才的张竦为大司徒司直（大司徒的首席属官）陈崇起草了一份长篇奏章，全面歌颂王莽的功德，引经据典，要求皇帝效法周成王，给予王莽像周公一样的褒赏。太后交群臣讨论，却发生了吕宽事件。

王莽立平帝后，以防止再次出现外戚丁、傅那样危害国家的事情为由，封平帝的生母为中山孝王太后，两位舅父卫宝和卫玄为关内侯，都留在中山国，不许来长安。王莽的儿子王宇害怕平帝长大后会怨恨，私下派人与卫宝联系，让平帝的母亲上书要求来京，被王莽拒绝。王宇与老师吴章、内弟吕宽商议，吴章认为王莽是不会听从别人意见的，但迷信鬼神，可以制造怪象吓他一下，然后再讲道理让他把权力交给卫氏。王宇觉得有理，让吕宽在半夜将血洒在王府门上，想不到被门卫发觉。王莽将王宇送进监狱，令他喝毒药而死。王宇的妻子已经怀孕，便关押起来，等产后处死。王莽奏明太后，将卫氏灭族，又通过吕宽穷追猛打，将各地非议自己的豪强杀了几百个，敬武公主、梁王刘立、红阳侯王立（莽叔父）、平阿侯王仁（莽堂兄）等都迫令自杀。王莽为了教育子孙吸取王宇的教训，亲自写了8篇文章。群臣要求正式发表，天下官吏能背诵的，可以登记取得提升候选资格，享受能背诵《孝经》同样的待遇。

吕宽事件化险为夷，元始四年四月，王莽的女儿被正式立为皇后。为了了解各地民情，王莽派陈直等8人分路采访。太保王舜等上书，鉴于王莽兼有伊尹和周公的作用，应该将两人的称号"阿衡"和"太宰"合起来的"宰衡"，作为王莽的称号。八千多百姓上书赞同。于是确定王莽称宰衡，封他母亲为功显君，两个儿子为列侯，皇后聘礼再增加3700万，满1万万。王莽少不了又是叩头流涕，固辞一番，称病不出。太后没有办法，最后由孔光等提议，将王莽的封邑、称号、母亲功显君的爵位都规定为不世袭，再专门派大司徒、大司空代表太后传达让王莽立即到职的诏书，规定尚书不接受王莽的辞让奏章。王莽这才接受，但还是从补发的钱中拿出1000万，分赠太后身边的侍从。据太保王舜等报告，蜀郡民路建等本来在打民事官司，听说王莽如此辞让爵位、金钱，自觉惭愧，主动撤销了诉讼。周文王的德化，曾令虞、芮两国自动放弃了土地争夺，路建等的事迹说明，王莽的德行已超过了周文王，朝廷下令将这一典型在全国宣传。

为了复兴儒家传统典章，王莽奏请建立明堂、辟雍、灵台等礼仪建筑和市（市场）、常满仓（国家仓库），为学者建造一万套住宅，网罗天下学者和有特殊本领的几千人至长安。学生与百姓积极性很高，纷纷投入义务劳动，10万人突击，20天就全部建成。元始五年正月，诸侯王、列侯、宗室子弟上千人在新建的明堂举行了祭祀大典。王莽执政不到5年就取得了如此巨大的成就，公卿大夫、博士、列侯共902人联名上书，请求给王莽"加九锡"，即采用与天子相似的仪仗，享受仅次于皇帝而高于任何诸侯的待遇。当年秋，8位风俗使者回到长安，带回各地歌颂王莽的民歌3万字。王莽奏请进一步制定条例，以便做到"市无二贾（市场上不讨价还价）、官无狱讼（衙门里没有打官司的）、邑无盗贼（城里没有盗贼）、野无饥民（农村中没有饥民）、道不拾遗、男女异路（男人女人分别走在路的两边）、犯者象刑（违犯了的人画像示众，不必真的用刑）"，似乎上古的太平盛世就在眼前了。

当年底，14岁的平帝生病，王莽模仿周公为武王祈祷，写了一道策文，请求自己代他死，将策文藏在一个金滕中，放在前殿，要群臣为他保密。但平帝还是死了，当时元帝已经绝后，宣帝的曾孙辈还有5位诸侯王、48位列侯，王莽嫌他们都已成年，就提出："兄弟不能相互继承。"因为平帝是宣帝的曾孙，所以在宣帝玄孙一代中挑选了一位只有两岁的刘婴。当月，武功县令孟通在井中挖得一块白石，用红颜色写着"告安汉公莽为皇帝"几个字。大臣们让太后下诏，根据上天的符命，"为皇帝"就是"摄行皇帝之事"（代理皇帝的工作），这样王莽当了"摄皇帝"，第二年改元居摄，刘婴立为皇太子，称"孺子"。

王莽要当皇帝的企图已经很明显，以刘氏宗室为主的反对势力开始发动反击。首先发难的是安众侯刘崇与他的相张绍，但他们只拉起了百余人进攻宛城，连门也没有攻入就失败了。第二年九月，东郡太守翟义起兵，立严乡侯刘信为天子，通告各地，到达山阳时已有十余万人。长安以西23个县的"盗贼"赵明等也起来造反，聚集了十余万人。王莽十分恐惧，饭也吃不下，日夜抱着孺子在宗庙祷告，又模仿《大诰》写了一篇文章，说明自己摄位是临时的，将来一定要将皇位归还孺子。王莽调动大军镇压，在圉县攻灭翟义的部队，翟义逃亡中被捕杀。赵明等本来就是乌合之众，次年初不到一个月就平息了。

待王莽扫清了这些障碍，各种符命祥瑞纷至沓来。宗室广饶侯刘京上书称：齐郡一位亭长一个晚上做了几次梦，有人告诉他："我是天公的使者，天公让我告诉你：'摄皇帝当为真。'如果不信，你可以看到亭里会新出现一口井。"亭长早上起来果然见有一口新井，深百尺。巴郡发现一头石牛，扶风郡雍县发现一块有字的石头，都送到未央宫前殿展览。王莽和王舜等一起去看，霎时间刮起大风，一片昏暗，等风定时在石头前出现了一个铜符和一幅帛图，写着"天告帝符，献者封侯。

承天命，用神令"这些字。在长安求学的梓潼人哀章干脆做了个铜匮，外面贴上两张标志"天帝行玺金匮图""赤帝行玺（刘）邦传予黄帝金策书"，在匮里放着的纸上写上王莽是真天子，皇太后要遵天命，将王莽的8位大臣和他胡编的王兴、王盛及自己的姓名共11人写上，每人还写上官职。黄昏时分，哀章穿黄衣，捧着匮子去高祖庙，将它交给值班的仆射。得到报告后，王莽立即去高庙将金匮迎到未央宫前殿，演完了登上帝位的最后一场戏。接着又根据金匮的指示封官，哀章被封为国将、美新公，成为级别最高的大臣"四辅"之一。王盛、王兴谁也不认识，公开招寻后各有十几人来报到。于是根据问卜的结果挑了两位相貌符合的，一位是前城门管理员王兴，封为卫将军、奉新公；一位是卖饼的王盛，封为前将军、崇新公；位居"四将"。

从阳朔三年（前22年）步入仕途，至当上新朝的皇帝，王莽花了31年时间。应该承认，王莽取得了成功。需要指出的是：我们目前能看到的史料，包括《汉书·王莽传》在内，都是在王莽被作为乱臣贼子推翻、被"篡夺"的汉朝恢复后的官方史料，在这些史料中，王莽完全是作为一个反面人物出现的。但是即使在这样的史料中，除了上面提到的武力反抗外，在这31年间都没有什么反对王莽的具体事实，只是在王莽设置西海郡并人为制造"以千万数"的罪犯迁往那里时，才说"民始怨矣"。此事发生在元始五年（5年），也就是说前面27年王莽没有遇到来自民间的阻力，至此也是刚开始出现不满。

且不说旧时代站在正统立场对王莽的批评，就是近年来的论著大多也将王莽作为以虚伪手段篡夺政权的典型，这是不公正的。如果我们认真分析西汉末年的条件，就不难发现，王莽的成功不是偶然的。

宣帝的晚年，已开始重用宦官和外戚，临终前，他封外戚史高为大司马、车骑将军，受遗诏与萧望之、周堪共同辅佐元帝，宦官弘恭、石显掌管了朝廷机要。果然，在史高感到自己不受重用时，就与弘、石勾结，唆使元帝逼萧望之自杀，周堪等也受排斥。从此，石显等宦官擅权，反对他们的官员如京房等被杀。成帝即位后杀了石显，但太后王政君控制了成帝，外戚王氏的势力迅速膨胀，先后10人封侯，5人任大司马，兄弟子侄把持朝政，为所欲为。京兆尹王章（首都特区长官）建议成帝罢大司马王凤，王凤得知后，以辞职相威胁，太后亲自干预，成帝只得将王章下狱处死。从此，公卿对王凤侧目而视，成帝也无可奈何。哀帝继位后，贬黜王氏，但新的外戚傅氏、丁氏比王氏有过之而无不及，傅太后为泄私愤诬陷中山王冯太后，害死冯氏数十人。更糟糕的是，哀帝竟封自己的同性恋伙伴董贤为大司马卫将军，让他执掌朝政，甚至表示要将皇位让给他。丞相王嘉加以规劝，引起了他的不悦。哀帝又假托傅太后遗诏，要增加董贤及其他外戚封邑，王嘉封回诏书，并再次进谏。哀帝大怒，借口其他过失，要大臣议罪，又下诏召他去廷尉诏狱。按当时惯例，现职丞相接到这样的命令，必须立即服毒自杀。王嘉不愿死得不明不白，拒不自杀，被捕入狱，在狱中绝食而死。

在元帝后的数十年间，特别是从成帝开始，外戚轮流执政，忠正能干的大臣被杀害或排斥，留下的不是靠谄媚奉承，就是明哲保身，政治腐败。皇室滥加封赏，外戚宠臣穷奢极欲，贪得无厌，如董贤在短短几年里，积聚的家产竟有43万万。

朝廷如此，地方上更加黑暗。地方官只要能结交上外戚、宠臣，就能肆无忌惮，对百姓搜括盘剥。成帝、哀帝时，流亡的百姓已以百万计，在发生灾害的年份，流离失所，死于沟壑的百姓更不计其数。王莽在一道诏书中曾描述了西汉后期严重的社会矛盾："兼吞起，贪鄙生，强者规田以千数，弱者曾无立锥之地。又置奴婢之市，与牛马同栏，制于民臣，颛断其命。""常有更赋，罢癃咸出，而豪民侵陵，分田劫假。厥名三十税一，实什税五也。父子夫妇终年耕芸，所得不足以自存。"强烈的贫富反差，奴婢与牛马一起供买卖，实际的剥削量已达收成的一半，全家辛劳终年却连自己都养不活，这样的社会怎么能长久存在呢？

建平二年六月，哀帝下诏，为了顺应谶语的指示，这一年改称太初元将元年，自己称"陈圣刘太平皇帝"。可是，到八月就下诏取消了这些改变，还杀了提建议的贺良。所谓谶语说"汉家历运中衰，当再受命"，"汉兴二百载，历数开元"，实际表明连最高统治者也已失去信心，只能用改元和采用不伦不类的称谓来实现"再受命"。建平四年，关东民间盛传西王母"行筹"（拿了治理国家的筹策巡游天下），一路闹到关中长安。百姓聚集起来祭祠西王母，或者在半夜点着火把爬上屋顶，击鼓狂呼。

从高层官员到百姓贫民，对现实已普遍不满，对前途已丧失信心，无不希望出现某种积极的变革，但却一直不见其人，以至无所寄托。在这种情况下，王莽的出现当然会给大家带来希望。

王莽前期的作为的确是值得称道的，不能说是伪装或欺骗手段，因为至少他做了不少好事，在当时已经到了不可思议的程度。

在政界贪赃枉法成风、外戚聚敛唯恐不及的社会，王莽非但不贪，还一次次把自己的钱财、土地和获得的赏赐分给下属和贫民，甚至连俸禄也常常用于救济，自己生活清苦，妻子穿得像仆人，这些都是《汉书》承认的事实。王莽并没有表面吃素菜，背后喝参汤，也没有公开将钱财散发，暗底下又去搜括回来。要是有这些事，绝不会逃过东汉史臣的刀笔。

在奴婢的地位与马牛相同的情况下，像王莽这样一位外戚、前大司马、侯爵的儿子杀死一个奴婢，实在是小事一桩，王莽竟逼他自杀，百姓和奴婢们闻讯，怎么能不感激他，称颂他？而王莽的儿子的确自杀了，并没有藏起来或送到外国去。至于他揭发淳于长，虽然不能保证他没有个人野心，但所揭发的都是事实，事后又没有任何人出来翻案。就是被他干掉了的叔伯、堂兄弟，本身也都是恶行累累。相反，王莽孝母、赡养寡嫂、抚育侄儿、对人谦恭有礼等行为都是货真价实的。难道让淳于长或其他外戚执政，会比王莽更好？

王莽的这些行为，就是在一个风调雨顺、国泰民安的时代也已够得上典范了，何况是处在一个乱世和一群禽兽般的贵族之中？要说这是作假，如果政治家都愿意付出如此大的代价来作假，政治一定会清明得多，道德水平也一定会提高很多，至少比一帮贪官污吏要好得多。

王莽的多数措施也是深得人心的。他在元始元年建议的各项措施，使诸侯王、宗室、功臣后代、候选官吏、退休官员以至天下百姓人人受益，当然皆大欢喜。三辅的百姓被横征暴敛的赋税可以得到补偿，而且还派官员检查落实，皇陵中的多数民墓可以不迁，全国百姓和基层官吏不必再自行置备服兵役的物资，这些都是少有的实惠，得益的人又那么多，他们都会感激。王莽救济灾民的具体措施，包括他自己和太后带头捐资，在长安为灾民建房等，尽管未必都能落实，总能起一些作用。他在长安为学者建一万套住宅，从全国征集数千有本领的人来，又将天下通逸经、古记、天文、历算、钟律、小学、《史篇》、方术、《本草》及《五经》《论语》《孝经》《尔雅》教授者数千人征至京师，知识分子自然会感恩戴德。要知道，其中多数人本来绝不会有施展才能的机会，甚至连生活都成问题。

所以，当时把王莽当成圣人、周公、救世主是完全正常的。对王莽的称颂虽然有宣传和夸大的成分，但在他代汉之前，多数人还是出于诚意，否则，只靠刘歆等舆论高手是造不出那么大的声势的。如果说，王莽所做的一切都是为了当皇帝，是为了以新朝取代汉朝，那么他已经付出了足够的代价。除了他不姓刘以外，其他条件都不比成帝、哀帝、平帝差。至于制造符谶、祥瑞，这并不是王莽的发明，此前的汉高祖，此后的汉光武帝、魏文帝曹丕，哪一个不是这样做的？他们难道不是假造出来的吗？

一句话，如果王莽成功了，今天我们看到的历史就不会是这样，他就是新朝的太祖高皇帝，他的本纪里的内容肯定比刘秀、曹操、曹丕更丰富，也会比刘邦更动人。但事实是他失败了。

如果王莽仅仅只是为了夺取权力，仅仅是为了当皇帝，他并不是没有成功的可能。而且他已经成功了，他相当平稳地取得了汉朝的最高权力，又顺利地当上了新朝的皇帝。但王莽不但要当皇帝，还想当改革家，当圣君，这样脱离实际的目标就注定了他的悲剧下场。

一般都说王莽是"托古改制"，认为他的真正目的是改制或篡权，"古"只是一个幌子，只是假托。我以为，王莽倒是真心诚意地复古，因为他把儒家经典中描述的古代社会当成了可以实现的目标，却不知道或根本没有想到，这些本来只是儒家的理想，从来没有成为现实。如果王莽的复古只是为了篡权，那么在他当了新皇帝以后就可以改弦更张了，而他推行的实质性的改革却都是在当了皇帝以后。不少成功的开国皇帝在上台前并没有什么政治蓝图，或者虽然作过许诺，在上台后就变得现实主义了。可是王莽却在上台以后以更大的热情顽固地推行他的复古改革，把自己推上了绝路。

王莽曾经使社会各阶层、各类身份的人都获得过实际利益，因而赢得了最广泛的支持。但在社会财富没有增加的情况下，这样的政策完全没有物质基础，只能加速国库的枯竭和财政崩溃。如恢复几百名列侯、退休官员终身领退休金、给学者造住宅、扩大选官范围、取消吏民自备服兵役的物资、建造大量公共建筑等，没有一样是不需要大量的、经常性的支出的，就是在财政收入正常的情况下，也未必能一下子增加那么多，已经千疮百孔的财政体制如何承担得了？这些利益还诱发了得益者对王莽、对他的改革过高的期望，一旦事与愿违，这些支持者马上会变为反对者。像那些潦倒各地的知识分子，接到去首都当教授的通知时当然兴高采烈，把王莽当作再世周公、当代圣君。但不久就开始欠薪水，预先答应的住宅却始终在图纸上，既没有学生学，也没有事好干，而新的教授还在不断增加，新的改革措施还在陆续出台，他们就会把王莽当成骗子。知识分子如此，其他阶级、阶层的也会如此。到那时，他们就会怀念曾经咒诅过的汉朝，怀念那时并不幸福的生活，形成所谓"人心思汉"的舆论。

在社会财富不可能无限制增加的条件下，想同时讨好社会的各阶级、各阶层、各个利益集团是绝对办不到的。王莽想在不触犯贵族、豪强、官僚利益的前提下，让百姓、贫民，甚至奴婢的生活也得到改善，无异于是画饼充饥，完全是痴心妄想。增加诸侯王、列侯、官员、国家供养的学者和人才，势必减少农民的土地，提高百姓的赋税；而要缓解土地矛盾，减轻百姓的赋税，只有削减朝廷开支，裁减贵族官僚，限制他们的土地占有量；绝对难以两者兼顾。所以要得天下的人心里都很明白，自己该依靠谁，打击或抑制谁。刘秀要依靠南阳的宗室豪强，所以对他们一直优待宽容，当了皇帝之后也不得不对他们有所妥协。所以，尽管东汉从一开始就存在田地和户口登记不实的严重问题，但至少得到了地主豪强的支持。

当王莽实行改革时，又走上了另一个极端，为了达到尽善尽美的目标，不惜得罪所有的人。例如，对社会矛盾的焦点土地和奴婢问题，王莽在始建国元年（9年）宣布的政策是："今更名天下田曰'王田'，奴婢曰'私属'，皆不得买卖。"每个男口不满8个的家庭，使用的田不得超过一井，超过部分必须分给九族邻里；原来没有田的，可以根据制度受田。还规定，对胆敢说"井田圣制"坏话的人，违反法令造谣惑众的人，都要押送到边疆去。

大地主豪强当然会激烈反对，因为他们占有的田地远不止一井，要他们将多余的土地交出来等于割他们的肉。他们占有的奴婢不少是用于农业生产的，现在将土地都交了，难道将奴婢白养着？而奴婢又不许买卖，岂不是逼着他们白白送掉吗？小土地主，包括刚够得上自给标准的农民也不满意，一则这些人多少要减少一些土地，更主要的是原来实际上已经私有的土地现在要变成公田了，如果将来家庭人口减少，还得再交出去。由于既没有可行性，又没有切实的强制措施，地主豪强多余的土地大多没有交出来，所以政府没有足够的土地分给应该受田的无地、少地农民，对这一纸空文，农民自然也不会满意。至于奴婢，改称"私属"不会给他们带来任何利益，禁止买卖更没有改变他们的身份。相反，由于买卖改为暗中进行，或者主人原有的土地减少，他们的处境只会更坏。实际上官僚地主的土地和奴婢买卖并未停止，因而被判罪的不计其数，更引起了他们的反对。3年后，王莽只得下令："诸名食王田，皆得卖之，勿拘以法。犯私买卖庶人者，且一切勿治。"于是土地和奴婢买卖合法恢复，原来的业主肯定要索回已交了公而被其他人"受"了的土地，或者让他付钱买下。至此，王莽就将唯一拥护这项政策的受益者也得罪了。

为了抑制商人对农民的过度盘剥，遏制高利贷，控制物价，改善财政，王莽在始建国二年（10年）下诏实行五均六筦。所谓五均，即在长安、洛阳、邯郸、临淄、宛、成都等城市设五均司市师，管理市场。各城设交易丞五人、钱府丞一人。工商各业，向市中申报经营，由钱府按时征税。每季度的中月由司市官评定本地物价，称为市平。物价高于市平，司市官照市平出售；低于市平则听民买卖；五谷布帛等生活必需品滞销时，由司市官按本价收买。百姓因祭祀或丧葬无钱时，可向钱府借贷，不收利息，但分别应在10天或3个月内归还。因生产需要也可贷款，年利不超过1/10。所谓六筦，是由国家对盐、铁、酒、铸钱、五均赊贷实行统制，不许私人经营；控制名山大泽，对采集者征税。

从这些政策的内容看，似乎相当合理，制定的出发点也不能说不对，如果真能实行，政府和百姓双方都能得益。但放在当时的实际情况下，又是完全行不通的。很明显，五均的前提是政府必须掌握相当数量的商品和货币，并且有强有力的管理手段。由于没有这两方面的条件，王莽只能依靠富商大贾来推行，反而给了他们搜括百姓的机会，形成危害更大的官商垄断性经营。由国家对盐铁等实行统管统制，早已被实践证明是失败的，再次实施自然不会有好结果。而由国家控制名山大泽，实际只是给主管官员增加了财源。总之，国家没有增加收入，百姓却增加了负担，正当的商人和手工业主也受到打击。

王莽对货币的改革，开始时只是为了复古，模仿周朝的子母钱。以后又不顾五铢钱从武帝时开始已经生产了280亿万的现实，盲目推行花色繁多却没有信用的各种新货币。受到百姓抵制后，又企图通过严刑峻法强制推行，规定携带使用五铢钱的人与反对井田制同样处罚，流放边疆。为了限制盗铸，他规定"一家铸钱，五家连坐，没入为奴婢"，以至没为官奴婢的人"以十万数"。为了提高他颁布的"布钱"的地位，王莽规定官民出入都得带上，否则，就是有合法的证明，旅馆也不接待食宿，关门和渡口可以加以拘留。连公卿出入宫殿大门时，也必须出示所带布钱。当一种货币变成了通行证后，流通的作用也就不存在了。

由于王莽定下了过高的目标，总想超过前人，显示自己的功德，又深受"夷夏之辨"的影响，对边疆少数民族和境外政权也采取了一系列错误政策。他胁迫羌人"献"出青海湖一带的土地设立西海郡，以便与国内已有的北海郡（国）、南海郡、东海郡合起来凑全"四海"。为了使这块荒地像一个郡，必须强制移民，于是增加了50条法令，以便增加成千上万的罪犯，满足移民的需要。为了这个西海郡，王莽招来了最初的不满，"民始怨矣"。

王莽将匈奴改为"恭奴""降奴"，将"单于"改为"善于""服于"，改"高句丽"为"下句丽"。他随意改变西汉以来的惯例，引起了各族首领的不满；又轻率地决定动用武力，不仅导致边境冲突，还使数十万军队长期陷于边疆，无法脱身，耗费了大量人力物力，造成了北方边疆人民深重的灾难。以后的反抗首先在北部边区爆发，绝不是偶然的。本来，中原王朝的政权更迭不至于影响它与周边少数民族政权的关系，王莽完全可以维持现状，集中精力解决国内的问题，他却主动挑起了无谓的争端，使自己内外受敌。

王莽泥古不化，一切都要符合古义，恢复古代的面貌。最容易的复古是改名，只要一道命令就可以改，不需要什么物质条件，于是王莽掀起了空前绝后的改名运动，无论地名、官名、建筑名，差不多都改了，而且还任意调整行政区划和行政部门的职权。这样改一次已经够折腾了，王莽却一改再改，有的郡名一年间改了5次，最后又改回到原来的。官吏和百姓根本记不住，所以每次颁发诏书和公文，都要在新名后注旧名。《汉书·王莽传》中保留着一段诏书的样本，今译如下：

> 此诏书命令陈留大尹、太尉：将益岁以南划给新平，新平，原淮阳。将雍兵以东划给陈定，陈定，原梁郡。将封丘以东划给治亭，治亭，原东郡。将陈留以西划给祈隧，祈隧，原荥阳。陈留已不再成为郡了，大尹和太尉都去朝廷临时驻地报到。

其实，诏书中还没有注全。大尹就是原来的郡太守，而益岁就是原郡治圉县。可以想象，这样频繁的改名必定会给正常的行政工作和百姓的日常生活带来极大的麻烦，不但影响效率，造成浪费，而且造成官民心理上的厌恶。

王莽在上台前曾刻意扮演道德的典范，为此他付出了巨大的代价，散尽家产，逼死儿子，让家属过苦日子，随时都要谦恭有礼。但这不会妨碍别人，也不损害其他人的利益，所以他可以赢得一片赞扬。当他执政以后依然故我，情况就不同了。一方面，王莽会从自己的逻辑出发，提出不切实际的、高于法律规定的要求，如"市无二贾（价），官无狱讼，邑无盗贼，野无饥民，道不拾遗"等。由于实际上根本做不到，只能自欺欺人。另一方面，他的行为迫使臣下仿效，至少在表面上必须如此。但这样高的要求没有人受得了，除了少数人能以两面手段应付自如外，多数人会敬而远之，离心离德。例如，王莽为救济灾民带头捐资，大臣自然会纷纷响应，但乐意这样做的人肯定不会很多。

天时对王莽也是极其不利的，公元初前后这一段时间，是中国历史上自然灾害比较严重的时期之一，见于记载的有旱、蝗、瘟疫、黄河决口改道等，灾情严重，灾区范围大，持续时间长。如此严重的灾害，即使是在国家储备充足，社会秩序稳定的条件下也会造成巨大的损失，何况发生在这样一个剧烈变革的动荡时代，出现在国库早已耗费殆尽之时！

地皇四年（23年）九月，战火逼近长安，王莽自知大势已去，但还要做最后的努力。他率群臣到南郊告天，仰天长叹："皇天既然已将天命授予我王莽，为什么不消灭众贼？即使我有不是，用雷霆杀死我就是了。"他捶胸大哭，几乎断气，又伏地叩头，宣读自己作的《告天策》，向上天陈述自己的功劳，希望得到庇佑。成千上万的诸生和百姓昼夜不断地聚集在那里，边哭边朗诵《告天策》，为此设立了临时食堂，为他们供粥。有五千多人因哭得极其悲哀并能背诵策文，被提拔为郎官。

十月初一，更始军入城，攻至宫门。初二，大火延烧到宫中，王莽穿着紫色礼服，佩皇帝玺绶，手里还拿着一把虞帝匕首。他让天文郎在他面前测量时辰，随着时间的推移，不断变换坐的方向，嘴里不停地说着："天生德于予，汉兵其如予何！"（老天爷给了我德，汉兵又能把我怎么样！）

初三天明，群臣扶着王莽走出白虎门，王揖已备好车等在门外。王莽上车来到渐台，他抱着符命、威斗，希望利用台周围的池水阻挡汉军。此时，公卿大夫、宦官、随从还有千余人。守城的王邑日夜搏斗，部下死伤殆尽，就奔入宫中守卫王莽，找到了渐台。这时他的儿子、侍中王睦正想脱掉官服逃命。王邑将他喝住，父子俩一起守着王莽。汉兵迫近，将台团团围住。台上射箭抵抗，汉军一时束手无策。但不久箭就用尽，只能短兵相接，王邑父子等全部战死，其他随员在台上被杀。商人杜吴杀了王莽后还不知道他的身份，取下了他身上的绶带。校尉公宾就见了，忙问是从谁身上拿到的，得知尸体还在后，立即冲进室内砍下王莽的头，他的尸体被争夺的士兵肢解。不过这主要还是为了争功领赏，当年项羽自杀后尸体也是这样被汉军抢夺分割的。几天后，王莽的头被送到南阳宛县，更始帝刘玄见了大喜，说："王莽要是不这样做，那就应当有霍光一样的地位了。"毫无疑问，汉朝宗室对王莽最大的仇恨就是夺了他们的政权。王莽的头颅被挂在宛县市上，这里是西汉宗族的重要基地，百姓纷纷向头上掷石子，甚至有人割下他的舌头吃了。

王莽彻底失败了，但在他山穷水尽、必死无疑时，竟然还会有千余人自愿与他同归于尽，这或许能给他一丝安慰，也向后人透露了一点真实的信息。

货殖何罪
商人和商业的地位

司马迁热情地讴歌货殖，赞扬杰出的商人，但贾谊、晁错等却严厉地抨击"末业"和从事"末业"的商人。货殖，究竟是功，还是罪？

在秦朝和西汉前期，商人的社会地位是很低的。秦始皇时，商人必须编入市籍，而当时的法律规定，有市籍的商人及其子孙，与犯罪的官吏和赘婿一样，都在谪戍之列，即随时都可以被押往边疆服役或定居。秦朝被推翻后，秦始皇的苛政大多被废除了，但汉朝对商人的迫害非但一如既往，还有过之而无不及。汉高祖规定商人不得穿丝绸衣服，不得乘车，不得购买土地，还必须与奴婢一样，加倍交算赋钱（主要是人头税）。到汉武帝时，还恢复了秦朝的谪戍制度，将有市籍的商人及其子孙都列入征发对象。商人不但自己被入了另册，连子孙都因出身不好而不得翻身。对这样不公正的政策，当时很少有人提出批评，至少我们在《史记》《汉书》等史书中尚未见到。相反，从皇帝至大臣，从政治家到学者，无一不是以农业为"本业"，商业是"末业""贱业"，从事商业的人自然就是贱民了，所以对他们怎么做也不过分。对商人的限制和迫害，都可以看成是"崇本抑末"的措施之一，因而推行之唯恐不及。在绝大多数人的头脑里，"本"和"末"是完全对立的，"崇本"只能以"抑末"为前提，"末"兴必定是以"本"衰为代价，似乎是无法两全的。

例如西汉初的贾谊就提出：

> 古之人曰："一夫不耕，或受之饥；一女不织，或受之寒。"生之有时，而用之亡度，则物力必屈。古之治天下，至纤至悉也，故其畜积足恃。今背本而趋末，食者甚众，是天下之大残也；淫侈之俗，日日以长，是天下之大贼也。……生之者甚少而靡之者甚多，天下财产何得不蹶！……今驱民而归之农，皆著于本，使天下各食其力，末技游食之民转而缘南亩，则畜积足而人乐其所矣。

在他看来，只要不是直接从事农业生产的人，无论是商人还是手工业者，都与"游食之民"没有什么区别，都在助长"淫侈之俗"，是"大残""大贼"，只有将他们都赶回田里去才是办法。"生之有时，而用之亡度，则物力必屈"（任何物资的生产都需要一定的时间，如果使用没有限度，那么物力必定会负担不了），这道理无疑是正确的，问题是商业是不是只是使用或浪费物力。

晁错的看法与贾谊相同，但把问题看得更加严重：

> 今海内为一，土地人民之众不避汤、禹，加以亡天

灾数年之水旱,而畜积未及者,何也?地有遗利,民有余力,生谷之土未尽出也,游食之民未归农也。民贫,则奸邪生。贫生于不足,不足生于不农,不农则不地著,不地著则离乡轻家,民如鸟兽,虽有高城深池,严刑重法,犹不能禁也。……而商人大者积贮倍息,小者坐列贩卖,操其奇赢,日游都市,乘上之急,所卖必倍。故其男不耕耘,女不蚕织,衣必文采,食必粱肉;亡农夫之苦,有仟伯之得,因其富厚,交通王侯,力过吏势,以利相倾;千里游敖,冠盖相望,乘坚策肥,履丝曳缟。此商人之所以兼并农人,农人所以流亡者也。今法律贱商人,商人已富贵矣;尊农夫,农夫已贫贱矣。……方今之务,莫若使民务农而已矣。

他把当时不能出现商汤、夏禹那样的太平盛世,归咎于"游食之民未归农",而"游食之民"显然主要是指商人。晁错要将百姓束缚在土地上,还在于他认为一旦百姓离乡,就会像"鸟兽"一样难以禁止,对统治者构成威胁。

贾谊、晁错等人强调农业的重要性,无疑是正确的,但把商人列为"食者""游食之民"却是错误的,把农村的兼并和农民的贫穷完全归咎于商人,而将商业的发达当成粮食储备不足的主要原因,更不符合实际;企图用全民皆农的办法达到增加粮食储备、改善农民生活状况的目的,自然不会有成功的可能。

他们的这些看法来源于农业社会的传统观念,即"一夫不耕,或受之饥;一女不织,或受之寒"的古训。在生产力极其落后,每个人所生产的物资充其量只能养活自己的情况下,人人必须直接从事耕织，既不可能，也没有剩余物资可供流通或交换，当然就不需要、也不可能有职业商人的存在。由于这种观念根深蒂固，所以尽管西汉初年的农业生产水平已经能为商业的发展提供物质基础，商人和商业的存在完全有其必要，人们还习惯认为，不直接从事农业生产的人皆是不劳而获。

实际上，不直接从事农业生产的并不仅仅是商人，皇室、贵族、官吏、儒生、军人、手工业者和一部分奴婢也都是靠农民供养的。但皇室和贵族是天生的统治者，官吏和儒生是"食于人"的劳心者，当然没有当劳力者的必要；军人和奴婢虽然不干农活，却是统治者和劳心者必不可少的；所以只有商人和手工业者被列为末业。但手工业毕竟有具体的产品，或者为国计民生所必需，或者是统治者不可或缺的奢侈品，所以手工业者的地位总比商人要高一些，倒霉的商人就只能当末业的代表，作"抑末"的牺牲品了。

商人另一个引起人们强烈不满的方面是他们的生活：你不耕不织，如果粗茶淡饭，布衣草鞋也就算了，偏偏"衣必文采，食必粱肉"（衣服必定要穿花色鲜、料子好的，吃的必定是精米和鱼肉），大商人还要"千里游敖，冠盖相望，乘坚策肥，履丝曳缟"（不远千里地出访或游玩，出动不少车辆，车盖排列成行，坐着宽大的马车，赶着高头大马，脚上穿丝织的鞋子，身上披着精织的缟衣），岂能令人容忍？而且，穿什么式样和料子的衣服，吃什么标准的伙食，坐什么规格和牌号的车子，不是简单的经济问题，而是政治问题——级别和身份的标志。皇室、贵族的享受来自他们高贵的血统，靠的是上天的眷顾和祖宗的恩泽；官员们的享受是级别的规定和工作需要；

商人们什么也不是,不少人出身低微,不少人斗大的字不识一箩,就是有钱,却能过着王侯般的生活,不仅儒生们望尘莫及,连中低级官员也自叹弗如,但心里总是酸溜溜的不是滋味儿,对限制他们的法律手段自然会衷心拥护,严格执行了。

司马迁的观点却完全不同。《货殖列传》在列举了各地的特产后指出:

> 故待农而食之,虞而出之,工而成之,商而通之,此宁有政教发征期会哉?人各任其能,竭其力,以得所欲。故物贱之征贵,贵之征贱,各劝其业,乐其事,若水之趋下,日夜无休时,不召而自来,不求而民出之。岂非道之所符,而自然之验邪?
>
> 《周书》曰:"农不出则乏其食,工不出则乏其事,商不出则三宝绝,虞不出则财匮少。"财匮少则山泽不辟矣。此四者,民所衣食之原也。原大则饶,原小则鲜。上则富国,下则富家。贫富之道,莫之夺予,而巧者有余,拙者不足。

这就是说,吃饭要靠农民,物资的开采要靠掌管山泽的部门,器具的制作要靠手工业,商品的流通要靠商人,这根本不需要法律手段和行政命令,而是要人人发挥自己的才能,尽各人的努力,以满足自己的需要。因而商品从价格低的地方流向价格高的地方,就像水往低处流一样,这是自然规律。司马迁将农业、手工业、商业和原料的来源(山泽的开发)视为人民生活的基础(原),认为只有这个基础壮大了,才能富国富家。在司马迁的眼中,商业、手工业和农业拥有同等的地位,并不存在本末之别。

值得注意的是，司马迁所引的《周书》中的话，已不见于今天流传的《尚书》，可能是已经散佚了，但我很怀疑是被别有用心的儒生删去的。

司马迁以大量的事例，雄辩地证明了商业的重要性，记载了一些著名大商人的业迹。如果我们不断章取义的话，就不得不承认，被司马迁所称道的商人、手工业主、畜牧主，他们获得巨大的财富是理所当然的。不妨看几个例子：

蜀郡卓氏的先人是赵国人，因从事冶铁而致富。秦始皇灭赵国后，卓氏被强制迁移，身无余财，夫妻俩推着车，步行前往安置地。当时其他被迁徙的人都用身边留下的一点钱财贿赂押送他们的官吏，以便找个近一些的地方，结果被安置在葭萌。只有卓氏说："这里没有平原，又没有什么出产。我听说汶山脚下土地肥沃，出产大芋头，不会饿死人，百姓善于贩卖，容易做生意。"要求远迁该处。卓氏到达临邛后，很快发现了铁矿，大喜过望，立即就地冶炼铸造，产品遍销滇、蜀百姓。卓氏遂成为拥有上千家僮的巨富，生活的奢华足以与君主相比。

卓氏不仅掌握了一整套冶铁技术，而且具有开拓精神，在被强制迁移、几乎一无所有的情况下，依然不求苟安，不畏艰险，宁愿到边远地区从事开发。他生产的铁器产品遍及滇蜀，对促进当地经济的发展做出了重大贡献。要是当时赵国的"迁虏"中多一些卓氏那样的人物，西南地区的开发一定会加快很多。可惜见于记载的仅有另一位程郑，他的经历与卓氏相似，他生产的铁器远销南越，因而积聚的财富与卓氏不相上下。

或许有人会指责卓氏剥削了滇蜀百姓，要不他的巨大财富从何而来？但从滇蜀百姓乐意购买来看，他生产的铁器实在要比官方生产的那种"割草不痛"的农具更受欢迎，由此而增加的社会财富远比卓氏所得为大，卓氏就此致富又有什么不应该呢？也有人把卓氏拥有"僮千人"作为"工商奴隶主"或"剥削劳动人民"的典型。实际上，当时的官奴婢数量甚多，拥有"僮千人"或更多的贵族官僚也并非个别，例如武帝给骗子栾大的赏赐中就有"僮千人"，要说存在奴隶的话也不是卓氏的创造。何况卓氏的"家僮"中肯定大部分是从事冶铁的，就其对社会进步的作用而言，总比仅仅为统治者的生活服务要积极些。即使就这些"家僮"个人而言，他们所受的剥削未必比官奴婢或刑徒更大，他们的生活状况也未必比其他雇工差。至于卓氏"田池射猎之乐"的生活，尽管"拟于人君"，却完全是自己掏钱，与公费消费不同，不会加重纳税人的负担。总不能要求卓氏赚了钱自己不花，全部上缴国库或用于慈善捐款吧！

另一些商人和投资者的致富，是以对政治、经济形势的准确判断为基础的，是以敢为天下先、甘冒风险为前提的。如宣曲（关中某地）任氏是仓库主管，秦朝灭亡时，豪杰们纷纷收罗金玉，只有任氏大量储藏粮食。以后楚汉在荥阳一带大战，农民无法耕种，米价涨到一石万钱，任氏大发其财，豪杰们到手的金玉都流到了他手中。其他富人相互摆阔，任氏生活节俭，将资产投入农牧业；别人买土地和牲畜时只拣便宜货，任氏只求质优，不怕多花钱；结果他家几代都保持着富足。汉武帝刚开拓疆土时，边疆地广人稀，桥姚立即投入大量人力物力，不久就获得马千匹、牛两千多头、羊万余只和数万石粮食。吴楚七国之乱爆发后，在长安的列侯、封君被征召从军，为了筹办行装，向人借贷。由于列侯的封邑都在关东，而吴楚等国在关东叛乱，成败未定，投资者怕收不回本息，不愿放款。只有无盐氏信心十足，拿出千金供借贷，年利定为10倍。果然，吴楚之乱仅3个月就平息，无盐氏一年之内获利10倍，一下子成为关中首富。

一些历史书上将无盐氏作为高利贷的典型，既不符合实际，也有欠公允。当时已经专门有一批人从事借贷业务，被称为"子钱家"，大概是将本求利（以母钱赚子钱）的意思。但正常的借贷绝不会有如此高的利息，史料中也没有发现这样的例子。无盐氏进行的不是一般意义的借贷，而是风险投资，风险越大，利率自然越高。要是吴楚七国叛乱得逞，或者平叛战争持续多年，或者列侯的封邑遭受破坏，他很可能连本金都收不回。要是一点风险都没有，或风险很小，其他子钱家不会放弃赚钱的机会，就不会有人接受这样高的利率。如果没有准确的判断，没有冒险精神和必胜的信心，无盐氏也不敢投入如此大的资金。无盐氏固然赚了大钱，但国家获益更多，正是他的资金保证了列侯们及时从军，使部队能迅速集结行动。要是都像其他子钱家那样，"成败未决"的局面肯定会延长。就是对列侯们来说，尽管他们付出了高额利息，但由于封邑得到保全，也避免了更大的损失。所以无盐氏的致富完全是公私两利，称之为爱国行为也不过分。

齐地的刀间更是一位知人善任的商业奇才，他专门从奴隶中挑选人才，特别是那些被主人视为桀骜不驯却精明强干的奴隶，都加以收买，并委派他们去经营手工业和商业，获取利润。有的奴隶善于公关，用赚来的钱购置车马，结交地方官，就更能得到刀间的重用。刀间因而致富，拥有数千万资产。奴隶们在为刀间效力的同时，自己也成为富人，所以都说"宁爵毋刀"（宁可不改变奴隶身份，不要平民享有的爵位，也不愿离开刀间）。仅从敢于并且善于在奴隶中发掘商业人才这一点，就可以看出刀间的见识和能力。正因为他能够通过扩大和延伸经营管理的方式，不是把奴隶当作简单的生产工具和劳动力，而是充分利用他们的智力和能力，才能获得高额收益。尽管他无法改变奴隶们的身份，也剥削了他们的劳动成果，但奴隶们得到了原来根本不敢企望的钱财和地位。

司马迁还给我们提供了几个"各任其能，竭其力，以得所欲"的例子：

农业并不是收益高的行业，但秦扬经营得当，富甲一州。盗墓是不光彩的勾当，田叔却由此起家。赌博是恶业，桓发因而致富。男子汉看不起做行商，雍县人乐成却发了财。贩油脂的人地位低下，而雍伯赚了千金。卖浆是小生意，张氏却获利千万。郅氏靠磨刀这样的薄技而享受豪华的筵席，浊氏干制作胃脯这类小事而拥有高车驷马，张里凭马医的本领而过上王侯般的生活。

和卓氏等人一样，他们"皆非有爵邑俸禄、弄法犯奸而富"，而是靠自己的能力和"诚壹"（信誉和敬业精神）获得成功。所以太史公将他们称为"贤人"，记录他们的事迹，"令后世得以观择焉"。

当然，这些"贤人"只是将本求利，充其量只是奉公守法或遵守商业道德，还谈不上有什么突出的爱国事迹。而武帝时一位奇人卜式，以畜牧致富，却一次次做出了令人难以理解的贡献。

卜式是河南郡人，主要经营畜牧。他本来有土地住宅，弟弟长大后就将田宅都留给弟弟，自己只分了百余头羊到山里放牧。十几年后，卜式的羊已增加到千余头，还买了田宅，而弟弟却破产了，卜式就不止一次将自己的田宅分给弟弟。

武帝用兵匈奴，卜式上书，愿意将一半家产献出资助军费，武帝派使者问他："想当官吗？"卜式答："从小放羊，不了解官场的事，不愿当官。""家里是不是有冤要申，或者想上书报告什么问题？""我生来不与人争吵，乡里的穷人我借钱给他们，不会经营的我教他们，我住在哪里，哪里的人就都听从我的话，我会受什么冤？"使者简直不能理解："既然如此，那你要干吗呢？"卜式说："皇上征匈奴，我以为有本领的人应该上前线不怕死，有钱的应该出钱，这样才能消灭匈奴。"听了使者的报告，武帝告诉丞相公孙弘，公孙弘认为卜式不符合人之常情，像这样不规矩的人不能树为典型，要不就乱了法制，请武帝不要理睬他。拖了几年，武帝也没有接受卜式的捐献，卜式也不在乎，还是回家放牧。

一年多之后，匈奴浑邪王率众归降，关东移民迁往西北，都得靠朝廷供养，仓库里都空了，还是不够开支。卜式得知后又拿出20万钱给河南太守，要求用于资助移民。在河南郡上报的捐款富人名单中，武帝发现了卜式："肯定就是上次那个要捐一半家产助边用的人。"武帝赏给他400个免除服役的指标，他又全部上缴。当时富豪们都争着隐匿自己的财产，只有卜式主动捐献，武帝断定他是忠厚长者，召他来封为中郎，授予左庶长的爵位，奖励田10顷，将他的事迹布告天下，作为百姓学习的榜样。

卜式还是不愿当官，武帝说："我在上林苑中有一群羊，你就替我牧羊吧。"卜式就以郎官的身份，穿着布衣，脚蹬草鞋当了羊倌。一年多之后，武帝经过牧地，见羊长得很肥，数量也增加了，十分赞赏。卜式说："不但牧羊，治理百姓也应该如此，让他们起居适时，坏的及时除去，别让他们害了大家。"武帝觉得他的话不同一般，想试着让他治理百姓，就任为缑氏县令，缑氏人反映他管理有方；调到成皋县，该县的漕运完成得最好。武帝认为他朴实忠诚，任命为儿子齐王的太傅，后来又调任齐国的相。

南越吕嘉反叛的消息传来，卜式上书，请求与儿子一起，率领临淄的弓箭手和博昌的船工上前线参战。武帝下诏表彰，赐他关内侯爵位，黄金40斤、田10顷，并布告天下。可是全国没有任何积极的反响，上百名列侯没有一人要求从军，到了列侯们献金助祭宗庙时，武帝令少府检测他们上缴的"酎金"，发现不是分量不足，就是成色较差，气得他一下子免去了百余人的爵位。武帝更感到卜式的可贵，提升他为御史大夫。

御史大夫相当于副丞相，是文职官员中仅次于丞相的高官，牧羊出身的一介平民在和平时期能获得如此宠幸，实在是罕见的际遇。这是卜式人生的巅峰。到了这个地步，他不得不介入朝廷政务，与武帝的主张相左就在所难免了。卜式发现各地对实行盐铁专卖都不满意，官造的铁器质次价高，却硬性配给，强令百姓购买。对商船征税后，商人减少，商品涨价。完全不懂官场规矩的卜式，不像其他大臣那样总是为现行政策歌功颂德，向武帝提出了自己的意见，引起武帝不悦。加上武帝正忙于筹备封禅大典，应该负有重要责任的这位御史大夫却没有什么文化，更不懂礼仪，所以不到一年，卜式就被降职为太子太傅，理论上是太子的老师，实际是可有可无的闲职，但卜式有机会还是要说话。自从桑弘羊主管财政和商业后，大力推行均输平准等政策，成绩显著，博得武帝的嘉奖。那年出现小旱，武帝命令百官求雨，卜式上书："朝廷的开支应该依靠百姓的租税，现在桑弘羊让官吏坐在市场上，贩卖货物求利，实在太不像话。将桑弘羊下油锅烹了，天就会下雨。"这当然动摇不了桑弘羊的地位，他最终被提升为御史大夫。但武帝对卜式还是优容的，使他得以善终。

对卜式致富的原因，史书中没有更详细的记载，不过可以肯定不是靠种田，而是靠牧羊。但一般的牧羊也不可能使他积累如此多的财产，看来他必定是一位养羊专家，或者是兼营商业，最大的可能还是两者兼而有之。卜式的可贵之处，一是忠君爱国。他一次次捐献财物，甚至准备上前线作战，却毫无个人动机，即使一时不为朝廷所理解也一如既往。在担任高官后，他丝毫没有考虑到如何保住爵禄，也不管向武帝进逆耳的忠言会带来什么后果，直截了当地反映百姓的意见。要是当时的大臣都如此，武帝推行的一些错误政策或许不会持续那么多年。他的另一可贵之处，是对国家机构职能的正确理解，不但通过牧羊悟到治民之道，而且反对官商合一。显然他主张朝廷只管征收赋税，让百姓合法地经商发财，但发了财的人也应该像他一样，主动为国家着想。

如果商人或发了财的人都像卜式那样，或许根本不需要武帝时出笼的一系列对付商人的政策，可惜卜式是绝无仅有的典型。而汉朝的商人中，像司马迁所称道的那些富有"诚壹"精神和开拓意识的商人只是极少数。其实任何一个朝代都是如此，制定政策的基础是大多数普通商人，其中自然不乏大大小小的奸商、官商和半官商。

司马迁对货殖的热情讴歌在当时并没有产生什么反响。就在元狩四年（前119年），汉武帝颁布了"算缗"和"告缗"令，对商人实行全面管制和搜括。所谓"算缗"，主要有以下几个方面：凡是商人和从事物品制造、借贷、买卖、出租房屋供商业活动、储存货物以及其他商业行为的人，无论是否有市籍，先自己估计营业收入，按2000钱一算（120钱，税率为3%）的比例纳税。从事金属冶炼等手工业、囤积和贩卖有关货物的人，其营业额按每4000钱一算的比例征收。除了官吏、三老、北方边疆地区的骑士以外，其他人所有的自用轺车（小车），每辆征收一算；商人的轺车每辆征收二算。船身长5丈以上的船每条征收一算。不主动申报的或申报不实的罚戍边一年，财产没收。又重申有市籍的商人及其家属不得占有土地，违者没收。为了鼓励检举揭发，规定将被检举者所没收财产的一半作为对检举者的奖励，这就是"告缗"。六年，武帝任命杨可主管全国的"告缗"，并将反对此举的右内史（首都特区长官）义纵以"废格沮事"（抵制破坏法令实施）的罪名公开处死。从此，告缗之风遍及全国，到元鼎二年（前115年）就取得辉煌战果：由于发动充分，检举揭发者积极性高，使朝廷没收了成亿财物、上万的奴婢；各县没收的田多者数百顷，少者百余顷，住宅也数以百计；中产以上大多破产，而国库却一下子充实了。

元狩五年（前118年），汉武帝下令实行盐铁专卖，即将各地的煮盐、冶铁均收归政府管理，全部收入用以补充赋税。官府招募盐户，提供一定的生产工具和生活费用，其他费用自理，产品由政府包销。私自铸铁、煮盐者处以斩左脚趾的刑罚，并没收产品。不出铁的郡国设立小铁官，管理铁器的专卖。

这一建议是由大司农颜异提出的，而具体操作的是他的下属大农丞东郭咸阳和孔仅、侍中桑弘羊，东郭和孔两人都是大盐铁商出身，而桑则是洛阳商人的儿子，心算能力极强，不用算筹就能算出结果。让他们来对付商人，可谓"以毒攻毒"，商人们只能乖乖服从。不过那位东郭先生和孔先生大概不会有如此高的觉悟，想来也是迫于形势的选择。

于是东郭咸阳和孔仅被派往全国各地去落实措施，设置了数十个专卖机构——盐官和铁官，选用饶有资产又内行的人为主管官员。国家垄断盐铁的结果，是夺取了商人的丰厚利润。

元封元年（前110年），汉武帝又在全国推行均输、平准法，进一步控制流通领域，即在各地设置专职官员，负责收购物资，根据路途远近和运输状况进行调剂，在京师设立"平准"机构，以各地输入的物品及官方制造的产品为本钱，进行交换和买卖，以平抑物价。由于官方行政机构拥有的渠道远比民间商人畅通，资产远比一般商人丰厚，商人自然无法与之竞争，朝廷大获其利，据说百姓的负担也没有增加。不过朝廷的主要财源,显然还是直接从商人和手工业主那里没收来的。

各地的盐铁、均输、平准官十之八九是原来的商人,按理说是驾轻就熟,但一旦成了官员或官商,就出现了新弊病。例如铁官们为了完成生产指标,纷纷生产"大器",而百姓日常需要的器具却供应不足。偷工减料使产品质量低劣,以至农具"割草不痛",连草也割不断。本来应该在物价低时收购,贵时抛出,可是官商们常常反其道而行之,目的何在则因史料中未见记载,只能靠猜测了。至于这样的统购统销,官商垄断,私商普遍破产会造成什么结果,我们倒是不难想象的。

有的史学家赞扬汉武帝的政策是加强了中央集权,打击了不法商人,抑制了土地兼并。实际上,真正能"专山泽之饶"的不是商人,而是像宠臣邓通(汉文帝赐以铜山铸钱)、吴王刘濞(占有封国中的铜铁矿、盐场)这样的贵族官僚。商人占有的矿山、盐场不是出钱购买的,就是完全靠自己开发的,从来不可能无偿使用。从西汉初年就存在的对中央集权的威胁,从来就不是来自商人或手工业者,因为即使只考虑自己的产业,商人们也不会赞成分裂割据。商人中当然会有不法之徒,但全国中等以上的商人个个"不法",这"不法"的含义就不言自明了。土地兼并也不是商人的专利,贵族、官僚、宦官、豪强地主无不兼并,并且多数是依仗权势掠夺,不像商人那样出钱购买。再说,商人购买了土地后不会自己耕种,而他们对雇工收的租税也不可能比官僚、豪强和其他地主更高。

使商人热衷于购买土地的主要原因,正是当时的法律和社会习俗对商人的歧视、限制。商人要改变自己低贱的社会地位,唯一的途径就是成为土地的拥有者,由"末业"转入"本业"，如司马迁所谓"以末致财，以本守之"。其实，商人以资本购买土地的最大危害，并不在于加剧土地兼并，而是减少了商业资本，影响了商业的发展。直到明清时代，成功的商人也还要把大量资产用于捐官、买地、建住宅、造花园、为子弟求学、养清客、藏书画，或者挥霍浪费，却很少用于扩大投资。

　　总之，依靠压制商业、打击商人搜括财富，实际上破坏了国家正常的商业流通，对经济的消极影响并不比农业歉收或自然灾害的影响小。可是在传统的本末观看来，只要商人和商业活动减少了，种田的人肯定就会多，粮食就能增产。但经济规律并不以汉武帝或其他什么人的意志为转移，武帝死后，抑商政策就开始松动，原来的规定大多已成具文。西汉后期，外戚、官僚纷纷涉足商业，官商越来越多，越来越富。初元五年（前44年），元帝取消了盐铁专卖，此后虽一度恢复，但最终完全取消，东汉时再未恢复。平准、均输法也逐渐废弛。东汉时期，由于地主、官僚、豪强越来越多地从事商业，地主、官僚、商人已经没有什么区别。至此，商人的卑贱地位已成过去，但商业作为末业的帽子却一直没有摘掉，以至当代，这还是一个在史学界有争议的话题。

天下神器，不可力争！
汉光武帝刘秀的统一

对一度割据河西而又愿意归顺的窦融，刘秀在极力招抚的同时，直截了当地表明"王者有分土，无分民"的原则立场。对全力争夺帝位的公孙述，刘秀在耐心劝降的同时，发出"天下神器，不可力争，宜留三思"的严厉警告。正是始终坚持天下必须统一的"君臣大义"，刘秀才成为最终的胜利者。

公元25年8月5日，在鄗县南的一个土坛上，刘秀宣布即皇帝位，建元建武，将鄗县改名高邑县，这个地方以后也改称千秋亭五成陌。

不过在当时，除了刘秀的少数谋臣和大将外，大概很少有人会相信，他会在十几年后一统天下，恢复汉朝，并使之延续了近二百年。

当时更始帝刘玄还是名义上的"天下共主"，称帝前的刘秀也是他的下属，更始政权一度控制全国大部分地区。在刘秀称帝前后存在的割据政权可谓多如牛毛，称帝称王的也不在少数：王莽的庐江（今安徽淮南西部）连率（郡级长官）李宪称淮南王，后自立为天子。邯郸一位算命的王郎自称汉成帝的儿子，起兵称帝，得到今河北北部直到辽东一带的响应。公孙述占有汉中、巴、蜀，称蜀王，不久又称天子。宗室梁王刘永在睢阳称帝，据有今河南东南和相邻的山东、安徽一带。张步占据今山东大部，称齐王。赤眉军立宗室刘盆子为帝，不久进占长安，取代更始政权。隗嚣占有天水、陇西等郡（今甘肃陇中、陇南）称西州上将军。窦融割据河西走廊，自称河西上将军。卢芳在三水（今甘肃陇东北部和宁夏中部）称上将军、西平王，后被匈奴立为帝。渔阳太守彭宠攻下蓟城，自称燕王。南阳一带有秦丰称楚黎王，还有在汉中称武安王后进入南阳的延岑等。称帝前，刘秀虽然已灭王郎和河北各部，但实际控制的地区还不过今河北大部和一些相邻地区，既非兵力最强，也非占地最多。

　　刘秀的优势似乎只有一点——他是西汉的宗室。不过，更始帝刘玄、刘盆子、刘永等也都是宗室。而且刘秀与皇室的关系其实已经很远，他是刘邦的九世孙，从六世祖长沙定王刘发以下就一代不如一代，父亲刘钦只做过小小的县令，在他9岁时就去世了。西汉末年宗室人口已超过十万，像刘秀那样的宗室车载斗量，何止万千，实在算不上什么。

　　当然，刘秀称帝时还有理论根据——据说图谶称"刘秀发兵捕不道，四夷云集龙斗野，四七之际火为王"；"刘秀发兵捕不道，卯金修德为天子"——说明这完全是天意。但熟悉图谶这类骗局的人都知道是怎么一回事，其他的割据者几乎都有一套相似的图谶。图谶是人造的，也是人解释的，所以如果实在没有，成功以后也会有人来弥补。

刘秀获得最后的胜利自然有多方面的原因，但很重要的一点，就是他从一开始就确立了统一天下的目标。

在刘秀为是否马上称帝而犹豫时，部将耿纯的一番话使他下定了决心：

> 天下士大夫捐亲戚，弃土壤，从大王于矢石之间者，其计固望其攀龙鳞，附凤翼，以成其所志耳。今功业即定，天人亦应，而大王留时逆众，不正号位，纯恐士大夫望绝计穷，则有去归之思，无为久自苦也。大众一散，难可复合。时不可留，众不可逆。

耿纯本人就是率领"宗亲子弟"占据县城后投奔刘秀的，他所表达的正是这批攀龙附凤者的心态。他们之所以冒一定的风险追随刘秀，当然希望他能"正号位"，堂堂正正地做皇帝，最后统一天下。要是刘秀不愿称帝，不以统一天下为目标，那么他们就会"望绝计穷"，只能改换门庭了。刘秀能将包括"云台二十八将"在内的大批杰出人才网罗在手下，固然有他过人的长处，但对这些谋臣将士最大的吸引力还是为开国皇帝建功立业的机遇。

此后刘秀并非一帆风顺，对手也不都是草莽乌合之辈，但即使一时间无法消灭，或者不得不暂时容忍，刘秀也没有改变或降低目标，因而始终坚持了"君臣大义"。

在刘秀众多的对手中，对他威胁最大是西北的窦融、隗嚣和西南的公孙述。更令刘秀担忧的是，只要三人联合起来，不仅整个西北和西南不再为汉朝所有，而且关中也会腹背受敌，鹿死谁手就是未定之天。为了集中有限的力量消灭中原的割据势力，刘秀对他们极力拉拢抚慰，争取他们的支持和服从。但对最终统一的目标，刘秀是毫不让步的。

与刘秀相反，三人虽然都拥兵自重，具有举足轻重的地位，却从来没有一统天下的雄心。但三人的结局并不相同，窦融主动放弃割据，归顺刘秀，成为汉朝的功臣贵戚；隗嚣、公孙述既不敢与刘秀一争高下，却妄想长期割据自保，最终国破家亡，身败名裂。

窦融是西汉外戚后裔，由于高祖父当过酒泉的张掖太守，叔祖父曾任护羌校尉，堂弟又是前武威太守，在河西有很大的影响。窦融当过王莽的强弩将军司马，因军功封为建武男，妹妹做了大司空王邑的小老婆，因此能在长安"出入贵戚，连结闾里豪杰"，势力不小。他受王莽的太师王匡赏识，随军东征，参加过昆阳之战。在汉兵逼近长安的紧急关头，被拜为波水将军，领兵防卫新丰。但王莽覆灭后，他立即投靠更始政权的大司马赵萌，被任命为钜鹿太守。

尽管窦融左右逢源，但还是深知"天下安危未可知"，不愿到关东是非之地去当郡太守。他天天缠住赵萌辞职，要求改派河西，终于说服赵萌上奏，由更始帝任为张掖属国都尉（相当于郡太守）。他立即举家西迁，在河西结交地方豪杰，并抚慰羌族首领，培植和扩展了政治基础。当更始政权解体时，窦融联合酒泉太守梁统、金城太守厍钧、张掖都尉（仅次于郡太守的地方官）史苞、酒泉都尉竺曾、敦煌都尉辛肜推举他行使"河西五郡大将军"的职权。武威太守马期和张掖太守任仲孤立无援，只得挂冠而去，五郡太守完全由窦融重新任命。由于河西连成一片，免受战乱之苦，来自安定、北地、上郡（今甘肃东部、宁夏和陕西西部）的难民纷纷涌入，为窦融补充了大量人力。

此时刘秀已经称帝，在河西与刘秀之间的隗嚣宣布臣服刘秀，采用建武年号，并以刘秀的名义授予窦融将军印绶。但隗嚣实际上希望保持割据局面，所以派辩士张玄到河西游说："更始帝事业已成，如此快就覆灭，这是刘氏一姓不能再复兴的结果。现在轻易投了主子，成为他的部属，一旦受统制，自己就丧失了权柄，今后有危急，虽悔无及。"他煽动道，"今豪俊竞逐，雌雄未决，当各据其土宇，与陇（隗嚣）、蜀（公孙述）合从（纵），高可以为六国，下不失尉佗。"但窦融的头脑还是相当清醒的，他没有被当战国七雄或能像南越王赵佗那样长期割据的美梦所陶醉，还是审时度势，做出了效忠刘秀的决策。建武五年（29年），窦融派特使向刘秀奉书献马。

刘秀听说河西没有受到战乱破坏，人力物力充足，早就想招抚窦融，以加强对隗嚣和公孙述的压力，见到窦融的特使自然大喜过望。但他也知道情况复杂，胜负未定，特别是隗嚣与公孙述两方不会就此罢休，所以在封窦融为凉州牧的同时，向他发了一封充分展示恢宏气度和高超战略的"玺书"。刘秀直截了当点破形势："今益州有公孙子阳，天水有隗将军，方蜀汉相攻，权在将军，举足左右，便有轻重。以此言之，欲相厚岂有量哉！"在"王者迭兴，千载一会"的时机面前，刘秀让他在支持隗嚣或公孙述造成"三分鼎足，连横合从"，还是追随自己"立桓、文，辅微国"中及时做出明确选择。刘秀欲擒故纵，承认"天下未并，吾与尔绝域，非相吞之国"；又指出窦融身边必定有人劝他效法秦末任嚣托付赵佗割据岭南七郡那样的计谋，最后声明"王者有分土，无分民，自适已事而已"。这就是说，他可以给有功人员"分土"，封他们为王；但绝不会同意"分民"，听任国家分裂，容许不同的政权并存。

玺书在河西引起震动，大家都以为刘秀已洞悉张玄的活动。窦融立即上书表明立场："臣融虽无识，犹知利害之际，顺逆之分。岂可背真旧之主，事奸伪之人；废忠贞之节，为倾覆之事；弃已成之基，求无冀之利。"为了表示忠诚，他派亲兄弟窦友随使者去朝见刘秀。

隗嚣公开叛汉后，窦融致信隗嚣加以谴责和规劝，又在五郡秣马厉兵，上疏朝廷询问出兵日程，要求配合。刘秀将记录外戚世系的"外属图"与《史记》中的《五宗世家》《外戚世家》和《魏其侯（窦婴）列传》赐予窦融，正式承认窦融汉朝外戚的身份，又派专人到扶风祭扫窦融父亲的陵墓，并不断赏赐珍宝。刘秀对窦融的格外优待得到的回报是，在汉朝与隗嚣的军事对峙中，窦融始终站在汉朝一边，使隗嚣两面受敌。

建武八年，刘秀亲自西征，窦融率领五郡太守、羌族和小月氏等数万步骑兵、辎重五千辆与汉军会师，并以周全的礼仪朝见。平定隗嚣后，刘秀封窦融为安丰侯，破格划给他四个县作封邑，并遍封他的兄弟和部属。在刘秀东归时，又让他们全部返回河西驻地。

窦融对自己长期拥兵在外深感不安，几次上书请求派人取代，刘秀的答复是："我与将军的关系就像左右手，你一再谦让，难道不理解我的心意？好好管理军民，不要擅离职守。"

四年后，汉军攻克公孙述最后的据点成都，窦融与五郡太守才接到"奏事京师"的诏令。一到洛阳城门，窦融就将凉州牧、张掖属国和安丰侯印绶上交。刘秀退还了只代表俸禄的侯印，同意窦融辞去这两个集军政权力于一身的职位，另封为冀州牧，但不久便改任级别最高而无实权的文职——"三公"之一的大司空。从此窦融安享殊遇，窦氏同时有"一公，两侯，三（娶）公主，四二千石（年俸二千石的官职）"，"自祖及孙，官府邸第相望京邑，奴婢以千数"，在东汉的外戚与功臣中位居第一。

窦融不愧为识天命的典范，既然不具备争夺天下的能力，就老老实实归顺，小心谨慎效忠皇帝。刘秀也没有亏待他，虽然在天下平定后立即将他召到身边，解除了军政实权，但优礼有加，并没有像后世一些开国皇帝那样，誓要将降王置于死地而后安心。继位的汉明帝对窦氏也不薄，即使在窦氏子弟骄纵不法时，也使窦融以七十八岁高龄善终。

在东汉以后，河西曾多次成为割据政权的基地，并几度脱离中原王朝。窦融的选择使东汉的版图没有缺少河西，也使河西和中原百姓都免受战乱之苦，他的结局也应该算"善有善报"吧！

隗嚣在起兵后的相当长一段时间里也是"识天命"的。他在天水被众人推举为反抗王莽政权的"上将军"时，就听从军师方望的建议，打起恢复汉朝的旗号，隆重祭祀汉高祖、文帝、武帝，并与同盟的三十一将歃血立誓"允承天道，兴辅刘宗。如怀奸虑，明神殛之"。接着向全国发出声讨王莽滔天罪恶的檄文，并使用"汉复"年号，表达"兴灭继绝"的宗旨。很快组织起十万大军，在王莽被杀后控制了整个凉州（相当于今甘肃和相邻的宁夏、陕西、青海部分地区）。

当更始政权征召他去长安时，方望反复劝阻无效，留下一封意味深长的信。显然方望原来的建议不过是一种手段，目的还是要辅佐隗嚣夺得天下，岂料他当了真，方望自然会绝望而去。到长安后，曾与隗嚣结盟的叔父隗崔、隗义想逃回天水，隗嚣怕受到连累，大义灭亲，加以告发，两位叔父被杀，隗嚣因忠诚而被更始帝晋升为御史大夫。刘秀称帝后，他劝更始帝将政权交给刘秀的叔父刘良，对诸将策划挟持更始帝东归时他也参预，在更始帝觉察后他才不得不逃回天水，自称西州上将军。

隗嚣一向谦恭爱士，倾身结交布衣。更始覆灭后，长安一带的耆老和士大夫纷纷投奔，使他网罗了大批人才，一时"名震西州，闻于山东"。此时刘秀的势力还没有到达关中，而隗嚣不仅控制了西北，而且最有条件占据首都长安，但他的确没有取代汉朝的打算。建武二年，刘秀的大将邓禹进攻赤眉军，屯兵云阳，当其部将冯愔叛变时，隗嚣配合平定。当赤眉军离开长安西进时，他又派兵击溃，并一再追击。邓禹代表刘秀任命隗嚣为西州大将军，让他管辖凉州和朔方（今陕北、宁夏大部和内蒙古南部）二州。第二年，隗嚣派人到洛阳向刘秀上书，刘秀也以特殊规格待之，给予"敌国"的礼遇，称隗嚣的字而不称名，表示不敢将他当成自己的臣下。隗嚣又配合汉将冯异击败与公孙述有来往、进犯关中的朱鲔部数万人，接到报告后刘秀亲笔写了一封信。在信中，刘秀以周文王三分天下有其二还服事殷朝的话称颂隗嚣,赞扬他"扶倾救危"支援冯异的功绩,"微将军之助,则咸阳早已为他人禽矣"。希望在公孙述侵犯汉中、关中时,"愿因将军兵马,鼓旗相当"。如果他能这样做,今后必能"计功割地"。最后刘秀约定互相直接写信,以免受"旁人解构之言"的影响。

此时公孙述已称帝自立,几次从汉中出兵,给隗嚣送来了大司空扶安王的印绶。隗嚣自以为与公孙述是平起平坐的敌国,岂能向他称臣?立即杀了来使,又发兵击破公孙述的军队,使他无法北出。刘秀知道部将来歙、马援是隗嚣的旧友,几次让他们与隗嚣通讯,趁机劝他入朝,隗嚣谦让再三,说自己没有功德,等天下太平了就会"退伏闾里"。建武五年,刘秀又派来歙劝隗嚣将儿子送来朝廷。隗嚣得知河北的彭宠和关东的刘永都已被灭,只能让长子隗恂随来歙入朝。但他的部将王元、王捷却认为"天下成败未可知",不必一心一意服从汉朝。他们认为"今南有子阳(公孙述),北有文伯(卢芳),江湖海岱,王公十数",而"天水完富,士马最强,北收西河、上郡,东收三辅(关中)之地",就可以恢复秦国的旧业,只要出兵守住函谷关,养精蓄锐,"临日持久,以待四方之变",那么即使成不了王业,也能当个割据一方的霸主。隗嚣心里赞赏他们的策略,所以表面上送儿子给刘秀当人质,实际却想继续割据。驻守关中的汉将几次上书刘秀,认为平定公孙述的条件已经成熟,刘秀将这些上书转给隗嚣,让他出兵讨伐,以证明他的忠诚。这是刘秀很毒辣的手段:让隗嚣与公孙述火拼,自己却不调兵配合。隗嚣若真的用兵,必定会与公孙述两败俱伤;要是不愿出兵,就证明了他并未真正效忠。隗嚣的策略是派长史去强调关中实力空虚，北面又有卢芳的威胁，现在还不宜征蜀。这无疑使刘秀识破了他"欲持两端，不愿天下统一"的本性，于是降低了原来给予的高规格礼遇，明确君臣关系。

至此，隗嚣败局已定，因为正如荆邯对公孙述献策时所分析的那样，"隗嚣遭遇际会，割有雍州，兵强士附，威加山东。遇更始政乱，复失天下，众庶引领，四方瓦解"。隗嚣不趁此时"推危乘胜，以争天命"，却想学周文王对商朝一再退让，与一帮读书人在那里咬文嚼字，解散部队，停止演习，用低下的态度效忠汉朝，还自我陶醉为周文王复出。使刘秀完全消除了关陇之忧，集中兵力东伐，"四分天下而有其三。"这当然使西州豪杰都将希望寄托在东方，或者派密使接洽，或者归顺效忠，使汉朝占了天下的五分之四。如果汉朝想出兵天水的话，隗嚣是必定要溃败的。在最有利的条件下，隗嚣没有争天下的决心和措施，等到刘秀统一的大局已定，却想割据称王了。而且到了此时，隗嚣还幻想采用两面手段与刘秀周旋，态度暧昧，使原来抱着建功立业的愿望来投奔的"游士长者"因看不到前途而纷纷离去。

建武六年，关东完全平定，但连年征战也使汉军疲于奔命，鉴于隗嚣已经送长子来当人质，公孙述一时也构不成威胁，刘秀还是希望和平解决两地的割据，要诸将暂时置之度外，并多次派人送信，向两人"告示祸福"。由于隗嚣的秘书们文才出众，每次上奏的文书都成为士大夫传诵的名作，刘秀对隗嚣的答复用词和语气都特别小心。但两件偶发事故使刘秀争取隗嚣的政策一时受挫：隗嚣的特使周游经过汉将冯异防区时被仇家所杀，刘秀派铫期赐给隗嚣的珍宝缯帛在途中被窃。

平心而论，隗嚣没有做任何对不起刘秀的事，即使想割据自保，也只限于自己的辖境，没有侵占汉朝一寸土地。他没有听从刘秀出兵征讨公孙述的命令，无非是为了保存实力，也不愿失去公孙述这个潜在的盟友，却并没有联合公孙述对抗的意图。刘秀也明白隗嚣是位"长者"，但统一的进程不能因此而延迟，所以亲自指挥，进驻长安，派七位将军绕道经陇坻（今六盘山南段）伐蜀，并先派来歙带着诏书向隗嚣说明形势。隗嚣怀疑汉军是以假道为名，害怕他们会趁机对自己不利，就调动军队，据守陇坻，伐木堵塞道路，企图杀害来歙，但被他逃脱。汉军进攻陇坻，被隗军大败。接着隗军侵入关中，也被汉军逐回。

到了这一地步，隗嚣居然还想玩弄手段，他上疏谢罪称："部下得知大军突然到达，惊恐之间急于自保，我无法禁止。虽然队部打了大胜仗，我还是不敢废臣子之节，亲自追还。古时虞舜事奉父亲，稍挨几下打就忍受，打得太厉害了就逃避，我虽然不敏捷，怎么能忘了这道理？事到如今，我的命运都在朝廷手中，要杀要罚，悉听尊便。但如能蒙恩给我洗心革面的机会，死了也不朽了。"有人指出隗嚣傲慢无礼，要求杀了他的儿子。刘秀不忍，又派来歙去接近陇坻的汧县传达诏书："……隗嚣是文官，应该懂道理，所以再赐书。话说深了似乎太不客气，说简单了又怕解决不了问题。现在如果真愿投降，就再将隗恂的弟弟送来，那还能保全爵禄，后福无穷。我快四十岁了，带兵十年，厌恶浮语虚辞。如不愿意，就不必答复了。"隗嚣知道已被刘秀识破，只得派使者向公孙述称臣，至此双方彻底决裂。

建武七年，公孙述封隗嚣为朔宁王，又派兵声援。但此时的隗嚣已毫无优势可言，他两次进攻汉军，都无功而返。刘秀又发动新的政治攻势，通过来歙策反了隗嚣大将王遵。王遵立即受到重用，建武八年刘秀亲自率诸将进军陇坻，王遵被委任代表皇帝留守长安，连大司马吴汉也受他节制。王遵没有辜负刘秀的重托，他成功地策反了隗嚣的另一位大将牛邯，并导致其他十三位大将、十六座县城和十余万军队投降，隗嚣的统治土崩瓦解，逃往西城依靠杨广，另两位部将困守上邽。刘秀再次招降，保证隗嚣父子的安全，并依照汉高祖对田横的许诺，"大者王，小者侯"。隗嚣还是不愿归降，刘秀杀隗恂，留下军队长期包围两城后东归。

一个多月后杨广病死，隗嚣已山穷水尽。垂危之际，忠于他的部将王捷登上被围的戎丘城，对着汉军高呼："为隗王坚守的都誓死无二心，请你们赶快回去吧！我现在就用自杀来证明。"当场自刎。这些残兵败将居然坚守了几个月，终于盼来了入蜀求援的王元、行巡、周宗带来的五千救兵。他们拚死奋战，冲入西城，将隗嚣接回冀县。汉军粮尽退回，安定、北地、天水、陇西四郡都脱离汉朝，重新归属隗嚣。

但经过连年战乱，这一带已是哀鸿遍野，连隗嚣也吃不饱饭了。建武九年春，又病又饿的隗嚣只得出城找杂粮吃，在悲愤中死去。使这位"长者"能稍感安慰的是，王元、周宗等部将继续效忠，立他的少子隗纯为王，一直坚守到建武十年被汉军攻克，才集体投降。不过，这样的结局其实早已注定，拖延的后果无非是更多无辜生灵的牺牲。

公孙述倒是一开始就想当皇帝的。他本来就是王莽的"导江卒正"（相当于蜀郡太守），王莽覆灭后就占据益州，自称蜀王。据说他梦中有人对他说："八厶子系，十二为期。"醒来后对妻子说："命倒是贵，可惜国运太短，怎么办？"他妻子学问不错，遵循孔老夫子的教导："朝闻道，夕死尚可，何况还有十二年？"据说当时还有龙在他的大堂上显身，夜晚大放光芒。为了印证这一谶语，公孙述还在自己的手掌上刺上"公孙帝"三个字。在刘秀称帝之前两个月，公孙述就已自立为天子，建元龙兴，颜色用白。

当时公孙述的地盘大致相当于今四川、重庆、贵州、云南和秦岭以南的陕西。更始帝败亡后，关中投奔公孙述的人数以万计，使他的部队扩大到数十万，他在汉中积聚粮食，在南郑建造宫殿，造了十层高的大船，还预先刻了全国地方官的印章，似乎要逐鹿中原。可是他的军队太不争气，两次出师关中都以失败告终，从三峡顺流而下的军队也攻占不了荆州的属县。

战场上不能取胜，公孙述就抓意识形态，他本来就对符命图谶感兴趣，又引经据典，从理论上证明他得天命的必然性。他认为，孔子作《春秋》时定了鲁国十二位公，也定了汉朝有十二位皇帝，到汉平帝时气数已尽，一姓不可能再受命。又根据《录运法》上"废昌帝，立公孙"；《括地象》上"帝轩辕受命，公孙氏握"；《援神契》上"西太守，乙卯金"，按五德的顺序，黄承赤，白继黄，金据西方，是白德，既然王莽的黄德已取代过汉朝的赤德，现在该由他的白德取代王莽的黄德，才符合正常的次序。手上"公孙帝"三字和府中龙的出现自然成为他得天命的证据。公孙述将这些内容写成宣传资料，向中原散发，成为刘秀的心腹之患，因为刘秀同样重视图谶。

刘秀亲自给公孙述写信，指出他对图谶的解释有误，"公孙"应该是指汉宣帝，命中注定要代汉的是"当涂高"，你难道是当涂高出世吗？手掌有字这一套都是王莽玩的把戏，值得仿效吗？刘秀对他的处境表示理解："你并非我的乱臣贼子，仓促间其他人也会像你那样行事，有什么好责备的呢？""君日月已逝，妻子弱小，当早为定计，可以无忧。"但最后还是发出警告，"天下神器，不可力争，宜留三思。"署名是"公孙皇帝"。

刘秀统一的目标是坚定的，对阻碍统一的势力不惜以武力清除，公孙述既然不愿投降，就没有任何犹豫的余地。可是他却满足于关起门来称王，一次次丧失与刘秀争夺天下的时机，坐待刘秀在消灭其他割据势力后的最后一击。他曾听从荆邯的建议，准备出动大军，分水陆两路向东、向北出击，但在弟弟公孙光和本地人的反对下而收回成命。他建立了全套的仪仗队，出入时大摆皇帝的威风；分封两个儿子为王，唯本族人是用，引起大臣们的普遍怨恨。

建武十一年，汉军节节胜利，长驱直入，前锋到达武阳。刘秀致信公孙述劝降，又重申宽大和保证。公孙述看后不无触动，将书信给亲信常少和张隆看，他们都劝他投降，公孙述却说："哪有投降的天子？"从此左右再也不敢说话。

面对压境的汉军，公孙述只能乞灵于暗杀，部将环安派人刺杀了汉将来歙，他又派人杀了岑彭。建武十二年，汉军杀了公孙述的弟弟和女婿，残部一片恐慌，日夜叛逃，连灭族的处罚也制止不了。刘秀仍想争取公孙述投降,又下了一道诏书,表示不追究杀来歙和岑彭的罪行,只要自行投降,还能保证家族安全。若再执迷不悟,就等于将肉放在虎口,何苦落得如此悲惨的下场?"将帅疲倦,吏士思归,不乐久相屯守,诏书手记,不可数得",这是最后通牒,"朕不食言"。公孙述拒不投降,断了这一线生路。

九月,吴汉率汉军进逼成都。公孙述用重金募集五千敢死队,由延岑率领迎战,又出奇兵包抄吴汉的后路,大败汉军,吴汉掉在河里,拉着马尾巴才脱险。但局部胜利挽救不了失败的大势,十一月,汉军攻至成都城北的咸门。公孙述翻看占卜书,上面有"虏死城下"的话,竟以为要应验在吴汉身上,亲自率兵出城作战,被刺穿胸部,掉下马来,当晚死亡。第二天延岑投降,吴汉入城,将公孙述妻儿族人全部杀光,延岑也被灭族,公孙述的头被割下送往洛阳示众。吴汉纵兵大掠,又一把火烧了公孙述的宫殿,成都一片残破。

建武十三年正月,吴汉率凯旋的汉军顺长江而下。此时刘秀正在洛阳宫中接受群臣的朝贺,其中就有大司空窦融,却没有本来也可以在场的隗嚣和公孙述——如果他们当初愿意投降,至少能封个"违命侯"吧!此时除了卢芳逃入匈奴外,所有的割据势力都已被消灭,刘秀最终完成统一大业,实现了汉朝的中兴。

"秦失其鹿,天下共逐之,高材者先得。"王莽失鹿后,经过十多年的共逐,刘秀得了天下。这并非因为他姓刘,而是由于他材高,特别是他有坚定的统一目标。正如公孙述的谋臣荆邯所说："兵者，帝王之大器，古今所不能废也。"刘秀的统一离不开武力。但同时他又采用种种灵活手段，争取以和平方式降服对手，可谓仁至义尽，在古代帝王中也不多见。

从道义上说，隗嚣、公孙述与刘秀之争不存在正义与非正义的区别，要是他们有能力，又能把握机遇，由他们来统一并非没有可能。但从统一与分裂的角度来看，刘秀致力于统一，而隗嚣、公孙述既抵制刘秀的统一，自己又不愿从事统一，或者不具备统一的能力，他们的灭亡是必然的，咎由自取，只可怜增添了无数冤魂白骨。反之，如果刘秀容许这种局面存在下去，不仅东汉政权未必能巩固，战争不会断绝，而且汉朝的疆域或许从此就分裂为不同的国家，或许就没有今天的中国了。

理想与现实之间
知识分子的两难抉择

公元167年，宦官曹节授意上报，将"钩党者"一百余名中高级官员逮捕法办。14岁的汉灵帝不懂"钩党"是什么东西，曹节解释说："'钩党'就是党人。"灵帝问："党人干了什么坏事，非杀他们不可？"回答是："他们结成一伙，企图干不轨的事。"小皇帝还是弄不明白："'不轨'又怎么样？"曹节说："那就是要推翻你，自己做皇帝呀。"灵帝这才准奏，结果被捕的党人全部非刑处死，家属流放边疆。

这就是中国历史上对知识分子集团的第一次政治迫害——党锢案的结果。

东汉桓帝延熹九年（166年），河内郡人张成的弟子牢脩向皇帝上书，控告司隶校尉（首都特区长官）李膺等人资助太学（国家最高学府）中的学生和访问学者，结交各地士人，相互串联，结成"部党"，诽谤朝廷，破坏社会风尚。桓帝震怒，下令各地逮捕这批"党人"，并且将他们的罪行布告天下，全民共讨之。案子送交三府（太尉、司徒、司空）审理时，太尉陈蕃拒绝署名受理，还上疏极力为他们申辩。桓帝更加生气，就将李膺、范滂等人关押到由宦官主管的黄门北寺狱刑讯逼供；又以推荐任用人员不当为由免了陈蕃的职。党人的供词牵连到陈寔等二百余人，也一律逮捕。其中有的人已经逃亡，都悬赏捉拿，全国通缉，朝廷派往各地办案的官员络绎不绝。中国历史上第一次对知识分子集团大规模的政治迫害就这样开始了。

此事的起因与汉桓帝不无关系。原来桓帝当蠡吾侯时，当过甘陵国人周福（字仲进）的学生，等到即位后就提拔他当了尚书（内阁常务官员）。而同郡人房植（字伯武）担任河南尹（首都所在郡的长官），在朝廷颇有声望。于是本地人编了两句民谣："天下规矩房伯武，因师获印周仲进。"（房伯武不愧是天下的榜样，周仲进当官不过是沾了当老师的光。）房、周二人的幕僚、门客、学生相互讥讽，制造舆论，又各自拉帮结派，逐渐势不两立，开始被称为"党人"。以后汝南郡太守宗资重用功曹（秘书长）范滂（字博孟），南阳郡太守成瑨也委任功曹岑晊（字公孝），这二郡中也流传出这样的民谣："汝南太守范孟博，南阳宗资主画诺。南阳太守岑公孝，弘农成瑨但坐啸。"（真正的汝南太守是范孟博，南阳人宗资只管签字划圈。南阳太守也是岑公孝，弘农人成瑨只要坐着嚷嚷。）当时太学有学生和访问学者3万余人，郭太（字林宗）和贾彪（字伟节）名声最大，他们与李膺（字元礼）、陈蕃（字仲举）、王畅（字叔茂）等人互相赞誉提携，太学中又传出了几句话：

"天下模楷李元礼,不畏强御陈仲举,天下俊秀王叔茂。"此外还有渤海人公族(姓)进阶、扶风人魏齐卿,都爱发表直率的意见和深刻的议论,揭露豪强时不留情面。连朝廷的高官也害怕他们的批评,吓得到他们家去时连车也不敢坐。

事件的导火线是几年前李膺杀了张成的儿子。张成有打卦算命的本领,平时以此广交宦官,连桓帝都信他几分。据说张成推算出皇帝将要大赦,就让他儿子杀人。当时李膺正任河南尹,将他儿子收捕。不久果然颁布了赦令,张成的儿子在释放的范围,李膺更加气愤,竟将他定罪杀了。所以张成的弟子就作了诬告。

由于连太尉陈蕃都已碰了钉子,朝廷百官没有人再敢为党人说话。新息县长贾彪到洛阳活动,说服了尚书霍谞、城门校尉(首都卫成司令)窦武于次年六月上书为党人鸣冤。窦武以皇帝丈人的身份指责"陛下所行,不合天意",并同时称病辞职。当时,连年水旱灾害严重,中原地区百姓饿死的近一半,绝户的也不少,南匈奴、鲜卑、乌桓及"盗贼"蜂起;36岁的桓帝虽然在上一年立窦武之女为他的第三位皇后,却一直没有儿子,因而对"天意"不能不有所顾忌。加上李膺等的供词中也涉及不少宦官子弟,宦官怕受到牵连,劝桓帝顺从"天意"加以赦免。于是桓帝大赦天下,将党人们释放回乡,终身管制,他们的名字都由朝廷记录在案。

但党人们从此声名大噪,范滂等人获释后刚离开洛阳,汝南、南阳二郡的士大夫迎接他们的车已有数千辆。此后各地的士人更是推波助澜,互相标榜,把天下名士都收罗起来,定出各种称号:最高的是窦武、刘淑(宗室,任侍中,相当于皇帝顾问)、陈蕃3人,称为"三君",即当代领袖。李膺等8人称为"八俊",即士人中的精英。郭太等8人称为"八顾",即能以自己的德行引导别人。张俭等8人称为"八及",即能够指导别人向领袖们学习。度尚等8人称为"八厨",意思是能以钱财救济他人。

当年冬桓帝死后,因无子,窦武主持迎立解渎亭侯刘宏(灵帝)继位,被封为大将军,总揽朝政;陈蕃出任太傅、录尚书事(首相)。窦武与陈蕃策划清除曹节、王甫等长期弄权、祸国殃民的宦官,任"八顾"之一的尹勋为尚书令,刘瑜为侍中,冯述为屯骑校尉(禁卫军司令),又下令征召被禁锢的李膺等党人进京,并请"八俊"之一的荀翌、陈寔担任幕僚,共同商定计划。天下士人都知道了他们的意图,纷纷准备效力。第二年(建宁元年,公元168年),陈蕃敦促窦武采取行动,但窦武一味依靠其女窦太后,而太后却处在曹节、王甫等宦官的包围之中,不愿下手。直到八月,窦武才从其党羽开刀,准备收捕曹节等人,但计划泄漏,曹节、王甫等抢先行动,占据皇宫,劫持了13岁的灵帝和窦太后,以他们的名义下诏逮捕窦武。窦武召集军队对抗,失败后自杀,陈蕃、刘瑜、冯述等均被杀,刘淑、尹勋等在狱中自杀,他们的家属都发配到日南郡(今越南中部)或其他边疆地区。这是对党人们的沉重打击,不仅"三君"身亡,政治势力被扫荡殆尽,而且招来了宦官们的疯狂报复。

建宁二年,在中常侍(皇帝身边的机要官员,多由宦官担任)侯览的指使下,山阳郡人朱并首先发难,上书控告张俭与同乡24人结成死党,"图危社稷"(阴谋颠覆国家),灵帝立即下令缉拿归案。大长秋（皇后宫内的主管官员，多由宦官担任）曹节也授意有关部门上报，将"钩党者"虞放、杜密、李膺、朱㝢、巴肃、荀翌、魏朗、翟超、刘儒、范滂等百余名中高级官员逮捕法办。14岁的灵帝不懂"钩党"是什么东西，曹节解释说："'钩党'就是党人。"灵帝问："党人干了什么坏事，非杀他们不可？"回答是："他们结成一伙，企图干不轨的事。"小皇帝还是弄不明白："'不轨'又怎么样？"曹节说："那就是要推翻你，自己做皇帝呀。"灵帝这才准奏，结果被捕的党人全部非刑处死，家属流放边疆。其余的党人有的已在此前死亡，有的闻风逃亡。一些人趁机泄私忿，将仇家列为党人。地方官迎合朝廷的意图搞扩大化，以至根本与党人无关的人也遭祸害，因此而被杀、被关、被逼逃亡的有六七百人，受到牵连的更不计其数。

熹平五年（176年），永昌郡太守曹鸾上书为党人鸣冤，言词相当激烈。灵帝大怒，立即命令当地将曹鸾用囚车押解进京，送监狱活活打死。又下令各地清查党人的学生、下属和父子兄弟，凡是当官的一律免职管制，处罚范围扩大到他们的五服之内。光和二年（179年），上禄县长和海提出：按照礼法，同一曾祖父的堂兄弟如果已经分居，就属于疏族，党人株连五服以内不妥当。灵帝才将追究范围限于三代之内。

中平元年（184年），以张角为首的黄巾起义爆发，中常侍吕强向灵帝进言："党锢时间长了，人们的怨气很大。如果一直不予宽大赦免，这些人与张角合谋，叛乱会越闹越大，到时就后悔不及了。"灵帝这才感到害怕，遂对党人实行大赦，将被流放的家属放回故乡。历时二十多年的政治迫害运动至此结束，但东汉王朝的最终崩溃也为时不远了。

这场党锢案当然完全是冤假错案。实际上党人们根本没有结成什么党，更不是现代意义上的政党，甚至并没有结成什么团体，最多只是一群意气相投的士人组成的非常松散的同盟。正因为如此，他们既没有共同的政治纲领，也没有周密的行动计划，面对政治迫害所采取的态度也是因人而异的。说他们要"图危社稷"更是冤哉枉也，且不说他们都巴不得为皇帝效劳尽忠，窦武、陈蕃和党人们要杀的只是一批宦官，就是对出自皇帝的迫害也无不逆来顺受，至多只是逃避，却从来没有任何反抗。

不过，平心而论，党人们并不是没有责任，要是他们的态度不是那么偏激，行为不是那么极端，策略不是那么幼稚的话，损失绝不会如此惨重，结果可能更接近他们的目标。

党人们的确都是学者士人，用今天的话来说，都是知识分子，其中不少人的主要事业是读经游学，设帐授徒。党人们的集体活动也只是互相标榜，评品人物，发表一些"危言深论"。但他们既不是闭门读书、埋头著述的纯粹学人，也不是优游林下、清心寡欲的出世高士；其中大多数是在任或离任的官员——从最高一级的文武官员大将军、太尉、太傅，中央各部门和一级政区的行政长官，到幕僚和县长；其余的也都是"家世衣冠"的乡绅和待价而沽的士人。党祸的起因表面上是宦官对反对他们的士人的报复，实际还是东汉权力斗争的一部分。党人们的领袖之一窦武就是一度权倾朝野、掌握拥立新君大权的外戚，而窦武与宦官较量的参与者和支持者就是这批党人。

东汉从和帝开始几乎都是幼主继位，母后临朝，外戚当权：和帝10岁即位，窦太后临朝，其兄窦宪执政。元兴元年（105年），27岁的和帝死，其子刘隆（殇帝）还不满1岁，即位后由邓太后临朝，其兄邓骘执政。次年八月殇帝死，邓太后与邓骘立和帝之侄、13岁的刘祜为帝（安帝），继续由邓太后临朝。延光四年（125年），32岁的安帝死，废太子刘保已11岁，但系宫人所生，没有即位的资格；而皇后阎氏为了能长期掌权，贪立幼主，与其兄阎显等迎立章帝之孙北乡侯刘懿（少帝）。刘懿即位时年不详，但肯定是幼儿，阎后当仁不让，以太后身份临朝，阎显执政。数月后少帝死，宦官孙程等18人密谋，拥立废太子刘保（顺帝），阎显被杀，阎太后被幽禁。建康元年（144年）顺帝死，两岁的太子刘炳（冲帝）即位，梁太后临朝，其兄梁冀任大将军。第二年正月冲帝死，梁冀不顾大臣立长君的建议，立8岁的刘缵（质帝）为帝，梁太后继续临朝，梁冀执政。一年多后，质帝中毒死，梁冀立15岁的刘志（桓帝）为帝，梁太后仍临朝，梁冀也继续执政。灵帝12岁即位，窦太后临朝，其父窦武执政。唯一的例外是，顺帝虽也是11岁即位，却是由宦官拥立，阎太后失势，阎显被杀，顺帝母亲已死，因而没有太后临朝。但7年后立梁皇后，外戚梁氏的势力迅速膨胀。顺帝死后，梁太后临朝3帝、19年。

东汉时之所以会接连出现这样的局面，一方面是由于皇帝死时还没有儿子或儿子太小，另一方面是因为太后和外戚都想继续掌权，故意选幼主继位。等皇帝长大后，不愿当傀儡，就要设法摆脱太后或外戚的控制。但由于外戚大权在握，皇帝只能依靠身边的宦官发动宫廷政变。如和帝14岁时与宦官策划，清除外戚窦氏。安帝28岁时邓太后死，方能亲政，同年即利用宦官废外戚邓氏。桓帝亲政后，梁冀继续独揽大权，桓帝与宦官合谋灭梁氏。宦官为了达到控制皇帝、巩固权力的目的，也主动掌握时机打击外戚，拥立顺帝，杀阎显就是一例。

在权力斗争的恶性循环中，士人们往往站在外戚一边。这固然是由于士人们不屑与宦官为伍，更主要是因为士人们要实现自己的抱负、干一番事业，就得做官，而外戚掌握朝政，正是士人们投靠的对象。相反，宦官的正式职务大多属于内廷，按正常途径与士人们不应发生直接联系。加上外戚为了巩固自己的权力，一般都竭力拉拢士人，所以除了梁冀过于飞扬跋扈，诛杀李固、杜乔等大臣和士人外，其余的外戚与士人的关系远比宦官与士人的关系密切。

但问题是，外戚与宦官并没有本质上的区别，宦官未必人人都坏，外戚也不见得个个比宦官强。像和帝时主谋杀窦宪的郑众，发明造纸术的蔡伦，参与灭邓氏的19名宦官中的良贺，灵帝时的吕强和丁肃等5人，都有值得称道的事迹，不愧为宦官中的佼佼者。特别是吕强，还直接推动了党锢案的解除。而外戚中尽管也不乏正人君子，或者颇有文治武功，但大多过不了迷恋权势和以权谋私这两关。就拿党人们尊为领袖的窦武来说，实际执政仅9个月，史料中似乎没有留下什么劣迹，但仔细分析就未必如此。桓帝死后，选择新君的决定权就操在他手中。《后汉书·窦武传》说他只是召见河间国的刘儵，询问该国的王子侯中有谁贤能，仅根据刘儵称道刘宏就决定立他为帝（灵帝）。以后的事实证明，灵帝根本无贤可言，而且他母亲与他的爱钱贪财，在帝后中是绝无仅有的。即使河间王一支中缺乏贤能，也不至于到了以灵帝为最佳的程度，窦武轻率地选择灵帝，看来还是想找一个便于控制的12岁孩子。凭着这"定策"的功劳，窦武心安理得地增加封邑，子侄升官封侯，此后王甫在反驳陈蕃称赞窦武"忠以卫国"时指责"窦武何功，兄弟父子，一门三侯？又多取掖庭宫人，作乐饮讌，旬月之间，赀财亿计"，看来不是无中生有。要是窦武执政的时间不是9个月而是9年，结果又会如何呢？这样的人做党人的领袖，领导党人与宦官斗，即使获胜，恐怕也不会有多少好作用。

在与宦官的较量中，窦武与党人们占有压倒性优势：党人占有朝廷的文武要职，控制着首都地区的军队和禁卫军；宦官弄权多年，作恶多端，积怨甚深，而党人们得到舆论的支持；皇帝为窦氏所立，对窦武有好感，又来自外藩，与宦官没有联系。但结果却是党人们的惨败，这只能证明他们的无能。

从当年年初开始，窦武与陈蕃就做了人事部署，要诛杀曹节、王甫等宦官的舆论已经造得"天下雄俊"都知道了，可是直到五月才找了两名中常侍开刀，又拖到八月才准备逮捕曹节、王甫。在这样的对手面前，即使不出现窦章奏章泄漏的偶然事件，宦官们也会有充分的准备，无怪乎能在一夜之间反败为胜。窦武迟迟不动手的主要原因是他过于重视女儿窦太后的作用，必定要等待太后的同意，偏偏这位女主在曹节、王甫的奉承下，对他们十分信任，一直不批准将他们法办。可以想象，即使窦武的奏章送到了太后手中，她也未必会立即采取行动。窦武既没有将太后与宦官隔离，也没有对太后与小皇帝实行保护，结果让宦官轻易地劫持，成了他们假传圣旨的工具。最令人不可思议的是，在上了逮捕曹节等的奏章后，窦武安心地回家休假了,而由党人指挥的禁卫军事先居然毫无准备,临时召集的数千军人不堪一击。

这一系列错误的步骤当然不是窦武一个人的责任,但恰恰暴露了党人们的致命弱点:志大才疏,言行脱节。他们是言论的巨人,却是行动的矮子;他们追求的与其说是政治斗争的胜利,还不如说是个人价值的体现。就拿党人的另一位领袖、这次行动的具体策划者陈蕃来说,他的疾恶如仇、直言极谏、临危不惧、不计私利(如多次冒死营救受迫害者,拒不接受封邑)不愧是道德的典范,而政治技巧和斗争策略却乏善可陈。陈蕃少年时的一件事曾传为佳话,正好说明了他从小就存在的片面性。他15岁时独居一室,父亲的朋友来看他时见屋子里又脏又乱,就问:"客人来了,小朋友为什么不打扫一下?"他回答:"大丈夫处世,当扫除天下,安事一室乎?"其实,扫除天下与打扫屋子是并行不悖的,能打扫屋子的人未必就不能扫除天下。相反,连屋子都不愿扫或扫不干净的人,又怎能扫除天下?不幸的是,陈蕃这样的人在党人中并非少数。

党人们的疾恶如仇,如果只是见于言论,即使过分一些也不至于有严重后果,但不少人是实权在握的官员,当然要付诸行动。而这些措施往往失去理智,以毒攻毒,或者违反了当时的法律,不仅无谓地激化了矛盾,而且授人以柄。像李膺不顾赦令已经颁布,杀了张成之子;岑晊为了让太守成瑨立威,拿不法富商张汜开刀,在赦令下达后不仅仍然杀了张汜,还杀了他的"宗族宾客"二百余人;贾彪当县长时,为了制止穷人杀婴,规定对杀婴者与杀人犯一样定罪;窦武的奏章中不仅建议杀曹节、王甫,还计划将其他宦官一网打尽;如此之类,都已超过了理性的限度，将中间势力推向敌方，当然会把自己置于绝境。联系到一些党人的矫揉造作，我们不能不怀疑有些极端做法的哗众取宠动机。

党人们的名士架子在相互标榜中越摆越大，并且被认为是理所当然的，公然用之于官场政坛。范滂出任陈蕃的下属，按照公务礼节晋见，陈蕃没有加以制止，范滂竟表示愤慨，马上扔掉官笏辞职。陈蕃向他道歉，也没有使他回心转意。范滂连与陈蕃都无法共事，并且只是为了毫无道理又微不足道的原因，又怎么能实现自己的"澄清天下之志"呢？其他党人也往往在官方征召时多次推辞，摆足架子（最后大多还是当了官），或者当了官后动不动就挂冠而去。显然他们更多的是考虑自己的声望，而不是社会的需要和其他人的利益。正因为如此，张俭依靠自己的"名行"，在逃亡中"望门投止"，让素不相识的人为他提供救援，却不顾数以十计的人被杀，"宗亲并皆殄灭，郡县为之残破"的严重后果，心安理得地在塞外避过风险，晚年还"不得已"接受曹操的征召，以84岁高龄寿终正寝。

在这场政治迫害中，党人的另一位领袖、与李膺齐名并备受赞誉的郭太（林宗）却能安然无恙，并能继续闭门教授上千弟子，看来似乎是奇迹，其实倒很说明问题。郭太虽然"名震京师"，但他认为汉朝已到了"天之所废，不可支也"的程度，拒绝出仕。他有自己的见解，但不发表"危言覈论"，不对宦官作无谓的刺激。窦武等被杀后，他"哭于野，恸"，表达了自己的极度悲哀，却没有与朝廷作公开的对抗。《后汉书》本传中还记录了不少生动的事例，突出地说明了他待人接物的原则性与灵活性，在奖掖引导士人时，也不排斥有缺点错误的人。可见，清浊善恶并不像多数党人说的那样绝对，对宦官和邪恶势力也不必事事对着干，更没有必要作无谓的挑战。李膺等的供词曾牵涉到不少宦官子弟，并引起宦官的恐慌，说明宦官们也不是不想巴结党人。如果像郭太一样处理得当，至少可以起到分化作用。可惜的是，像郭太这样的人在党人中实在太少了。

党锢案前后的事实，说明早在1800年前就存在着权力与舆论、政治与道德的对立和分离。郭太这样的一介布衣，回乡时到黄河边送行的士大夫有车数千辆，而只有李膺有资格与他坐同一条渡船，其他人只能像对神仙一样仰望。被朝廷罢官、逮捕或杀害的官员和士人会赢得舆论广泛的同情和支持，受迫害越重声望越高。被释放的党人尽管尚在管制之中，还是受到家乡士大夫数千辆车的欢迎。对朝廷通缉的党人，不惜弃官，不顾被满门抄斩并株连宗族而加以保护的也大有人在。这就是说，政治权力可以剥夺士人的官职、财产、自由以至生命，可以对他们肆意侮辱或施加刑罚，但却无法左右舆论，更不能改变士人们的信仰。士人以至社会对是非好恶的评判已经不是简单地屈从于政治权力，而是根据自己或本阶层独立的标准。这显示了古代知识分子人格的尊严、道德的感召力和对自身价值的追求，与那种政治权力完全控制舆论，政治标准就等于道德评判的社会相比，无疑是一种进步。但是这种进步的作用是相当有限的，因为在封建专制体制之下，知识分子永远无法解决两个矛盾：保持独立人格与服从皇权，实现自身价值与参与政治。

自从秦始皇建立君主集权的专制体制,并为汉朝所进一步巩固,又有了董仲舒等人的"天人合一"理论,皇帝和皇权已成为天意的体现,至高无上,神圣不可侵犯。诽谤皇帝就等于谋反大逆,是够得上杀头、腰斩、族诛的罪行。汉武帝时还增加了一条"腹诽"罪,更是天网恢恢、疏而不漏了,因为再能言善辩的知识分子大概也无法证明自己肚子里没有说过皇帝的坏话。批评皇帝的唯一根据是"天意",但具有讽刺意味的是,判断皇帝的所作所为是否符合天意,往往在于皇帝是否愿意接受批评。所以党人们也罢,其他士人也罢,无论他们有多高的声望、多广的影响、多大的胆量,批评或评价的对象是不能包括皇帝在内的。所以,对善恶是非、合法非法、忠奸贤愚的评判,一旦由皇帝表态,知识分子就不能也不敢再有议论了,因为不仅法律不允许,就是连发展了的儒家理论中也找不到这样做的根据。面对邪恶势力的各种倒行逆施,正直的士人会义无反顾地斗争,甚至可以将荣辱生死置之度外,因为他们相信这是奸臣所为,皇帝最多是受了蒙骗。但一旦证明这真是皇帝的旨意,或者皇帝亲自做了裁决,即便这是皇帝被欺骗或被劫持下做出的决定,士人们也就失去了一切抵抗的余地。或许有人依然保持了自己的思想,但不可能再有言论或行动,还有什么独立人格可言?

在党人中,范滂的死是最光明磊落的。在第一次被捕时,他与同案被押在黄门北寺狱,狱吏让犯人祭皋陶。范滂带头拒绝:"皋陶是贤人,也是古代的直臣。他要是知道我无罪,必定会代我向天申诉。如果我真的有罪,祭他又有何益?"狱吏要进行拷打,他见同案大多体弱有病,就要求从他开始,与同郡袁忠争着挨打。第二次逮捕党人的诏书下达时，督邮吴导来到县里，抱着诏书，在宾馆闭门痛哭。范滂闻讯后，知道一定是为了他，就主动到县监狱投案。县令郭揖大惊，他立即扔下印绶，准备与范滂一起逃跑，说："天下如此大，先生为什么要到这里来？"范滂说："我死了祸害才能停止，怎么敢以我的罪连累您，又让老母流离失所呢？"他既没有像张俭那样不顾别人的死活，千方百计地逃亡；也不像有些人那样自杀；而是从容诀别亲人，拒绝别人的营救，主动投案，接受一切刑罚。表面看来，在独立人格与皇权发生冲突时，范滂已经无条件地服从了皇权，心平如镜，视死如归。但他对儿子的遗言却透露了内心激烈的冲突和深切的悲哀："吾欲使汝为恶，则恶不可为；使汝为善，则我不为恶。"坏事干不得，好事又不能做；自己做了还可以心安理得，总不能让儿子也这样做；这岂不是范滂个人的悲剧？古往今来，又有多少知识分子不得不面对这样永远无法两全的痛苦抉择！

知识分子多少有点知识，这是他们的幸运，也是他们的不幸。有了知识，就想有运用的机会，就不会满足于有饭吃，有衣穿，有妻室儿女，这就是所谓实现自身价值。但汉代的知识分子能学的、能干的事实在少得可怜。除了天文、历法以外，其他的科学技术几乎都是"医卜星相""百工"的贱业，法律、经济和管理也大多是吏胥的专利，琴棋书画之类对绝大多数人来说只是业余爱好，知识分子能做的只有读书和做官。在皇权垄断一切的社会，要实现自身的价值，舍做官就别无他途。可是做了官就只能服从法律和上司，就绝对避不开现实政治。嫉恶如仇会有党人那样的下场；洁身自好或许能做到，却会因此而一事无成；同流合污又有违初衷，而且不齿于士林；急流勇退倒也干脆，但原来的理想也随之成为泡影。

不过，对绝大多数知识分子来说，更大的不幸是他们连做这两种选择的机会都没有。东汉后期在全国五六千万人口中，县以上官员和贵族的定额是10万，其中相当大一部分是世袭或变相世袭的，留给士人竞争的职位更少，而光太学生就有3万，全国的知识分子估计有数十万。隋唐以后，读书人还能应科举考试，多少有个公平竞争的机会。东汉时实行的却是荐举制，士人得由地方官逐级推荐，或由官员聘任，或由朝廷征召，都得在学问和品行上有知名度。对大多数出身平民、家境贫寒的士人来说，要靠学问出众而成名难乎其难，品行上达到"孝廉"或名士的水平倒相对容易一些，而投靠名士，推波助澜，扬清激恶，党同伐异，臧否人物，更不失为一条捷径。如会稽阳羡人许武已经被举为孝廉，因为两个弟弟许晏、许普没有什么特长，想让他们成名。于是向他们提出三兄弟分家。将家产分为3份后，许武自己取了最肥的田、最大的住宅、最得力的奴婢，而两个弟弟分到的都比他差得多。于是舆论哗然，一致称赞弟弟克己谦让，批评许武贪婪，许晏、许普因此都获得地方上的举荐，成为孝廉。这时，许武将宗族亲戚请来，哭着告诉大家："我当哥哥的不成器，先窃据了声誉和地位。两位弟弟年长了，却还轮不到荣华富贵，所以我提出分家，自己揽一个恶名。现在我替他们管理的财产已经增值三倍，全部分给弟弟，我一点也不留。"他因此受到全郡的一致赞扬，名声大振，以后官至长乐少府。这样的曲线求名，似乎已到了不择手段的地步，但按照正常的途径，这两位弟弟大概绝对不可能当上孝廉,而那些世家大族的子弟,再卑鄙无耻、愚昧无知,也照样能得到举荐,甚至位至公卿,那最应该受到指责的就不是许武了。"举秀才,不知书。察孝廉,父别居。寒素清白浊如泥,高第良将怯似鸡。"这类名实之间完全矛盾的现象发生在东汉末年,和党人们风流显赫于一时一样,都不是偶然的。

生在乱世的知识分子有更多建功立业的机会,多少有选择主子的自由,成功了就是王侯将相,失败了也咎由自取,至少实现了自身价值。秦汉之际的郦食其,虽然最后被扔进了油锅,但他毕竟为汉朝的建立做出了特殊的贡献,在历史上留下了他的事迹,因此至死不悔。生在治世的知识分子可以安享圣君贤臣的恩泽,循着科举的阶梯往上爬,碰到"稽古右文"的皇帝,还有机会参加国家大型文化项目,不但无衣食之忧,还能捞个一官半职。可惜中国历史上大多是不治不乱之世,就像党人们所处的时代那样,知识分子就只能挤在成名和做官的独木桥上了。从这一角度来看,我们就不难理解,为什么司马迁会忍受腐刑的奇耻大辱,而不是一死了之,要不他怎能写成《史记》?东汉末年的蔡邕是在董卓威逼下才出仕的,但在董卓被杀后居然会表现出对他的同情,原因就在于董卓对他的尊重和为他编撰汉史提供了条件。所以他临死还要哀求王允,愿意接受黥面(在面上刺字)、刖足(砍去脚)的刑罚,留他一命,以便编完汉史。另一方面,一些人不惜以生命(甚至全家和亲友们的生命)作为实现自身价值的代价。党锢案中不乏自投罗网的人,还有的人根本没有被列入党人名单,竟主动要求补入。他们当然知道这样做的后果,但在精神上却找到了满意的归宿。明朝皇帝以廷杖对付敢提意见的官员,常常有人被当场打死，被视为对士大夫莫大的侮辱。面对这样的待遇，天下士人竟会"羡之若登仙"，甚至会有人主动争取。

今天的知识分子或许无法理解，但这是千百年来的事实，而《后汉书·党锢列传》就是其中的第一篇实录。

汉魏故事
禅让的真相

光和六年（183年），张角与他的弟子正策划起兵推翻汉朝，他们使用的口号是："苍天已死，黄天当立，岁在甲子，天下大吉。"第二年，张角率领头戴黄巾的部众举起了反汉大旗，天下响应，举国震动。

但黄巾起义被汉朝镇压了，汉朝在名义上又延续了36年，到公元220年才被曹丕建立的魏所取代。据说魏属土德，所以尚黄色，连曹丕用的第一个年号也称为"黄初"，黄天真的取代了苍天。而曹丕实行的却是模仿尧、舜、禹的禅让，以后成为"汉魏故事"。

相传上古时的唐尧将天下传给了虞舜，这就是儒家所津津乐道的"唐虞故事"。据说以后舜又传天下于夏禹，又有了一个"虞夏故事"。但禹死了以后，他原定的继承人益却没有继位，让禹的儿子启得了天下。其原因有两种说法：一是益主动让给了启，一是启杀了益。无论如何，禅让的故事到此结束了，因为从启开始历代统治者就都传位于自己的儿子，实行"家天下"了。

今天的历史学家完全能够用人类社会发展的规律来解释这种禅让现象存在和消失的原因，并指出这并非中国的特产，但当年的儒家却以禅让为千古盛事，是天下为公的典范，颂扬唯恐不力，只恨不能亲眼得见，亲身经历。可惜当皇帝的都讲究现实，尽管爱听臣下将自己比之于尧舜，却从来没有人愿意像尧舜那样传位于外人，连在生前就传给儿子而当太上皇的也屈指可数，其中出于自愿的或许只有乾隆皇帝，至于他在当太上皇的3年间是不是真将大权交给了儿子嘉庆皇帝，就又是另一回事了。

可是另一方面，想接受禅让的人历来并不少。对于那些实际大权在握的权臣、军阀来说，要废掉傀儡皇帝自然已不费吹灰之力，但要自己当皇帝、建新朝却还有一道障碍。因为废了皇帝，甚至把他杀了，也还得在皇族中另立新君，否则就逃不了篡夺或弑君的恶名，不仅缺乏合法性，而且可能引起敌对势力的反抗。但如果让皇帝自己让位，自己再假惺惺推却一番，篡夺就成了禅让，傀儡和操纵者都成了尧舜般的圣君，所以"唐虞故事"实在是不可少的。

最早演出禅让的是魏文帝曹丕代汉，以后西晋、宋、齐、梁、陈、北周、北齐、隋、五代取代前朝时都如法炮制。五代时郭威（周）代汉时汉隐帝已被杀，只能由太后扮演禅让的主角。宋太祖赵匡胤代周是在一个早上完成的，但也少不了以周恭帝的名义下了一道禅位诏书。大概因为"唐虞故事"年代久远,谁也说不清究竟是如何进行的,而曹丕代汉的过程却由《三国志》记载得十分详细,操作起来非常容易,所以"汉魏故事"成了后世禅让的代名词和样板。

自从建安元年(196年)曹操将汉献帝迎至许后,汉朝就已名存实亡。但曹操为了"挟天子以令诸侯",始终没有取而代之。不过到建安二十一年,曹操已被"封"为魏王,第二年汉献帝又"命"他使用皇帝的仪仗,离真正当上皇帝仅一步之遥。可惜曹操在建安二十五年正月病死,接受"禅让"的手续就只能由他的儿子、继承魏王的曹丕来完成了。

首先是一系列"祥瑞"的出现,而且是从曹操的故乡谯县开始的。据说早在熹平五年(176年),黄龙曾出现在谯,太史令单飏预言这里"后当有王者兴",50年内黄龙会再现。当时一位名殷登的人记下了他的话。当年三月,也就是隔了45年以后,谯果然又出现了黄龙,殷登作为见证人宣布单飏的话应验了。四月,饶安县上报见到了白雉。以后这类报告不断,如八月石邑县报称有凤凰降临。

六月二十六日,曹丕率大军南征。其实当时并无军事上的需要,曹丕也并非真的想进攻孙权,所谓南征只是为禅让作铺垫而已。七月二十日,军队到达谯县,曹丕在城东宴请当地父老和全军,并下令免除谯县两年的赋税。经过数月的巡游,曹丕于十月初四回到离首都许不远的颍阴县曲蠡,却没有进入首都。

这时,左中郎将李伏上书,公布了他多年保守的秘密,证明近来出现的祥瑞正是应在曹丕身上。这位李伏本是张鲁的部下，他说当年在汉中听说汉献帝将魏国封给曹操，大家都以为必定封为魏王。可是姜合却说："肯定封魏公，现在还不便称王，定天下的是魏公子桓（曹丕的字），这是神的旨意，符谶上说得很明白。"张鲁问姜合根据何在，姜说："这是孔子《玉版》上的话，皇帝的历数，就是一百代以后的事也能预知。"一个多月以后，果然有人送来了写着这些话的册子。姜合后来归顺曹氏，病死在邺城。李伏说："我已将此事告诉了很多熟悉的人，但考虑到时机没有成熟，不敢公开。您即位后一次次出现祥符，每次庆贺时我都想说明真相，但怕别人说我是讨好您。况且我原是张鲁部下，归顺的时间不长，说错了罪更大，所以一直忍着。现在祥瑞并呈，天意已经很明白，我心情无比激动，谨上表报告。"曹丕下令公布于众，又说自己德薄，实在不敢当，这是"先王至德通于神明"的结果。

于是刘廙、辛毗、刘晔等一批大臣上书，引经据典证实李伏所称预言的正确性。他们说："尧宣称他得了天命时，北斗星座前四星的位置就发生了变化。周武王还没有与商纣王作战，一头赤鸟就衔来了捷报。汉高祖尚未出世，他母亲就获得了神的预示。汉宣帝地位低微时，树叶上就显示了吉兆。汉光武帝的名字出现在图谶上时，他还是平民。可见天命授予圣哲，不必用华丽的辞藻，不必有芬芳的气味，只要有具体的迹象出现就能得到证明。汉朝的衰落已经有好几代了，从桓帝、灵帝末年的大乱到现在也二十余年了。总算老天爷有灵，使圣人诞生来解救苦难，所以用符谶预告，以显示天命所在。您继位不到一年，天上、地下就出现了这么多的祥瑞，四方原来不服从的百姓争先恐后地来归顺，自古以来的典籍上从来没有记载过这样的盛况，我们怎么能不欢欣鼓舞呢？"曹丕说："壮的小牛像老虎，恶草的幼苗似庄稼，有些事会似是而非，今天的情况就是如此。"大概是为了用大臣们的话来"说明我德行的不足"，曹丕命有关官员向百官宣告，使大家都了解。

眼看舆论造得差不多了，太史丞许芝在十月初九正式向曹丕报告了魏代汉的谶纬。

他首先根据最权威的《易传》所说"圣人受命而王，黄龙以戊己日见"，而最近一次发现黄龙正是七月四日戊寅，应该是帝王受天命的最明确的预兆了。此外，蝗虫、麒麟在这个时节出现都是符合《易传》记载的典型的祥瑞。

接着他又引证了大量谶纬书籍中的记载和名人的言论，说明汉朝气数已尽，魏代汉是早已安排好的天命。如《春秋汉含孳》说"汉以魏，魏以征"；《春秋玉版谶》说"代赤者魏公子"；《春秋佐助期》说"汉以许昌失天下""汉以蒙孙亡"；故白马令李云说"许昌气见于当涂高，当涂高者当昌于许"；等等。这些话有的是直截了当的，有的却要作一番解释。如所谓"当涂高"，是指当着大道的高大建筑物——象魏（或魏阙），暗含一个魏字。"蒙孙"据说是指汉朝第二十四代皇帝，或者说是指以非嫡嗣身份继位的皇室后代，而汉献帝非皇后所生，又是汉朝的二十四代，汉朝注定是要亡在他手里的。而《孝经中黄谶》和《易运期谶》的记载就更绝了："日载东，绝火光。不横一，圣聪明。四百之外，易姓而王。"按汉隶的写法，曹字的上半部正是东字缺下半部（火字），下半部是个日字，符合"日载东，绝火光"；不字加一横正是丕；说明继承汉朝400年天下的只能是曹丕了。"言居东，西有午，两日并光日居下。其为主，反为辅。五八四十，黄气受，真人出。""鬼在山，女禾连，王天下。"许昌要发生君臣易位，取代者为魏（汉隶的魏字右边鬼字下有一山字），是再清楚不过了。至于"四百之外"和"五八四十"，根据许芝的解释，上天安排帝王易姓的周期本来是720年，但有德的朝代可以延长到800年，无德的只能有400年。汉朝已经有426年了，如果从春秋时麒麟出现作为新周期的开始就有700多年了，已经到了"四百之外"。而天上太微垣黄帝星（代表魏国）变得明亮，赤帝星（代表汉朝）却经常见不到，已经有40年了。星象变化的种种迹象表明，改朝换代的时间已到。

这位太史认为，历史上圣人出现时的祥瑞不过一两件，而曹丕即魏王位后的祥瑞简直不胜枚举：黄龙、凤凰、麒麟、白虎、甘露、醴泉、奇兽无所不有，是自古以来最美好的。而岁星已出现在大梁的范围，正是魏的分野，与当年周武王伐纣、汉高祖入咸阳时出现的星象相似。作为史官，将如此重要的图谶和天象上报，是应尽的职责。

谁知曹丕的答复竟是断然拒绝，他下令道："当年周文王已占有天下的三分之二，还向殷朝称臣，得到孔子的赞赏。周公实际行使了君主的职权，完成使命后还是归还给成王，备受《书经》称颂。我的德行虽远不如这两位圣人，但怎么能忘记'高山仰止'的道理呢？""我的德行薄极了，地位鄙极了，只是生逢其时，有幸继承先王留下的事业，但还没有使天下都受到恩泽。虽然已经尽仓库所有救济魏国的百姓，但受冻的人尚未都暖，挨饿的人尚未全饱。我深夜都感到担忧恐惧，不敢稍有懈怠，只求能够像现在这样太太平平地终老，使魏国得到保全，使我死后见到先王时感到没有辜负他的托付。我的愿望和志气都有限，只要能守成就行了。所以尽管祥瑞屡次出现，只能增加我的不安，我已经六神无主。像许芝这些话，我岂敢听呢？这些话使我心里害怕，手发抖，字都写不成，意思也表达不清。我曾作过一首诗道：'战乱纷纷已过十年，白骨累累纵横万里，可怜的百姓还能靠谁？我要辅佐汉室治理天下，功成后交还政权辞职回乡。'我一定要遵守这一誓愿，绝不是说假话。因此昭告天下，使大家知道我的心意。"

可是大臣们似乎根本不理会曹丕的态度，侍中辛毗、刘晔、散骑常侍傅巽、卫臻、尚书令桓阶、尚书陈矫、给事中博士骑都尉苏林、董巴联合上书："您的令书辞意恳切，坚持谦让，比起舜、禹、商汤、周文王来也毫不逊色。但是古代的圣哲之所以接受天命而不推辞，也是为了遵奉上天旨意，满足百姓的期望，身不由己呀。"他们引用《易经》等经典，列举形势，证明天意不可抗拒，请求曹丕"急天下之公义""宣令内外，布告州郡"，使全国都知道上天的旨意和自己的谦让态度。

曹丕下令道："让天下人了解我的心意是对的，至于其他的话难道是指我吗？我怎么敢当？""最近东征时经过的郡县和屯田，百姓面有饥色，有的人连短衣都没有一件好的，这都是我的责任，所以上有愧于这么多的祥瑞，下对不起百姓。这说明我的德行连当一个统治一方的王都不够，还想当皇帝吗？

你们应该立即停止这类建议,不要加重我的过失,使我死后不至于让世上的君子笑话。"

十月十一日,曹丕向百官公布此令,却并没有使大臣们的热情降温。督军御史中丞司马懿等人上书,认为"天地之灵,历数之运,去就之符,唯德所在",汉室的失德由来已久,而曹丕即位以来的"至德"已经广被上下、天人感应,是历史上从未有过的。"有作为的大人,事前做的事不违天意,事后做的事遵从天时。舜、禹见天时已到就不作谦让,因而百姓受到及时的救济,万物普遍获得恩惠。现在四面八方、全国上下都在殷切期待着,上天在保佑您,神都在为您尽力,天下的十分之九已归顺于您,远远超过了当年周文王的三分之二。您要再不接受,实在是过于谦让了,我们大家真是于心不安。"

曹丕的答复更加明确,他说:"世上最缺少的是德义,最富余的是随大流说的假话,常人的性情就是不重视所缺少的,喜欢本来就富余的。""我虽然德行不足,总还希望不像常人那样爱听假话。岩石可以被击碎但不失坚硬,丹(朱砂)直到被磨尽也保持红色。丹、石这样的小东西尚且能坚持自己的品质,何况我多少算一个士人,又受过君子的教育呢?"在引述了古代圣贤事迹后,他表示尽管自己德行不如周武王,道义上有愧于伯夷、叔齐,但必定要立下丹石之志,绝不会信从假话,要学习圣贤的品德。"常言道'三军可夺帅,匹夫不可夺志'。我这样的志向,难道是可以夺走的吗?"

说得如此斩钉截铁,好像已经没有回旋的余地了。但戏还得演下去,这就需要傀儡皇帝上场了。两天后,汉献帝正式向魏王曹丕下了禅位诏书，并派兼御史大夫太常张音为专使奉上皇帝的玺绶。尚书令桓阶等立即上书："天命弗可得而辞，兆民之望弗可得而违"；请求召集文武大臣，公布诏书，顺应天命，并着手制定禅让的礼仪。曹丕下令："只能商议不该接受的理由。现在正在军旅之间，等回去后再正式答复。"尚书令等再次上书："汉高祖接受天命时正在军旅之中，因为畏惧天命，不敢拖延，就在驻地举行即位仪式。现在您接受禅位的诏书，应该召集百官，集合全军上下，使大家都知道天命。军营中地方狭小，可以在附近平地建坛，布置举行仪式的场地。我们与侍中、常侍等已经擅自讨论确定了礼仪，太史官已选定了吉日。"曹丕说："我实在不敢当，其他事情还有什么好谈呢！"

侍中刘廙、常侍卫臻等又奏："汉家遵照唐尧公天下的道理，陛下（注意，已不称殿下了）以圣德接受历数的安排，上天和百姓无不欢欣鼓舞，应该顺应灵符，及时即位。根据太史丞许芝的意见，本月十七日己未是吉日，可接受禅位，已经安排布置了坛场，具体情况另行奏请。"曹丕说："你们怎么可以随便设坛场呢？这些东西搞它干什么？我是要辞让不接受诏书的。那么就在帐前开读玺书，仪式与平时受诏时一样。再说现在天气寒冷，应该停止筑坛工程，让工匠回家。"在开读汉献帝的诏书后，曹丕下令道："我岂能接受诏书，承担如此重大的使命？必须起草辞让的表章，奉还皇帝玺绶。古代尧让天下于许由、子州支甫，舜让天下于善卷、石户之农、北人无择，他们不是回到颍水之阳去耕地，就是以疾病作推托；或是远入山林，让别人不知所在；或带了妻子出海，终身不再返回；或者把这看成是自己的耻辱，投水自杀。况且颜烛为了返璞归真而辞去官职，王子搜在丹穴中即使被烟熏死也不愿出来，柳下惠不因为三公之贵而改变自己的态度，曾参不以晋、楚二国的财富而放弃仁义。这九位先哲都有很高的节义，不为富贵所动，因而被史书记载，流芳百世。求仁得仁，仁其实并不远，就看你自己的态度，我难道就不如他们吗？我坚决不接受汉朝的诏书，宁可跳东海自杀。赶快上奏章归还玺绶，布告天下，让大家都知道我的决心。"曹丕的决定于十月十五日公布。

大臣们自然知道这是献忠心的好机会，辅国将军清苑侯刘若等120人联名上书，居然大胆地反驳曹丕的理论根据："石户、北人，只是匹夫的狂狷，行为不符道理，在历史上也少见，所以司马迁就不以为然，实在不是圣贤所应该仰慕的。况且虞舜不拒绝尧的禅让，夏禹也没有发表过辞位的言论，说明圣人都知道天命不能违背，历数不可推辞。"他们表示将不顾曹丕的反对，"昧死以请"，并照样"整顿坛场，至吉日受命"，大有不达目的死不罢休的意思。带头的刘若还是汉朝宗室，由他出面劝进更显得大公无私，也证明天命的确不可违背。曹丕的答复依然是否定："以往柏成子高为了不接受大禹的任命而避往荒野，颜阖为了退回鲁侯的馈赠而隐居不出，为什么他们俩会将王侯的器重不当一回事呢？是因为有高尚的气节。所以烈士追求荣誉，义夫重视气节，即使只能过贫穷的生活，也会乐在其中。孔子向王骀学习，子产尊重申徒，就是这一缘故。诸位都是我的肱股心腹，照理应该理解我的心意，如今却做出这样的事来，看来你们追求的是物质，而我向往的是精神，没有共同语言也就不足为奇了。赶快起草奏章退还玺绶，别再搞新花样了。"

这120位大臣却理直气壮地再次上书，指责曹丕的做法是"违天命而饰小行，逆人心而守私志"，上对不起上天的关怀和信任，中忘了圣人应该通达的教导，下影响了臣民翘首企盼的热情。他们认为侍奉君主首先得分清是非，坚持真理就可以与皇帝对着干，决心不理会曹丕的命令而"以死请"。曹丕却要把文章做足，推辞的话说得更加恳切："现在百姓中挨饿的人还没有吃饱，受冻的人还没有穿暖，鳏夫讨不到老婆，寡妇嫁不了男人；孙权、刘备尚未消灭，不是唱凯歌的时候，而应该秣马厉兵；对外的战争没有平息，国内的士民不得安宁"；"诸位为什么不能再让我殚精竭虑，顺天时，合人和，把这些事情都办好，让应有的祥瑞都能出现，那时再议论此事不是更好吗？何必如此相逼，出我的丑呢？"

大臣们知道这场戏还得演下去，于是侍中刘廙等上奏，表示由于"圣意恳恻，臣等敢不奉诏"？立即准备奏章，派遣使者回复汉献帝。曹丕唯恐大家不理解他的苦心，又下令道："泰伯曾三次以天下让给他人，没有人不称赞他的，孔子叹为最高的德行。我这样做又算得了什么呢？"

十月十八日，曹丕上书献帝，表示奉玺书后"五内惊震，精爽散越，不知所处"；说自己"无德以称"，并派毛宗送还玺绶。第二天，给事中博士苏林、董巴上表，从天文分野和岁星的位置论证，魏国得岁与周文王受命完全相同，今年正是时候。而曹氏的始祖是颛顼，与舜是同一祖先，十月份受禅与颛顼受命相符，取代汉朝是以土德代火德，又与舜代尧一致。他们警告"天下不可一日无君",劝曹丕不要"上逆天命,下违民望",而要"以时即位"。其实曹丕正在筹划下一轮的表演,只是答道:"我已经上书辞让,希望得到皇帝批准,也要让全国都知道。"

二十日,献帝下了第二道禅位诏书。尚书令桓阶等又"敢以死请"(上一次遭到曹丕拒绝后居然并没有死),请求立即"修治坛场,择吉日,受禅命,发玺绶"。曹丕的答复是:"那么急干什么?我希望辞让三次,如果还得不到批准再说。"所以在二十二日第二次上书献帝,奉还玺绶。刘廙等上奏相劝,说这几天"时清日晏,曜灵施光,休气云蒸",证明"天道悦怿,民心欣戴",况且"群生不可一日无主,神器不可斯须无统","臣等敢不重以死请"(注意,加了一个重字)!曹丕在拒绝的同时表示:"此岂是小事一桩?公卿们都还没有表态呢!应该在坚决辞让之后再商议实行的办法。"

二十四日,献帝下第三道诏书,并命令使者张音不许再将玺绶取回。在曹丕的导演下,满朝公卿都表态了,相国华歆、太尉贾诩、御史大夫王朗及九卿等46人联名上书劝进。曹丕答复道:"就德行而言我是不够的,就形势而言敌人也没有消灭,要是能在你们的辅佐下平平安安地当魏国的国王,我也心满意足了。要说天降祥瑞和百姓拥戴,那都是先王的圣德留下的成果,与我有什么关系?所以我不敢从命。"二十六日,曹丕上书献帝,作第三次辞让,请求献帝召回张音。

大臣们都知道曹丕的"三让"已结束,劝进的热情自然更高,华歆等公卿立即上表,起草者更施展出了浑身解数:"《易经》称圣人奉天时,《论语》说君子畏天命,正因为天命不常有，皇帝才要禅让。……尧知道自己天命已尽，不得不禅位于舜；舜了解自己应了历数，不敢不接受。不得不禅位，是奉天时；不敢不接受，是畏天命。汉朝虽然已经没落，还能奉天命，效法尧禅让帝位；陛下处在大魏受命之初，却不像虞舜、夏禹那样通达，反而学延陵这般退让，真是顾了小节，损了大德，注意了小事，忽略了大事呀！连国内一般人都不以为然，要是死者有灵，舜必定会在苍梧的墓中忿忿不平，禹必定会在会稽山阴的葬地郁郁不快，武王（曹操）必定会在高陵的地宫中生气了，所以我们一定要以死相请。"在歌颂了曹氏的功德，列举了数不清的祥瑞后，又道："古人说：'要没有大禹，我们早就给洪水淹死了。'要是没有大魏，我们这些人早已变成白骨横在荒野了。"魏国的功德和瑞应真是"三王无以及，五帝无以加"。"百姓的命运托付给魏国，民心向着魏王，已经三十多年了。这是千世难得、万年难逢的机会，需要的是通达远见，完全用不着顾忌小节。以前没有及时顺应天命，这是我们的罪过，所以已经在布置坛场，筹备礼仪，选择吉日，将要昭告上帝，祭祀众神，然后在朝堂召集百官，讨论改年号、正朔、服色等事项后上奏。"至此，曹丕答复："我原来只想像舜那样终身吃粗粮，过苦日子；但舜接受了尧的禅位，穿上他赐的衣服，娶了他两个女儿，也是顺天命的表现。公卿臣民一定要说'天命不可拒，民望不可违'，我还有什么好推辞的呢？"

二十八日，献帝第四次、也是最后一次下了禅位册文。尚书令桓阶等立即上奏：明天就是太史令选定的吉日，可登坛受命。曹丕批了一个"可"。二十九日，曹丕登上筑在繁阳亭的受禅坛，参加仪式的有文武百官和匈奴等四夷的使者共数万人。在完成了典礼后，曹丕对群臣说："舜、禹的事，我现在总算明白了。"

从黄龙出现在谯县算起，已有7个月时间。但从李伏上书算起，这场密锣急鼓的戏只演了二十余天，"汉魏故事"就圆满闭幕了。曹丕踌躇满志之余，肯定不会想到，仅在45年以后，他的侄孙曹奂就充当了汉献帝的角色，"如汉魏故事"一般，将帝位禅让给了司马炎。

明明是一场假戏，却非要演得如此逼真，在今人看来未免滑稽可笑，但在当年是非如此不可的，否则曹丕与群臣就大可不必煞费苦心，"汉魏故事"也不会在七百多年间反复上演了。再说，曹氏代汉虽然已是大势所趋，但最终能顺利完成，还得归功于这场戏的导演和演员。

曹操早已大权在握，汉献帝只是他任意摆布的工具。建安十八年，曹操将3个女儿嫁给献帝当贵人，第二年就找借口杀了皇后伏氏。曹操派华歆带兵入宫，伏氏关了门躲在壁橱中，还是被抓。披发赤脚的伏氏拉着献帝的手说："难道你不能救我吗？"献帝说："我自己也不知道哪一天死呢。"两个月后，3位曹贵人之一被立为皇后，献帝成了曹操的女婿。要废掉或杀掉献帝是再容易不过的，使曹操不能不有所顾忌的无非是刘备、孙权的存在和舆论的压力。曹操死前两个月，孙权向曹操称臣，并劝他称帝。曹操将孙权的信给大家看："这小子是要把我放在炉火上烤。"当陈群等也劝他及时"正大位"时，他明确表示："若天命在吾，吾为周文王矣。"以曹操的军事、政治观察力，他自然知道儿子曹丕不可能很快消灭刘、孙，只是希望到曹丕一代时舆论上会对曹氏更加有利，以便水到渠成地取代汉朝。司马光在评论曹操时说："以魏武之暴戾强伉，加有大功于天下，其蓄无君之心久矣，乃至没身不敢废汉而自立，岂其志之不欲哉？犹畏名义而自抑也。"（见《资治通鉴》卷68）虽不尽然，但不无道理。

正因为如此，曹丕要做的第一件事就是制造祥瑞和符谶，以证明曹氏、魏国和他自己已经拥有天命。用中国曾经风行过的话说，就是"先造舆论，先做意识形态方面的工作"。这是自古以来的传统，从传说中的尧、舜、禹，到秦始皇、汉高祖、王莽、汉光武帝，以及陈胜、吴广、张角（黄巾）等，无论是登基、禅位、篡夺，还是造反、起兵，都离不开这一套。对统治者来说，制造祥瑞和符谶是再容易不过的了，因为一旦造出来，绝大多数愚昧的人必然会坚信不疑，就是极少数智者又有谁敢、谁愿意揭露真相呢？所谓祥瑞，一部分是世上根本没有的动物，如龙、凤凰、麒麟，只要有人说见过，当然没有人能否定；一部分只是珍稀动植物或普通动植物，如白雉、灵芝、蝗虫等，存心要采集本来也不是难事。而且献祥瑞的官员会得到提升或赏赐，当地百姓也能沾光，如向曹丕呈报出现白雉的饶安县被免除全年田租，所在的勃海郡又获得牛酒的赏赐，特许合郡官民大喝3天。这样的事何乐而不为？

符谶的制造当然要依靠知识分子，必要时还得争取著名学者或大臣的配合，但对统治者来说也不是难事。虽然我们不能妄断曹丕时的符谶是如何制造出来的，却可以举出宋真宗亲自炮制"天书"的事实：当王钦若劝宋真宗举行封禅仪式以洗刷澶渊之盟的耻辱时，这位皇帝最担心的是不出现"天瑞"，找不到封禅的理由。王钦若与一位老儒杜镐却告诉他，所谓"河图洛书"本来就是"圣人以神道设教耳"，都是人为的，只要君主相信，公布天下，就成了"天瑞"。真宗还怕得不到宰相王旦的配合，但一方面有王钦若事先疏通，王旦已心领神会；另一方面真宗亲自赐宴，又赏王旦一壶酒带回去与妻子一起喝，回家后王旦发现壶中竟塞满了名贵的珍珠。于是真宗就向满朝文武宣布，他梦见神人告诉他将降《大中祥符》天书3篇，十二月初一果然发现天书已挂在左承天门楼上。王旦带头拜贺，全国庆祝，各地争相上报祥瑞。如此天人感应，真宗自然只能顺天命去泰山封禅了。

曹丕的"南征"与祥瑞的出现看似巧合，其实是他代汉的第二步，也是关键的一步。南征是他集中精锐兵力的最好理由，既能巡视各方，显示实力，又可随时镇压反抗势力。曹丕回师后既不回魏都邺城，也不进汉献帝所居的许都，而是留驻许都附近，连受禅仪式也在军营旁进行，显然是出于军事控制上的考虑。这是"汉魏故事"的重要部分，一般人可能会忽略，仿效者却不乏其人。五代时周太祖郭威代汉，就是以"契丹入寇"而率军北征为序幕的。以后宋太祖赵匡胤代周，也是在"契丹入寇"时率大军离开首都后，在陈桥驿黄袍加身的。

曹丕的"三让"也不是他的发明。当年刘邦在垓下击败项羽后，实际已是天下之主，但在诸侯将相共同请他称帝时，他还要表示"吾不敢当"。然后群臣坚持，"以死守之"，刘邦3

次辞让,"不得已"才说:"诸君一定认为这样对国家有利,那就当罢。"前后也花了近一个月时间。汉光武帝刘秀的"三让"过程更长:建武元年(25年)正月他驻军平谷时,诸将上尊号,派马武劝他到蓟城即位,他大惊,说:"你怎么敢说这话,该杀头。"四月,刘秀至中山,诸将又劝,他还是不听。到达南平棘,诸将又"固请",他才表示"吾将思之"。果然,在抵达鄗时,各种祥瑞和符谶纷纷出笼,刘秀登坛即皇帝位,此时已是六月。

但曹丕的"三让"表演得有声有色,不用说远比刘邦和刘秀精彩,以后的禅让者也都望尘莫及。这自然并非偶然。一方面是因为曹丕本人就是一位才华出众的诗人、文学家、学者,他的臣下也不乏文人学者,这一劝一让,正是他们施展文才的好机会,所以都千方百计将假话写得动听得体。曹丕的令和表虽然不无出于秘书之手的可能,但多数大概是自己写的。凭曹丕的学识和教养,他完全能将假戏演得十分逼真,绝不会像无赖出身的刘邦那样动不动骂人或自称"乃公"(你老子),或者在关键时刻离不开导演的操纵。另一方面是由于曹丕胜券在握,不怕夜长梦多,事先做了周密的安排,操作起来也相当从容。而有的禅让却非得以迅雷不及掩耳之势才能完成,就不能那样讲究了。

像周太祖郭威本是一介武夫,向他"劝进"的是一批军人,当时又正在行军途中,上演的只能是一场闹剧。十二月十六日,军队抵达澶州。据说当天早晨太阳旁边冒出一股紫气,正对着郭威坐骑的头。十九日,郭威下令部队停止前进。第二天,将士大叫大嚷,涌向他所住的驿馆。郭威闭门不出,将士们从墙上爬入屋内,请他当皇帝。军人挤满一屋,"扶抱拥迫",有人撕下一面黄旗披在他身上,呼声震天动地。郭威被众人包围,说话都没有人听得见,昏过去几次,左右亲信侍卫都找不到。直到被大家拥上城楼,才安定下来,由军队拥护着回首都去了。这是《旧五代史》的记载,固然是为了掩盖郭威的策划,但导演的拙劣和当时的混乱已可见一斑。

赵匡胤在陈桥驿"接受"军队的拥戴后,第二天清晨就回师开封。当时百官正在上早朝,将士将宰相王溥、范质等大臣押到赵匡胤的公馆,赵匡胤流着泪说:"我受世宗皇帝的厚恩,现在被军人逼到这样的地步,实在对不起天地,你们看怎么办?"还不等范质说话,有人拔出宝剑厉声说道:"我们没有主人,今天非立了皇帝不可。"范质等不知所措,王溥赶忙到台阶下跪下叩头称臣,范质也只得随着下拜,于是请赵匡胤到崇元殿举行禅让仪式。黄昏前百官齐集,典礼即将开始,却发现最重要的禅位诏书都没有准备,幸亏翰林承旨陶谷事先私下拟了一份,当场从袖筒里摸出用上。这场快餐式的禅让只用了一天时间,不愧为速战速决的范例,赵匡胤所处地位非曹丕可比,哪有三劝三让的时间?即使陶谷没有备好诏书,也会照禅不误。只要真当了皇帝,还怕臣下不会补这个漏洞?

不过,曹丕辞让的话表面虽然谦虚之极,甚至使人感到有些过分,其实却是用心良苦。他列举自己很多德薄的事实,实际正是为了封天下人的口。因为孙、刘未灭,天下未定,百姓饥寒等等完全是事实,而祥瑞、符谶之类是如何出笼的,曹丕心中也是一清二楚,他自己都说了,并且直指群臣的称颂为假话，反对者反而无话可说了，似乎他真的是身不由己。这种以假为真的手段不愧是乃父曹操的真传，后人如果只以虚伪视之，倒是辜负了曹丕的一片苦心。

　　曹丕的禅让戏演得成功，也离不开汉献帝的配合。虽然献帝除了俯首帖耳外已别无选择，但真要干出些不合作的事来，也会大煞风景。如曹丕的孙子曹髦，因为不甘心当司马昭的傀儡皇帝，竟不顾一切，率领数百侍卫讨伐。结果曹髦果然被当场杀死，但司马昭不得不装模作样惩办凶手，代魏的日程也因此而推迟。作为酬谢，献帝也获得了曹魏的优待，让位后被封为山阳公，封邑有一万户，14年后寿终，获得"孝献皇帝"的谥号，以天子礼仪安葬。这个山阳国传了3代，共75年，西晋时依然沿袭，直到永嘉之乱。或许是对曹魏的报答，禅位于司马炎的曹奂也当了37年的陈留王，得以善终。

　　相比之下，其他禅位的君主就没有那么幸运了，尽管他们同样采取合作态度，有的还十分主动。如东晋的末代皇帝司马德文，在接到臣下起草的禅位诏书后毫不犹豫地签字，还说："晋朝早给桓玄灭了，多亏刘公（宋武帝刘裕）才延长了二十年，今天让位我心甘情愿。"而且不等刘裕"三让"就搬出皇宫，不再承认自己是皇帝了。刘裕封他为零陵王，规定可以享受皇帝的礼仪和亲王的待遇，实际却是一句空话。司马德文深知刘裕不怀好意，整天与妻子褚后生活在一起，饮食都由褚后料理。刘裕一直无法下手，到了第二年九月的一天，就派褚后的哥哥褚叔度找她说话，士兵趁机翻墙闯进内室，将司马德文杀死。此后禅位的"尧、舜们"几乎没有一位不死于非命,甚至禅位的第二天就被杀。可见他们再能识天命也无济于事,只要新皇帝感到前朝的威胁就会毫不迟疑地斩尽杀绝。从这一点来说,汉魏故事也是禅让史中少有的。

- 楚汉之争，为什么流氓战胜了贵族？
- 为什么武则天尤其看重科举？
- 封建制、郡县制究竟有什么不同？
- 是贡献还是阻碍？

历史告诉你答案

◇【权力的游戏】
从秦汉到明清的权力更迭

◇【"神器"古代史】
博物馆文物让历史倒回重演

◇【史事挖掘机】
有哪些出了名的馊主意？
康乾盛世竟然不是盛世？

微信扫码，获取资源
还有读书笔记，一键记录你的读史心得